KB095781

월수익 1,000만 원 만드는
실전 블로그 마케팅

[네이버 C-Rank 도입에 따른 혁신개정판]
카페, 쇼핑몰 소규모 사업자를 위한 마케팅 길라잡이

월수익 1,000만 원 만드는 실전 블로그 마케팅

1판 1쇄 발행 2015년 10월 15일
1판 6쇄 발행 2017년 1월 20일
개정판 1쇄 발행 2018년 1월 30일
개정판 3쇄 발행 2021년 3월 10일

지은이 김홍한
펴낸이 송준화
펴낸곳 아틀라스북스
등   록 2014년 8월 26일 제399-2017-000017호

기획편집총괄 송준화
마 케 팅 총 괄 박진규
디자인 김민정

주소 (12084) 경기도 남양주시 청학로 78 812호(스파빌)
전화 070-8825-6068
팩스 0303-3441-6068
이메일 atlasbooks@naver.com

ISBN 979-11-88194-03-2 (13320)
값 17,000원

이 도서의 국립중앙도서관 출판시도서목록(CIP)은 서지정보유통지원시스템 홈페이지
(http://seoji.nl.go.kr)와 국가자료공동목록시스템(http://www.nl.go.kr/kolisnet)에서
이용하실 수 있습니다.(CIP제어번호 : CIP2018002062)

카페, 쇼핑몰 소규모 사업자를 위한 **마케팅 길라잡이**

월수익 1,000만 원 만드는 실전 블로그 마케팅

김홍한 지음

아틀라스
북스

이 책은 이렇습니다

1. 이 책은 직원 수 5명 이하의 소규모 사업체를 위한 마케팅 기법을 담고 있습니다.

이 책은 혼자서 쇼핑몰 등을 운영하거나 많아야 직원 수 4~5명 정도의 소규모 사업체를 위한 블로그 마케팅 기법을 담고 있습니다. 물론 이보다 큰 규모의 사업체에서 참고할 만한 내용도 많지만, 이 책은 주로 개인 혹은 5명 이하의 소규모업체에서 목표로 하는 매출규모와 그에 따른 블로그 활동에 초점이 맞춰져 있습니다.

2. 이 책은 네이버를 타깃 플랫폼으로 삼고 있습니다.

이 책에는 '블로그'와 '카페'에 대한 언급이 많은데, 별도의 설명이 없는 경우 '네이버 블로그', '네이버 카페'로 이해하면 됩니다. 네이버가 국내 검색시장의 70%를 점유하고 있는 만큼 온라인 마케팅 역시 사실상 네이버를 중심으로 이루어지고 있기 때문입니다. 물론 온라인 마케팅을 하려면 때로는 다음과 구글 등 기타 포털까지 이용할 필요가 있습니다. 그렇다고 걱정할 필요는 없습니다. 이 책에서 설명하는, 방문자를 원하는 곳으로 유입시켜서 구매를 일으키는 핵심 노하우는 네이버뿐만 아니라 어떤 플랫폼에서도 활용이 가능하기 때문입니다.

3. 이론은 집어치우겠습니다. 오직 실전만 보여드립니다.

필자가 처음 오프라인에서 강의할 때는 여러 가지 잡다한 이론을 많이 설명하려고 애를 썼습니다. 그런데 강의 후 반응이 영 신통치 않더군요. 그런 마케팅 이론들은 소규모 사업자들이 실제로 매출을 일으키는 데 필요한 노하우와는 거리가 있어서 공감하는 사람이 없었던 것이지요. 그래서 바로 그 다음 강의부터 이론은 전부 집어치우고 오로지 실전기법만을 설명했습니다. 그러자 바로 강의 반응이 좋아졌습니다. 그 뒤로 많은 강의경험을 거치면서 소규모 사업자들이 진짜로 원하는 것이 무엇인지를 알 수 있었습니다. 이 책 역시 이론은 집어치우고 실전 노하우 중심으로 기술했습니다. 어려운 이론 설명해봐야 쓰는 사람 괴롭고, 읽는 사람 머리 아플 뿐입니다. 여러분이 원하는 것은 쓸모없는 이론이 아니라 실제로 써먹을 수 있는 실전 마케팅 기법이 아닙니까?

4. 알아듣기 어려운 용어도 집어치우겠습니다.

ROI니 롱테일 법칙이니 란체스터 법칙이니 하는 용어들은 실전 마케팅과는 큰 관련이 없습니다. 물론 마케팅을 하려면 그런 용어들의 기본원리 정도는 알고 있는 것이 좋지만, 꼭 어려운 용어들을 써가며 거창하게 설명할 필요는 없다는 얘기입니다. 이 책에서는 마케팅 전문용어에 대한 기초지식이 없는 독자들도 편안히 읽을 수 있도록 가능한 한 쉬운 말만 사용하겠습니다. 이 또한 여러분이 원하는 실전 마케팅 아니겠습니까?

5. 이 책에서 설명하는 마케팅 기법들은 자동화된 마케팅 프로그램들을 일절 사용하지 않습니다.

필자가 프로그래머 출신이라는 점을 알고 있는 사람들은 간혹 필자가 자동화된 마케팅 프로그램을 사용해서 블로그 마케팅을 한다고 오해하곤 합니다. 하지만 필자는 그런 프로그램들을 일절 사용하지 않습니다. 블로그와 카페를 이용한 '커뮤니티 마케팅'은 기본적으로 사람의 마음을 움직여야 하는 일입니다. 이처럼 사람의 마음을 움직이는 일에 어뷰징(abusing, '블로그 저품질, 애써 키운 블로그 한방에 훅 간다' 편(212쪽) 참조) 같은 행위를 해서는 안 된다고 생각합니다. 이런 생각으로 필자는 일선 기업의 온라인 마케팅을 전담해 진행할 때도 이러한 프로그램을 일절 사용하지 않고 있으며, 이 책에서도 프로그램 사용에 관한 내용은 다루지 않았습니다.

필자에게 2015년 10월은 아직도 벅찬 기억으로 남아있습니다. 그동안 네이버 카페나 오프라인 강의를 통해서만 소개했던 마케팅 노하우를 책을 통해서 많은 독자들과 함께 나눌 수 있게 된 시기이기 때문입니다. 서점에 놓여 있는 필자의 책을 물끄러미 바라보면서 많은 고민을 했습니다. 어렵고 딱딱해지기 쉬운 내용을 최대한 이해하기 쉽게 풀어서 설명한다고 했는데, 그럼에도 불구하고 혹시 독자들에게 어렵게 느껴지지 않았는지 하는 고민이었습니다.

또 한편으로는 지나친 상단노출 시도와 전단지식 광고가 기승을 부리는 블로그 마케팅 현장에 필자가 생각하는 올바른 마케팅 기법에 대해 책을 통해 약간이나마 소리를 낼 기회가 있어서 뿌듯하고 보람된 마음이 컸습니다.

그런데 필자의 책이 출간된 이후 시간이 점점 흐르면서 네이버 블로그 환경이 계속 요동을 치고 상황이 급격하게 변해갔습니다. 기존과는 다른 새로운 블로그 운영방법이 필요해진 것입니다. 혹시나 하는 마음에 다시 서점에 가서 블로그 마케팅 관련 책들을 뒤져보았지만 모두 예전 블로그 환경을 기준으로 작성되었거나 블로그 만들기 설명서 역할만 할 뿐, 변화된 환경에서 실제 매출을 이끌어낼 수 있는 실전 마케팅 기법을 제대로 건드리고 있는 내용은 없었습니다. 이래서야 블로그 마케팅이 절실히 필요한 소규모 사업자들이 난감해 하지 않을까요?

용기를 내서 다시 키보드를 두드려 보기로 했습니다. 변화된 C-Rank 환경에 대한 데이터는 이미 어느 정도 구축된 상태였으므로 이를 차곡차곡 정리하고, 여기에 맞는 실전적인 해법을 하나하나 알기 쉽게 설명해나가는 식으로 개정판을 준비했습니다. 부디 이 개정판이 새로 변화된 C-Rank 환경에서 독자들이 올바른 마케팅을 실행해나가는 데 있어서 좋은 길잡이가 되기를 바랍니다.

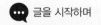

돈 안 드는 블로그 마케팅, 진짜로 효과가 있을까?

여러분은 인터넷을 통해 상품이나 서비스를 어떻게 홍보하고 마케팅하고 있습니까? 많은 방법들이 있겠지만, 아직까지는 포털사이트의 키워드광고가 가장 일반적입니다. 즉, 사람들이 네이버와 같은 포털사이트 검색창에 무언가를 검색하면 해당 검색어와 관련된 쇼핑몰을 보여줌으로써 그 쇼핑몰로 고객을 유입시키는 방식이지요. 그런데 문제는 키워드광고 비용이 치열한 경쟁입찰 방식으로 책정되다 보니 막상 경쟁을 뚫고 키워드광고를 하더라도 광고비를 빼고 나면 남는 게 없다는 것입니다.

상황이 이렇다 보니 자연스럽게 블로그 마케팅 쪽으로 관심을 돌리는 사람이 많아졌습니다. 특히 여러 가지 블로그 마케팅 형식 중에서도 가장 일반적인 형태에 속하는 '블로그 체험단'을 활용하는 경우가 많습니다. 블로그 체험단이란 활발하게 운영되는 블로그를 체험단으로 모집해놓고 그들에게 광고주들의 상품이나 서비스를 무료로 제공해주고 그에 대한 후기나 사용기 등을 블로그에 올리게 함으로써 홍보효과를 얻는 방식을 말합니다. 때로는 마케팅 대행업체들이 일반적인 체험단 대신 몇몇 파워 블로거를 섭외해 홍보를 의뢰하는 경우도 있습니다. 이런 경우에는 단순히 상품이나 서비스를 제공하는 데 그치지 않고 포스팅에 대한 대가로 적지 않은 원고료나 광고비 등을 지급하게 됩니다. 이러한 체험단의 형식 외에도 바이럴 마케팅 대행업체들이 자체적으로 보유한 블로그를 이용해 광고주들에게서 의뢰받은 상품홍보를 진행하는 방식도 널리 사용되고 있습니다.

물론 마케팅을 위해 이런 방법을 활용해도 좋겠지만, 잘 생각해보면 이것은 결국 자신이 아닌 다른 사람의 플랫폼에 홍보를 의뢰하는 방식일 뿐입니다. 이 책에서 설명하는 마케팅은 이러한 방식과는 틀을 달리해서, 바로 사업자 자신의 플랫폼을 키우고 이를 매출로 연결시키는 방식을 다룰 것입니다.

남들의 플랫폼을 이용하는 방식은 사업자 자신의 시간과 노력을 투자할 필요가 없다는 점에서, 일단 편하다는 장점이 있습니다. 반면에 당연히 비용이 들어가야 하고, 효과가 없을 경우 투자된 비용이 손실로 이어질 수 있으며, 효과가 있을 경우에도 계속해서 비용을 투자해야만 매출이 유지된다는 구조적인 단점이 있습니다.

반대로 자신만의 플랫폼을 가진다면 처음부터 시간과 노력을 투자해야 한다는 단점이 있습니다. 반면에 별도의 투자비용이 필요 없으며, 일단 효과를 보기 시작하면 점점 가속도가 붙어서 나중에는 큰 노력 없이도 플랫폼이 스스로 돌아가며 매출을 발생시키는 구조를 만들 수 있다는 장점이 있습니다.

일반적으로 블로그가 활성화되고 방문자도 꽤 모였음에도 불구하고 이것이 실제 매출로 이어지지 않는 이유는 대부분 블로그를 마케팅에 제대로 활용하는 방법을 모르기 때문입니다. 즉, 블로그에서 상품이나 서비스를 효과적으로 마케팅하는 방법을 모르고 단순하게 홍보성 내용으로 '홍보'만 하려고 하기 때문이고, 블로그 방문자를 실질적인 매출로 연결시키는 노하우가 부족하며, 게다가 주요 키워드의 상단노출에만 매달린 나머지 블로그가 금방 저품질에 빠져 검색결과에서 사라지기 때문입니다. 블로그를 만들고 포스팅을 상단노출시키는 것은 마케팅의 시작에 불과합니다. 저품질에 빠지지 않고 블로그를 꾸준히 유지해가며 실제 효과적으로 매출을 올리려면 좀 더 많은 노하우가 필요합니다.

필자는 중소규모 사업자들의 온라인 마케팅을 대행하면서 필자가 새롭게 구축한 마케팅 채널을 통해 매출이 발생해야만 커미션으로 수익을 배분받는 방식을 택해 왔습니다. 당연히 해당 업체의 기존 매출부분은 실적에서 제외했으며, 새롭게 구축한 마케팅 채널을 통해 매출이 일어나지 않으면 단돈 10원도 받을 수 없는 구조이지요. 이렇듯 매출실적도 없이 얼렁뚱땅 고객사로부터 돈만 받아 챙기는 일은 불가능했고, 어떻게든 스스로 매출을 끌어내야만 했기에 자연스럽게 온몸으로 실전 마케팅을 익힐 수 있었습니다. 이렇게 다년간 맨땅에 헤딩하면서 익힌 실전 마케팅 기법을 이 책에 고스란히 담았습니다. 실제로 온라인 매출이 전혀 없던 중소규모 사업체의 마케팅을 맡아 광고비용 한 푼 들이지 않고 온라인 매출만 월 1억 원 이상을 꾸준히 유지하게 만들었던 구체적인 노하우들이 바로 이 책에 담겨 있습니다. 또한 블로그가 저품질에 빠지는 근본원인과 함께, 저품질에 빠지지 않고 안정적으로 블로그 마케팅을 진행하는 방법에 대해서도 상세히 소개할 것입니다.

이 책을 통해 개인이나 소규모 사업자들이 온라인상에서 광고비 없이 어떻게 매출을 일으킬 수 있는지에 대한 궁금증을 해소할 수 있기를 바랍니다. 실전 블로그 마케팅의 세계에 발을 들여놓은 여러분을 진심으로 환영합니다.

끝으로 이 책을 펴낼 수 있게 이끌어준 아틀라스북스의 이윤석 대표와 날카로운 통찰을 가지고 있으면서도 언제나 따뜻하고 겸손한 자세로 지도해준 송준화 편집본부장, 박진규 영업본부장에게도 깊은 감사의 말씀을 전합니다.

_김홍한

차례

이 책은 이렇습니다 4

개정판을 준비하며 7

글을 시작하며 – 돈 안 드는 블로그 마케팅, 진짜로 효과가 있을까? 9

▶▶▶ **[예비 1단계] 온라인 마케팅의 핵심구조**

01 블로그, 카페, 쇼핑몰의 특성을 먼저 이해해야 한다 22

1. 블로그, 카페, 쇼핑몰의 특징 22

(1) 블로그 : 방문자 유치에 강하다 / 22 (2) 카페 : 회원을 모으고 구매를 일으킨다 / 23
(3) 쇼핑몰 : 구매를 일으키거나 결제 시스템을 제공한다 / 23

2. 블로그, 카페, 쇼핑몰의 단독 혹은 연합구조별 특징 24

(1) 블로그 단독 구조 / 25 (2) 카페 단독 구조 / 27 (3) 블로그＋카페 구조 / 28
(4) 블로그＋쇼핑몰 구조 / 29

3. 쇼핑몰과 카페의 장단점 30

(1) 쇼핑몰의 장점 / 30 (2) 쇼핑몰의 단점 / 32 (3) 카페의 장점 / 34 (4) 카페의 단점 / 38

4. 일단 블로그만 시작하면 된다 40

[모르는 만큼 손해보는 알짜 노하우] 키워드광고 해야 하나, 말아야 하나 42

▶▶▶ [예비 2단계] 블로그 마케팅과 아이템

01 블로그 마케팅과 궁합이 잘 맞는 아이템이 따로 있다 48

1. 아이템의 특성상 상품종류가 다양한 경우 49

   (1) 아이템의 특성상 상품종류가 적다면? / 49

2. 현재 어느 정도 검색량이 존재하는 상품 51

3. 아이템의 특성상 재구매 혹은 유사구매가 활발한 경우 51

4. 상대적으로 블로그 마케팅 경쟁이 치열하지 않은 아이템 52

5. 품질 · 가격 경쟁력이 있으나 브랜드 인지도 등의 문제로 홍보가 부족한 제품 53

▶▶▶ [실전 1단계] 나만의 블로그 만들고 키우기

01 블로그 운영, 어렵게 생각할 이유가 없다 58

1. 블로그 운영은 의외로 간단하다 58

2. 사진, 꼭 잘 찍을 필요 없다 59

02 블로그를 만들고 깔끔하게 꾸미는 방법 60

1. 일단 블로그를 만들어보자 60

2. 블로그를 깔끔하게 꾸며보자 66

03 블로그 글 쉽게 쓰는 방법 69

1. 블로그 주제 정하기 69

2. 사진 마련하기 71

3. 포스팅 작성 – 전반전 71

4. 포스팅 작성 – 후반전 76

04 포스팅에는 어떤 내용을 써야 하나 79

  1. 정보성 콘텐츠가 블로그 운영에 미치는 영향 80
    ⑴ 상단노출의 기반 다지기 / 80 ⑵ 매출로 연결되는 방문자 유입 / 81

  2. 정보성 콘텐츠는 어떻게 마련하나 82

  3. 매출의 통로를 여는 2가지 유형 83
    ⑴ 직접 유입방식 / 84 ⑵ 간접 유입방식 / 84

05 이것이 블로그의 기본이다 87

  1. 성공적인 포스팅의 관건은 '꾸준함'이다 88

  2. 사진은 자세하게, 텍스트는 충분하게 88

  3. 글감을 적극적으로 이용한다 90

  4. 직접 쓴 글과 직접 찍은 사진을 사용한다 90

  5. 활발한 이웃활동은 필수이다 91

  6. 초상권 보호는 기본예절이다 93

06 좀 더 강력한 블로그를 만드는 방법 96

  1. 블로그지수 높이기 96
    ⑴ 블로그 활동성 지수 / 97 ⑵ 블로그 인기도 지수 / 97 ⑶ 포스팅 주목도 지수 / 98
    ⑷ 포스팅 인기도 지수 / 98

  2. 방문자들의 체류시간 99

  3. 포스팅의 유기적인 구조 99
    ⑴ 포스팅 목록 열어놓기 / 100 ⑵ 블로그 내부링크 삽입 / 100
    ⑶ 관련된 포스팅 목록 나열 / 102

  4. 링크는 이렇게 삽입해야 안전하다 103

  5. 이미지 사용 시 주의할 점과 알짜 노하우 108

07 블로그 상단노출 방법 115

1. 검색노출은 키워드 중심 116

2. 메인 키워드와 세부 키워드 117

3. 키워드 찾는 방법 119

⑴ 컨텍스트 자동완성 / 119 ⑵ 연관검색어 / 120 ⑶ 네이버 검색광고 관리시스템 / 121
⑷ 키워드의 조합과 확장 등 / 126

4. 엑셀을 이용한 키워드 관리 128

5. 상단노출을 위한 포스팅 작성방법 130

⑴ 포스팅 제목은 이렇게 작성하라 / 131 ⑵ 포스팅 본문은 이렇게 작성하라 / 133 ⑶ 포스팅만
했다고 다가 아니다 / 136 ⑷ 한 번에 여러 개의 키워드를 상단노출시키는 방법 / 137

6. 모바일 상단노출 139

⑴ 모바일 상단노출의 기준 / 139 ⑵ 모바일 상단노출이 PC 환경과 다른 점 / 141 ⑶ 모바
일 상단노출을 위한 알짜 노하우 / 142

7. 절대로 상단노출에 목숨 걸지 마라 146

⑴ 조급한 마음을 버려라 / 147 ⑵ 상단노출보다 콘텐츠가 중요하다 / 147 ⑶ 포스팅 축적
효과를 노려라 / 148

08 블로그를 뒤집어 놓은 쓰나미, C-Rank 149

1. C-Rank는 무엇인가 149

2. 과거와 무엇이 달라졌는가 150

09 C-Rank의 분석과 해법 153

1. C-Rank는 당신의 블로그를 이렇게 평가한다 153

2. C-Rank 분석결과 공개 161

⑴ 댓글, 공감, 스크랩이 C-Rank에 영향을 미치는가 / 162 ⑵ 포스팅 몇 개를 작성해야
C-Rank가 잡히는가 / 163 ⑶ 얼마나 전문적인 내용을 작성해야 하나 / 164 ⑷ 하나의
블로그에 하나의 주제밖에 쓸 수 없는가 / 165 ⑸ C-Rank는 개별 키워드별로 따로 잡힐

까 / 165 　(6) 주제를 선택하면 C-Rank에서 유리한가 / 166 　(7) C-Rank는 어떤 분야에 적용되어 있나 / 166 　(8) 소규모 사업자에게 더 유리하다 / 167

3. C-Rank를 위한 포스팅 작성방법 168

10 소문의 진실, 네이버가 밝힌 내용 178

(1) IP주소 때문에 블로그가 저품질되나? / 179 　(2) 포스팅 수정, 과연 괜찮은가? / 180 (3) 일상 포스팅은 정말로 매일 해야 하나? / 181 　(4) 복사해서 붙여넣기로 포스팅해도 괜찮을까? / 181 　(5) 댓글, 공감, 스크랩은 검색결과 순위에 영향을 미치는가? / 182 　(6) 저품질 블로그와 이웃하면 내 블로그도 저품질되나? / 182 　(7) 좋은 글을 스크랩해오면 내 블로그가 검색결과에 잘 노출된다? / 183 　(8) 저품질에 빠지면 블로그를 포기해야 하나? / 184 　(9) 네이버 블로그 정기점검일에 검색 로직이 변경되나? / 184 　(10) 네이버 블로그가 티스토리 블로그보다 검색결과에 더 잘 노출되는가? / 185

11 저작권 무시하면 고소당하고 합의금 뜯긴다 186

1. 사실 폰트는 아무나 막 쓸 수 있다. 그러나⋯ 189

2. 스팸메일처럼 뿌려대는 협박성 내용증명 191

3. 전화하는 순간 함정에 빠진다 191

4. 출처를 밝히면 괜찮을까 193

5. 영리목적으로 이용하지 않으면 괜찮을까 195

6. 유료로 구매했다고 안심하지 마라 195

7. 동의를 받고 사용하면 괜찮을까 197

8. 기자들이 그냥 퍼다 쓰니까 나도 한번 써본다? 197

9. 연예인 사진을 블로그에 써도 될까? 198

10. 수많은 피해자들의 아우성 200

[블로그 마케팅 숨은 뒷얘기] 통합검색 결과에 블로그 영역이 안 나오는 경우 202

12 통계를 보면 블로그가 보인다 204

(1) 일간현황 / 205 (2) 조회수 / 206 (3) 유입분석 / 207 (4) 기기별 분포 / 208 (5) 조회수 순위 / 209

13 블로그 저품질, 애써 키운 블로그 한방에 훅 간다 212

1. 블로그 저품질이란? 212

2. 블로그 저품질 들여다보기 214

(1) 네이버에서 밝힌 저품질의 존재 / 214 (2) 저품질 여부는 사람이 판단하지 않는다 / 215 (3) 순수한 블로그도 저품질에 빠질 수 있다 / 216 (4) 저품질 판정은 점수제와 비슷하다 / 216

3. 블로그를 저품질에 빠뜨리는 구체적인 원인들 217

4. 저품질 자가 진단법 230

(1) 기존에 활성화된 블로그인 경우 / 230 (2) 활성화되지 못한 블로그인 경우 / 231 (3) 이런 경우는 저품질이 아니다 / 232

5. 저품질에서 빠져나오는 방법 233

6. 참을 수 없는 달콤한 유혹, 블로그 방문자수 234

7. 저품질에 빠지는 또 하나의 함정, 블로그 임대 및 포스팅 의뢰 236

14 저품질에 빠지지 않고 블로그 마케팅 성공하기 237

1. 오로지 블로그지수를 높여라 237

2. 상단노출 주기를 조절하라 238

3. 포스팅을 홍보용 전단지로 만들지 마라 240

4. 다수의 세부 키워드를 차례로 공략하라 240

5. 상단노출 회피하기 241

▶▶▶ **[실전 2단계] 블로그 방문자를 쇼핑몰로 유입시키기**

01 고객이 몰려오게 만드는 기가 막힌 방법 245

  1. 미끼를 던져라 246

    ⑴ 방문자들은 이것 때문에 링크를 클릭한다 / 249   ⑵ 거부감 없이 방문자들을 유입시키는 노하우 / 251

  2. 미끼전략을 간단하게 구성하는 방법 252

  3. 경쟁력 있는 가격이라면 가격 자체를 이용하라 254

  4. 이도 저도 어렵다면 단순한 게 정답이다 255

02 돈 안 들이고 하루 1,000명을 끌어들이는 콘텐츠 구하기 259

  1. 사람이 모이는 곳을 잘 보면 '이것'이 있다 260

  2. 고객의 마음을 들여다보는 방법 263

    ⑴ 먼저 고객이 누구인지를 명확하게 정하라 / 264   ⑵ 고객의 필요와 욕구를 세분화하라 / 265

  3. 기가 막힌 제목을 만드는 방법 268

    ⑴ 클릭을 많이 하는 어휘가 따로 있다 / 270   ⑵ 클릭을 많이 하는 정보가 따로 있다 / 271   ⑶ 정보를 구체적으로 표현할수록 유리하다 / 274   ⑷ 안 보면 손해임을 암시하라 / 274   ⑸ 대명사를 사용해서 숨겨라 / 275   ⑹ 사연이나 스토리가 있음을 암시하라 / 276   ⑺ 구체적인 대상을 지목하라 / 276   ⑻ 사진이 있음을 언급하라 / 277   ⑼ 자극적이거나 민감한 주제를 언급하라 / 277   ⑽ 짧고 간결하게 작성하라 / 278   ⑾ 정직할 필요 없다 / 278

▶▶▶ **[실전 3단계] 카페, 쇼핑몰로 매출 일으키기**

01 카페 회원 모으는 방법 총정리 283

  1. 카페 회원유입의 원천은 블로그 284

  2. 카페 검색노출 286

  3. 카페지식활동 287

4. 다른 카페에서 링크 삽입하기 289

5. 초대메일 및 쪽지 발송 290

02 카페를 활성화시키는 방법 295

1. 카페에도 C-Rank가 적용되어 있다 296

2. 카페를 활성화시키는 2가지 열쇠 297

(1) 카페를 움직이는 배터리, 콘텐츠 / 297 (2) 카페를 움직이게 만드는 윤활유, 소통 / 298

3. 단계별 카페 활성화방법 298

(1) 1단계 : 카페 방문 혹은 재방문 / 299 (2) 2단계 : 게시물 열람 / 303 (3) 3단계 : 댓글 쓰기 및 게시물 쓰기 / 305

4. 콘텐츠를 던지는 요령 305

(1) 콘텐츠는 연재방식으로 야금야금 던져줘라 / 305 (2) 퍼온 자료는 가치가 떨어진다 / 307 (3) 게시판 개수는 최소화하라 / 307

03 카페·쇼핑몰에서 구매를 일으키는 방법 309

1. 고객이 스스로 지갑을 열게 만드는 방법 310

2. 상품 상세 페이지를 이렇게 만들어야 잘 팔린다 312

(1) 상품 상세 페이지 상단에 눈에 띄는 헤드라인을 작성하라 / 312 (2) 자세한 설명이 물건을 사게 만든다 / 314 (3) 구매자가 질문하기 전에 미리 알려주어야 한다 / 316 (4) 구매자가 원하는 것은 상품이 아니다 / 319 (5) 하나 사는 김에 여러 개를 같이 사게 만들어라 / 325

3. 방문자에게 메인 페이지를 절대로 보여주지 마라 326

4. 방문자들은 '이곳'을 유심히 살펴본다 327

5. 망설이는 구매자를 결제하게 만드는 방법 330

6. 무료배송의 위력은 생각보다 강력하다 330

7. 그 외 소소한 팁 331

(1) 고객들은 구매후기가 많은 곳에서 구매한다 / 332 (2) 고객들에게 팝업창은 날파리와 같다 / 333 (3) 고객들은 상품사진이 뛰어난 쇼핑몰에서 구매한다 / 333 (4) 고객들은 번거로운 결제방식을 싫어한다 / 334

온라인 마케팅의 핵심구조

01

블로그, 카페, 쇼핑몰의 특성을 먼저 이해해야 한다

블로그 마케팅을 성공적으로 진행하기 위해서는 먼저 전체적인 마케팅의 흐름을 생각해봐야 합니다. 블로그 마케팅이라고 해서 꼭 블로그만 단독적으로 이용하지는 않으니까요. 아이템(상품 혹은 서비스)의 성격에 따라 블로그와 카페, 쇼핑몰을 적절히 연동하면 더욱 효율적인 마케팅 구조를 만들 수 있습니다. 이들을 어떤 구조로 연동할지는 아이템의 성격과, 여러분이 얼마나 많은 시간과 노력을 투자할수 있느냐에 따라 달라지는데, 다음과 같이 블로그, 카페, 쇼핑몰 각각의 특징을 이해하면 어느 정도 이에 대한 답을 얻을 수 있습니다.

1/ 블로그, 카페, 쇼핑몰의 특징

(1) 블로그 : 방문자 유치에 강하다

블로그는 일단 검색노출에 강하고, 기본적으로 1인 미디어이기 때문에 다른 플랫폼의 도움 없이도 독자적으로 활성화시켜서 방문자들을 끌어 모을 수 있다는 장점이 있습니다. 따라서 블로그는 방문자, 즉 잠재고객을 끌어 모으는 최전방부대의 역할을 맡게 됩니다. 반면에 회원가입 기능이 없고, 자체적인 결제 시스템을 갖추기가 힘들어서 자체적으로 상품을 판매하는 데는 한계가 있습니다.

(2) 카페 : 회원을 모으고 구매를 일으킨다

카페의 경우 '회원가입'이라는 고유기능이 있으므로 회원을 모으고 구매를 일으키는 용도로서 적당합니다. 초반에 회원이 얼마 없을 때는 효과가 미미하지만 일단 회원이 늘어나기 시작하면 매출증가를 피부로 느낄 수 있고, 회원수가 충분히 확보되면 매출에 있어 효자노릇을 톡톡히 하게 됩니다. 반면에 개설 초기에 여러 사람이 운영진을 구성해 역할을 분담하고 전력을 다하지 않으면 독자적 활성화가 힘들다는 단점이 있으며, 또한 이런 식으로 팀을 이뤄 운영하더라도 다른 플랫폼에 기대지 않고 독자적으로 카페를 성장시키기는 여전히 만만한 일이 아닙니다.

더구나 이런 식으로 운영하는 과정에서 일부 운영진이 회원으로 가장해 활동하다가 일반 회원들에게 들통이 날 경우 다소 곤란한 도덕적인 문제가 발생할 수도 있습니다. 간혹 이런 문제를 가볍게 생각하는 사람들도 있는데, 고객들은 무엇보다 자신을 기만하지 않는 판매자를 원한다는 사실을 반드시 명심해야 합니다. 따라서 이러한 문제없이 개설 초기부터 회원을 원활하게 확보하며 카페를 키워나가려면 블로그의 힘이 절대적으로 필요합니다.

(3) 쇼핑몰 : 구매를 일으키거나 결제 시스템을 제공한다

쇼핑몰은 블로그와 카페가 갖추기 힘든 장바구니, 이벤트 진행, 쿠폰, 적립금 등의 쇼핑지원 기능과 함께 안정적인 결제 시스템을 구축할 수 있다는 장점이 있습니다. 또한 회원가입 기능이 있을 뿐 아니라 필요에 따라 마음대로 기능과 형태를 바꿀 수 있다는 장점도 있습니다. 반면에 쇼핑몰 독자적으로는 방문자를 원활하게 유치하기가 힘들고, 카페처럼 커뮤니티를 일으키기가 어려워서 자연스러운 정보 교류와 재방문, 재구매를 유도하기에 부적합하다는 단점이 있습니다. 따라서 쇼핑 몰은 블로그나 카페로부터 방문자를 공급받아 상품을 판매하는 플랫폼으로 활용 하거나 결제 시스템을 제공하는 역할로써 적절합니다.

인터넷상에서 끊임없이 돌아다니는 잠재고객을 물에 비유한다면, 블로그는 물이 흐르는 강줄기와 같고, 카페는 강줄기에서 유입되는 물이 최종적으로 모여드는 호수와 같습니다. 호수만 있다면 죽은 호수가 되기 쉽고, 강만 있다면 물을 한곳에 모아두지 못하고 계속 흘러가게 둘 수밖에 없겠지요. 따라서 블로그와 카페가 서로 부족한 점을 메워주면서 연동되게 하는 것이 가장 이상적인 형태라고 할 수 있습니다. 쇼핑몰의 경우 때에 따라서 강이나 호수를 보조하는 역할을 맡을 수도 있고, 카페를 대신해서 호수가 될 수도 있습니다.

2 / 블로그, 카페, 쇼핑몰의 단독 혹은 연합구조별 특징

이제 블로그, 카페, 쇼핑몰의 전체적인 구조가 머리에 그려졌습니까? 그런데 강의를 통해 이런 설명을 한 후 블로그, 카페, 쇼핑몰까지 운영하라고 하면 고개를 절레절레 흔들며 도저히 그럴 만한 시간이 없다고 토로하는 사업자들이 많습니다. 하지만 그리 걱정할 필요는 없습니다. 앞으로 자세히 설명하겠지만 블로그와 카페를 동시에 시작할 필요는 전혀 없으며, 카페는 제외하고 블로그와 쇼핑몰만을 이용하는 방법도 있고, 때에 따라서는 블로그만 가지고도 훌륭하게 매출을 일으킬 수 있기 때문입니다. 이들 각각의 경우를 좀 더 자세하게 살펴보겠습니다.

(1) 블로그 단독 구조

간혹 블로그에 'ㅇㅇ마켓' 등의 이름을 붙여놓고 공동구매나 상품판매를 하는 경우가 있습니다. 주로 20,30대 여성들을 대상으로 하는 여성의류나 패션잡화, 액세서리, 수공예제품들을 이런 방식으로 판매하곤 합니다. 이른바 블로그 단독으로 상품을 판매하는 경우이지요. 이런 경우 판매하는 상품과 관련된 특정 키워드를 검색하면 자신의 블로그가 나오도록 포스팅해놓고, 검색 방문자들이 포스팅에 써놓은 상품안내를 보고 상품을 구매하도록 유도하게 됩니다.

또한 네이버 블로그의 일종의 블로그 구독 시스템인 '이웃' 시스템을 이용하는 경우도 있습니다. 즉, 평소 자신의 블로그에 자주 방문하며 친하게 지내는 구독자인 '이웃'들을 많이 모아서 이들로부터 구매가 일어나게 하는 방식을 말합니다. 특히 아이를 키우는 젊은 엄마들이 서로 정보를 공유하고 뭉치는 성향이 강하다는 점을 이용해, 이들을 대상으로 육아용품, 아동복, 식료품, 주방·생활용품 등을 판매하는 경우가 많습니다.

블로그 단독 구조라면 블로그에서 결제를 받아야 하는데, 이럴 경우 블로그에 사업자등록정보를 명기해야 합니다. 이를 위해 블로그와 카페에서는 다음 그림과 같이 사업자정보를 명기할 수 있도록 별도의 위젯을 제공하고 있습니다.

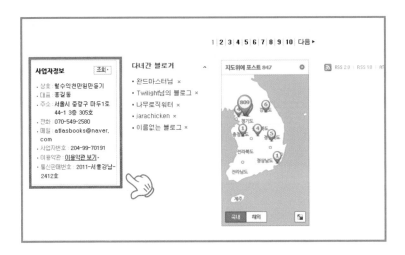

블로그 단독 구조의 경우 회원가입 기능이 없기 때문에 장기적으로 회원을 모으고 이들을 응집시켜 재구매를 일으키는 효과를 노리기가 어렵습니다. 당연히 매출상승속도도 가속도를 받지 못하고 완만하게 형성되지요. 물론 강력한 영향력을 행사하는 일부 유명 블로그의 경우 자체적으로 꽤 많은 수익을 내기도 합니다. 하지만 이 책에서는 그런 일부 사례를 들어 여러분에게 현실성 없는 희망고문을 하지는 않겠습니다. 여러분이 조금만 부지런히 움직이면 이룰 수 있는 현실적인 방법만 제시하겠습니다.

(2) 카페 단독 구조

　앞서 카페는 블로그와 함께 운영하는 것이 가장 좋다고 얘기했습니다. 블로그의 힘을 빌리면 회원유입을 원활하게 할 수 있기 때문이지요. 하지만 정말로 시간이 부족해서 블로그와 카페를 동시에 운영하기 어렵다면 카페만 단독으로 운영할 수도 있기는 합니다. 카페도 검색노출이 가능하고 이를 통해 회원을 유입할 수 있기 때문입니다. 또한 가장 어려운 단계인 카페 개설 초기에만 블로그의 힘을 빌려 회원을 유입하고 어느 정도 카페 단독 운영이 가능하다고 생각되는 시점에 과감하게 카페 운영에만 전념하는 방법도 생각해볼 수 있습니다. 어떤 방법이든 여러분의 상황에 맞게 적용하면 됩니다.

　카페를 단독 운영하면서 회원을 모으기로 했다면 뒤에 나오는 '카페 회원 모으는 방법 총정리' 편(283쪽) 중 해당 방법을 적용하면 됩니다. 만일 카페만을 단독 운영하며 활성화시킬 수 있다면 역량을 한곳에만 집중할 수 있으므로 시간과 노력을 확실히 절감할 수 있습니다. 다만 카페 역시 자체적인 결제 시스템이 없는 것이나 마찬가지므로 별도의 결제 시스템을 마련해야 하고, 앞서 설명했듯이 블로그와 연동하지 않는 한 대형 카페가 되기 전까지 회원유입과 홍보 측면에서 불리함을 안고 가야 한다는 점을 고려해야 합니다.

(3) 블로그+카페 구조

블로그는 새로운 방문자를 유치하는 데 강점이 있고, 카페는 회원을 모아두고 지속적으로 구매를 일으킬 수 있다는 강점이 있으므로, 이 2가지를 연동하면 돈 들이지 않고 온라인 마케팅을 진행하는 가장 좋은 구조를 만들 수 있습니다. 여기에 결제 시스템을 제공하는 쇼핑몰까지 연결하면 '블로그-카페-쇼핑몰의 3단 구조'가 완성됩니다. 이때 쇼핑몰의 역할을 결제 시스템 제공에만 한정할 것이냐 아니면 카페를 대신해서 회원을 모아 매출을 끌어내는 데까지 활용할 것이냐는 여러분이 선택해야 합니다. 다만 이것을 처음부터 고민할 필요는 없으며, 카페가 어느 정도 활성화되기 시작했을 때 선택하면 됩니다. 필자의 경우 굳이 쇼핑몰에 무게를 두지 않기 때문에 쇼핑몰은 결제 시스템을 지원하는 정도로만 활용하고 있습니다. 결국 최종적인 선택은 판매하는 아이템의 성격에 따라 좌우된다고 보면 됩니다. 필자가 쇼핑몰보다는 카페를 선택한 이유에 대해서는 '쇼핑몰과 카페의 장단점' 부분(30쪽)에서 자세히 설명하겠습니다.

투자금이 많지 않은 소규모 사업자가 창업 초기단계에서 안정화단계로 넘어가기는 매우 어렵습니다. 이렇다 할 광고비용 없이 온라인 마케팅을 진행해서 그 어려운 장벽을 뚫고 궤도에 오르는 데 성공한 사례들을 살펴보면 블로그 단독 구조

혹은 블로그와 카페를 연동하는 구조를 선택한 경우가 많습니다. 신규 고객유치에 유리한 블로그가 이들의 성공에 결정적인 영향을 미쳤다는 것은 두 말할 필요가 없겠지요. 또한 궤도에 오른 매출을 안정적으로 유지·발전시키는 데는 블로그 단독 구조보다는 블로그와 카페를 연동하는 구조가 더 유리한 경향을 보였습니다. 반면에 블로그 활성화에는 성공했지만 이를 매출로 연결시키는 방법을 찾지 못해 마케팅에 실패하거나 저품질의 늪에 빠져 고생하는 경우도 많습니다. 이 책에서 제시하는 마케팅은 실전 1, 2, 3단계로 구분되는데, 2단계와 3단계에서 이러한 문제에 대한 해법을 제시하겠습니다.

(4) 블로그+쇼핑몰 구조

이 경우는 앞서 설명한 블로그와 카페 연동구조와 유사하게 블로그로 새로운 방문자를 모으고, 카페 대신 쇼핑몰을 이용해 블로그에서 유입된 방문자들을 대상으로 매출을 일으키는 방식을 말합니다. 강의를 통해 많은 사업자들을 만나본 결과, 이미 쇼핑몰을 운영하고 있는 경우 대부분 이 구조를 가장 선호하고 있었습니다.

3/ 쇼핑몰과 카페의 장단점

그렇다면 블로그와 연동할 플랫폼으로서 쇼핑몰과 카페 중 어떤 것이 적합할까요? 이를 알아보기 위해 다음 표를 토대로 각각의 장단점에 대해 살펴보겠습니다.

	쇼핑몰	카페
장점	• 기능과 디자인을 자유롭게 변경 • 주문 및 결제 편리 • 관리업무 용이 • 선점효과 기대 • 브랜드 구축효과 기대	• 비용이 공짜 • 높은 회원가입률 • 검색노출이 용이 • 높은 재방문율 • 수요조사 용이 • 구매후기 수집 유리 • 블로그와 연계 유리 • 전체메일 및 쪽지 발송 수월 • 공동구매 유리
단점	• 회원가입률 저조 • 검색노출 불리 • 재방문유도 불리 • 사이트 구축 및 유지보수 비용 필요 • 전체메일 발송 어려움	• 콘텐츠 마련에 시간과 노력이 필요함 • 기능과 디자인의 자유로운 변경이 어려움 • 주문, 결제 불편 • 회원 및 주문관리 업무 불편

(1) 쇼핑몰의 장점

① 주문 및 결제가 편리하다

쇼핑몰은 태생적으로 상품을 판매하기 위한 목적으로 만들어진 시스템이기 때문에 장바구니, 위시리스트, 구매내역 조회, 배송조회, 이벤트 진행, 쿠폰, 적립금 등 구매자의 쇼핑을 편리하게 해주는 기능이 풍부합니다. 따라서 구매자 입장에서도 다른 플랫폼에 비해 훨씬 편리하고 쾌적하게 상품의 주문·결제와 배송조회 등을 이용할 수 있습니다.

② 기능과 디자인을 자유롭게 수정하거나 만들 수 있다

쇼핑몰의 특징 중 하나는 원하는 기능과 디자인을 자유롭게 도입할 수 있다는 점입니다. 쇼핑몰을 운영하다 보면 좀 더 쇼핑몰을 특색 있게 꾸미거나 구매율을 끌어올리기 위해 원래 쇼핑몰 솔루션이 제공하지 않는 기능이 필요할 때가 있습니다. 또한 전체적인 쇼핑몰 디자인의 구조를 아이템의 특성과 콘셉트에 맞게 바꾸고 싶을 때도 있습니다. 독립쇼핑몰이라면 이런 경우 필요에 맞게 자유자재로 쇼핑몰의 기능과 디자인을 바꿀 수 있습니다. 다만 이런 작업을 수행하려면 웹프로그래머 등 그에 맞는 전문인력의 도움이 필요합니다.

③ 관리업무가 용이하다

쇼핑몰의 매출이 늘어나고 규모가 성장하면 회원, 주문, 판매, 재고 등의 효율적인 관리가 중요해집니다. 이때 쇼핑몰은 기본적으로나마 회원관리나 주문관리, 판매관리, 재고관리 등에 관한 기능을 갖추고 있기 때문에 큰 규모로 성장하기 전까지는 별도의 전문적인 프로그램 없이 이러한 관리업무가 가능합니다.

④ 선점효과를 노릴 수 있다

현재 자신이 선택한 아이템이나 틈새시장과 관련한 특별한 쇼핑몰이 없는 경우 카페보다는 쇼핑몰을 운영하는 것이 장기적인 포지션 선점에 있어서 좀 더 유리할 수 있습니다. 다만 마니아층을 공략해야 하는 아이템인 경우 커뮤니티 기능이 강한 카페가 유리할 수도 있으므로 여러 가지 측면을 고려할 필요가 있습니다.

⑤ 브랜드를 키우기 좋다

브랜드를 키우려고 할 경우에는 카페보다는 독립쇼핑몰이 좀 더 적합합니다. 다만 브랜드를 키우려면 오랜 기간 브랜드 가치를 쌓아나가며 버틸 수 있는 자본금과 인력, 기획력, 상품의 품질 등이 필수적으로 확보되어야 하는 만큼, 자본금과 인력이 부족한 소규모 사업자라면 신중히 고민할 필요가 있습니다.

(2) 쇼핑몰의 단점

① 쇼핑몰 구축과 유지보수에 비용이 들어간다

쇼핑몰의 기본적인 단점은 사이트를 구축하고 유지·보수하는 데 비용이 들어간다는 것입니다. 물론 카페24나 네이버의 스마트스토어(구 스토어팜) 같은 무료 쇼핑몰을 활용하면 이러한 비용을 상당 부분 줄일 수 있기는 하지만, 이 경우 기능과 디자인을 자유자재로 수정할 수 있다는 쇼핑몰의 장점을 포기해야 합니다. 또한 쇼핑몰의 경우 가끔씩 보안패치를 설치하거나 업데이트를 해주어야 하고, 정부정책에 따라 보안서버 구축, 구매안전시스템(에스크로) 구축, 민감한 개인정보 수집 금지 및 폐기, 주소체계 변경, 우편번호체계 변경 등 시스템을 손봐야하는 일이 생기곤 하는데, 소규모 사업자 입장에서는 이런 일들을 처리하는 데도 적지 않은 부담감을 느낄 수 있습니다.

② 회원가입률이 저조하다

쇼핑몰은 회원가입에 있어서 카페에 비해 약간의 장벽이 존재합니다. 바로 구매자 입장에서 물건 하나 사자고 ID, 비밀번호 등 여러 가지 항목을 입력하는 수고를 해가며 회원가입을 하기가 상당히 번거롭게 느껴질 수 있다는 것입니다. 독립쇼핑몰 서버의 경우 대부분 네이버와 같은 보안수준을 갖추지 못하기 때문에 구매자 입장에서 개인정보 유출에 대한 불안감을 느낄 수도 있습니다. 또한 구매자 입장에서 쇼핑몰은 기본적으로 '정보교류'를 위한 공간이 아니라 어디까지나 '구매'를 위한 공간으로 인식하기 때문에, 일반적으로 상품을 구매할 필요성을 느끼기 전에는 방문도 회원가입도 하지 않습니다. 바로 이런 이유 때문에 쇼핑몰이 카페보다 회원가입률 측면에서 다소 불리할 수밖에 없는 것이지요.

③ 검색노출이 힘들다

쇼핑몰에 고객을 지속적으로 유입시키기 위해서는 네이버와 같은 포털의 검색결과에 쇼핑몰이 노출되도록 하는 것이 매우 중요합니다. 이런 측면에서도 쇼핑몰은 카페보다 불리합니다. 유료광고를 제외하면 쇼핑몰이 검색결과에 따라 노출되는 영역은 '네이버쇼핑', '사이트', '웹문서' 혹은 '웹사이트' 등의 영역에 한정됩니다. 비록 검색결과에서 네이버쇼핑 항목 자체는 비교적 상위에 위치하기는 하지만, 치열한 경쟁을 뚫고 그 항목 상단에 노출시키기는 매우 힘듭니다. 게다가 쇼핑몰의 경우 블로그나 카페처럼 오랜 시간에 걸쳐 콘텐츠(포스팅)를 차곡차곡 쌓아나가는 구조가 아니기 때문에, 다량의 콘텐츠를 이용한 검색노출을 기대할 수도 없습니다. 물론 네이버쇼핑 외에 사이트 영역과 웹사이트 영역에 검색노출시키는 것도 중요하지만, 아무래도 블로그와 카페 영역보다는 유입률이 떨어지는 것이 사실입니다.

④ 재방문을 유도하기 힘들다

새로운 고객에게 상품을 구매하도록 만들기보다 한 번 구매한 고객들을 재구매하게 만드는 것이 5배 쉽습니다. 한마디로 기존 구매고객들은 다 잡아놓은 물고기와 같다는 뜻이지요. 그런데 쇼핑몰의 경우 카페에 비해 기존 고객들을 재방문하게 만들기가 어렵다는 문제가 있습니다. 앞서 설명했듯이 고객들은 쇼핑몰을 정보교류가 아닌 구매공간으로 인식하기 때문에 물건을 살 일이 없으면 굳이 쇼핑몰을 재방문할 필요를 느끼지 못하기 때문이지요. 물론 이벤트나 특별혜택, 기획전 등을 이용하는 방법이 있기는 하지만, 아무래도 정보교류 및 커뮤니티의 성격이 강한 카페보다는 회원 재방문에 있어서 확실히 불리할 수밖에 없습니다.

⑤ 전체메일 발송이 어렵다

카페와는 달리 쇼핑몰은 회원 전체메일을 적절하게 발송하기가 다소 불편하고 불리합니다. 대부분 스팸메일로 빠질 뿐 아니라, 최근 관련법이 개정되어 반드시 메일제목 앞에 '(광고)'라는 표시를 해야 하므로 개봉률도 떨어지기 때문입니다. 더구나 회원숫자가 많으면 전체메일 발송에 따른 서버의 부담도 만만치 않습니다.

(3) 카페의 장점

① 카페는 공짜다

카페의 가장 큰 장점은 구축하는 데 돈이 들지 않고, 클릭 몇 번으로 누구나 쉽게 구축할 수 있다는 것입니다. 게다가 모바일까지 완벽하게 지원하기 때문에 별도의 모바일 카페를 만드느라 시간과 노력을 들일 필요가 없습니다. 또한 만일 네이버 카페라면 네이버에서 구축·유지·보수에 대한 책임을 지기 때문에 운영자가 이에 대해 신경 쓸 필요가 없습니다. 이것이야말로 소규모 사업자에게는 정말 매력적인 요소입니다.

② 회원가입률이 높다

일단 카페는 회원가입 절차가 단순합니다. 또한 이미 네이버 회원으로 가입되어 있는 사람이라면 쇼핑몰에 비해 카페 회원가입에 대한 거부감이 적습니다. 이는 마케팅에 유리하게 작용하는 결정적인 요인이기도 합니다. 또한 카페는 쇼핑몰과 달리 기본 특성이 정보교류에 있는 만큼 사람들이 굳이 상품을 구매할 일이 없더라도 이런저런 정보를 얻기 위해 가입하는 경우도 많습니다. 이처럼 해당 분야의 정보를 얻기 위해 가입한 회원들은 그 분야에 관심이 있다는 의미이므로 차후 구매고객으로 전환될 가능성이 크다는 것은 두 말할 필요가 없겠지요.

③ 검색노출이 용이하다

카페는 쇼핑몰에 비해 검색노출이 용이해서 검색을 통한 방문자의 유입을 기대할 수 있습니다. 다만 검색노출의 진정한 힘은 오랜 기간 게시물이 쌓였을 때 나타난다는 사실을 명심해야 합니다. 즉, 카페 스태프와 회원들이 오랫동안 쌓아놓은 게시물들이 대부분 검색노출된다면 운영자가 굳이 애쓰지 않아도 상당한 방문자를 끌어들일 수 있습니다. 이들이 모두 잠재고객이 되는 것이지요. 이처럼 굳이 돈 들여 광고·홍보할 필요 없이 자동으로 잠재고객들이 쏟아져 들어온다면, 결국 이것이 사업성공과 직결될 수밖에 없습니다.

④ 재방문율이 높다

다시 한 번 강조하지만, 한 번 구매했던 고객을 재구매하게 만들기가 새로운 고객에게 상품을 파는 것보다 5배 쉽습니다. 이때 카페는 쇼핑몰과 달리 태생적으로 커뮤니티를 위해 만들어진 플랫폼이기 때문에 커뮤니티 활성화가 용이하고 재방문율이 높다는 점에서, 재구매를 유도하기도 그만큼 유리할 수밖에 없습니다. 특히 자신이 카페에 올린 글에 댓글이 달리면 스마트폰으로 푸쉬알림 신호가 오는 기능 등, 네이버에서 제공하는 여러 가지 카페 활성화 기능도 재방문율을 높이는 강력한 장치가 되어줍니다.

⑤ 수요조사가 용이하다

카페는 어떤 상품을 출시하려고 할 때 그 상품에 대한 선호도 및 수요조사를 하기가 매우 좋습니다. 실제로 여러 카페에서 회원들을 대상으로 수요조사를 실시해서 반응을 지켜본 후 공동구매를 진행하거나 상품을 론칭하고 있습니다. 이처럼 수요나 반응조사를 거친 뒤 론칭하는 아이템은 그만큼 실패확률이 적습니다. 여러분이 가진 상품 중에서 잘 나가는 상품 20%가 매출의 80%를 차지합니다. 잘 나가는 대박상품을 찾아내는 것이 무엇보다 중요하다는 의미입니다.

⑥ 구매후기를 모으기 수월하다

카페는 정보교류 및 친목공간으로서의 성격이 강하기 때문에 카페에서 상품이나 서비스를 구매한 회원들은 다른 회원들과의 소통을 위해 후기를 남기게 됩니다. 물론 모든 회원이 적극적으로 후기를 남기지는 않지만, 상품구매만을 위한 공간인 쇼핑몰에 비해서는 구매후기 작성비율이 높습니다. 구매후기가 많으면 그 상품을 판매하기가 훨씬 수월하다는 것은 누구나 알고 있는 사실입니다.

⑦ 블로그와 연계해서 마케팅을 진행하기에 좋다

카페는 쇼핑몰에 비해 블로그와 궁합이 잘 맞습니다. 예를 들어 블로그에 반복적으로 독립쇼핑몰로 이동하는 링크를 걸게 되면 블로그가 저품질에 빠질 가능성이 커지고, 링크를 클릭했을 때 네이버 외부사이트로 이동하면 방문자들이 바로 창을 닫아버리는 경우가 많습니다. 반면에 카페의 경우 블로그에서 반복적으로 링크를 걸어도 결국 네이버 내부에서의 이동에 해당하므로 저품질에 빠질 위험성이 적고, 독립쇼핑몰에 비해 방문자들이 창을 닫고 빠져나오는 이탈률도 낮습니다.

⑧ 전체메일이나 쪽지를 보내기 수월하다

카페는 회원들에게 전체메일과 전체쪽지를 보내기가 상당히 편리하고 안정적입니다. 똑같은 내용의 메일이나 쪽지를 동시에 많은 사람에게 보낼 경우 네이버를 비롯한 포털에서는 이를 스팸으로 판단해 자동으로 1차적인 차단을 실시합니다. 독립쇼핑몰 서버에서 메일을 보내면 이 1차 차단에 막혀 고객들의 메일함까지 도달하지 못하는 경우가 많고, 이런 일이 반복되면 쇼핑몰의 메일서버 IP가 스팸메일 서버 IP로 분류되어 해당 서버에서 보내는 메일을 포털 측에서 일괄적으로 막아버리는 일도 허다합니다.

반면에 네이버 시스템에서 공식적으로 제공하는 카페 전체메일이나 전체쪽지는 위와 같은 1차적인 차단대상에 해당하지 않기 때문에 회원들에게 도달할 확률이 매우 높습니다. 다만 일부 회원들이 개인적으로 특정 카페 메일을 수신거부로 설정해놓은 경우 해당 회원에게는 메일이 도달하지 않게 됩니다. 또한 네이버 카페에서 보내는 전체메일은 네이버 서버를 통해 발송되므로 카페 운영자가 서버의 과부하를 걱정할 필요가 없습니다.

⑨ 공동구매에 유리하다

카페활동을 해본 사람이라면 카페에서 공동구매를 매우 빈번하게 진행한다는 사실을 알고 있을 것입니다. 그런데 이 공동구매라는 것이 상품을 판매하는 입장에서는 좋은 점이 많습니다. 우선 쇼핑몰처럼 많은 품목으로 구색을 갖출 필요가 없습니다. 그저 공동구매할 상품 한 가지면 충분합니다. 또한 공동구매는 자금을 들여서 상품을 미리 사입할 필요가 없고, 공동구매를 진행해서 주문 및 결제를 미리 받은 뒤 그 돈으로 주문받은 만큼만 상품을 사입하면 됩니다. 즉, 투자금과 재고에 대한 부담이 제로에 가깝지요.

현금흐름이 막혀도, 돈이 없어도 카페 회원과 아이템만 있다면 공동구매를 진행할 수 있습니다. 자본금이 부족한 소규모 사업자에게 이보다 좋은 조건이 있을까요? 게다가 활성화된 카페를 가지고 있는 사람이라면 다른 판매자가 그 카페에서 공동구매를 진행하도록 해주고 수수료만 받을 수도 있습니다. 그야말로 앉아서 돈 버는 일입니다.

(4) 카페의 단점

① 콘텐츠 마련에 시간과 노력이 많이 들어간다

나중에 자세히 살펴보겠지만 카페 활성화의 핵심은 바로 '콘텐츠'입니다. 유용한 콘텐츠를 끊임없이 생산해야만 이를 구심점으로 회원들이 모이고 재방문하며 정보가 교류되고 커뮤니티가 활성화되어 카페가 운영되는 것이지요. 그런데 이러한 정보성 콘텐츠를 계속 마련하려면 적지 않은 시간과 노력이 투자되어야 합니다. 소수의 인원으로 많은 업무를 처리해야 하는 소규모 사업자 입장에서는 다소 부담스러울 수 있는 부분이지요. 하지만 이러한 어려움을 극복한다면 다른 사업자들이 부러워하는 '판매 플랫폼'이라는 열매를 손에 쥘 수 있습니다.

② 주문과 결제가 불편하다

카페는 원래 상품거래를 위해서 만들어진 공간이 아니기 때문에 고객 입장에서는 상품을 둘러보고 주문하고 결제하는 과정이 좀 번거롭습니다. 실제로 상품판매를 위해 운영되는 카페를 관찰해보면 '상품을 주문하고 싶은데 어떻게 하면 되느냐'는 질문이 가끔 올라옵니다. 물론 카페에서도 상품거래 게시판을 따로 지원하기는 하지만 기능상의 제약이나 결제수수료, 추가 회원가입의 필요성 등의 문제를 속 시원하게 해결하기 힘들어서 현실적으로 거의 이용하지 않습니다. 이런 이유로 카페에서 주문을 받을 때는 주로 쪽지나 비밀게시판을 이용하는 경우가 많고, 결제는 판매자의 계좌로 온라인입금을 받는 방법을 많이 사용합니다.

하지만 이는 구매자 입장에서 보면 좀 번거로워서 구매율을 떨어뜨리는 요인이 될 수도 있습니다. 이를 보완하기 위해서 카페24나 네이버의 스마트스토어 같은 무료쇼핑몰을 연동해 쓰기도 합니다. 이럴 경우 카드결제가 가능해질 뿐만 아니라, 구매자가 물건을 받은 후 구매결정을 해야 판매자에게 물품대금이 입금되는 구매안전시스템(에스크로)이 구축됩니다. 이로 인해 구매자가 편리함과 안전함을 느끼게 됨으로써 자연스럽게 구매율이 올라가게 됩니다.

③ 관리업무가 불편하다

카페는 판매활동과 마케팅에 필요한 회원관리, 판매관리, 재고관리 등을 자체적으로 지원하는 기능이 없어서 매출규모가 어느 정도 늘어나면 관리업무상의 번거로움을 겪을 수 있습니다. 카페 관리자모드에 기본적으로 회원관리 기능이 있기는 하지만, 이는 카페관리에 한정된 기능으로 쇼핑몰의 회원관리 기능과는 다소 차이가 있습니다. 이에 대한 보완책으로는, 엑셀 프로그램 등을 적절하게 이용하거나, 결제만을 전담하는 쇼핑몰을 마련하는 방법이 있습니다.

④ 기능과 디자인이 자유롭지 못하다

카페의 경우 포털에서 일방적으로 제공하는 시스템이기 때문에 해당 시스템에 포함된 기본 기능 이외에 운영자가 원하는 특별한 기능을 구현하기가 거의 불가능하다는 단점이 있습니다. 그래서 이를 보완하기 위해 독립된 도메인으로 별도의 웹페이지를 만들어서 원하는 기능을 구현하고 이 웹페이지와 카페를 서로 연동하는 방법을 주로 사용하곤 합니다. 물론 이러한 구조를 만들려면 프로그램 전문 인력의 도움이 필요합니다.

4／ 일단 블로그만 시작하면 된다

지금까지 블로그, 카페, 쇼핑몰을 조합하는 다양한 구조에 대해 살펴봤습니다. 각각의 특징 및 장단점을 고려해서 여러분 각자에게 맞는 구조를 잘 생각해보기를 바랍니다. 이때 여러분이 '블로그+카페'나 '블로그+쇼핑몰' 등 중에서 어떤 조합을 선택하든 이것들을 동시에 시작할 필요는 없습니다. 오히려 처음부터 너무 많은 것을 하려다 보면 시간이 많이 들고 일만 많아져서 흥미를 잃을 수 있습니다. 커뮤니티를 이용한 마케팅은 마라톤과 같습니다. 처음에는 일단 부담 없이 취미활동처럼 가볍게 시작하는 것이 좋습니다.

바람직한 활용순서는 다음 그림과 같이 블로그가 가장 먼저, 그 다음 카페, 쇼핑몰 순입니다. 만일 이미 쇼핑몰을 가지고 있다면 그것을 계속 유지하면서 이 순서를 따라가면 됩니다. 먼저 블로그만 개설하고 마케팅이 필요한 분야에 속하는 여러 가지 소재로 하루에 1~2개씩만 가볍게 포스팅해보십시오. 좀 더 자세한 블로그 운영법은 뒤에서 따로 설명하겠습니다.

블로그만 운영하면 그리 많은 시간이 필요치 않으므로 '꾸준함'만 있다면 누구나 활성화시킬 수 있습니다. 물론 블로그를 전문적으로 운영하려면 다소의 테크닉이 필요하기는 하지만, 그런 부분은 앞으로 이 책에서 자세히 설명할 내용들을 그대로 따라 하기만 하면 됩니다.

이런 식으로 블로그 운영에 어느 정도 익숙해지고 활성화에 성공했다면 그때쯤 카페를 개설합니다. 이때는 이미 활성화된 블로그를 보유한 상태이므로 이를 이용해 더욱 수월하게 카페 회원을 모을 수 있습니다.

쇼핑몰이 개입하는 시점은 여러분이 쇼핑몰을 어떻게 이용할 것인가에 따라 달라집니다. 쇼핑몰을 단지 결제 시스템을 제공하는 역할에 한정할 거라면 많은 시간을 들이지 않고도 구축이 가능하므로 카페 개설 초기부터 병행이 가능합니다. 그렇지 않고 카페보다는 쇼핑몰에서 회원을 모으고 구매를 일으키고 싶다면 블로그 다음 단계로 바로 쇼핑몰을 개설해도 좋고, 아니면 카페가 어느 정도 활성화된 시점에 개설해도 됩니다. 핵심은 블로그든 카페든 일단 새로운 방문자를 끊임없이 유치할 수 있는 수단을 오랫동안 안정적으로 유지하고 키워나가야 한다는 것입니다.

이러한 순서를 염두에 두고 블로그 마케팅을 진행한다면 그리 큰 부담 없이 여러분의 플랫폼이 서서히 커나가는 것을 감상할 수 있습니다.

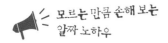

키워드광고 해야 하나, 말아야 하나

네이버와 같은 포털사이트에서 쇼핑몰을 홍보할 때 가장 보편적으로 사용되는
방법이 바로 다음 그림과 같은 '키워드광고'입니다. 즉, 포털 검색창에 무언가를 검
색하면 그 검색어와 관련된 쇼핑몰을 보여줌으로써 검색한 사람을 해당 쇼핑몰로
유입시키는 광고상품입니다.

키워드광고는 광고가 한 번 클릭되면 미리 정해진 액수만큼 충전금에서 소진
되는 방식으로 광고비가 집행되는데, 이 '클릭당 비용'은 경쟁입찰로 결정됩니다.
즉, 비용을 가장 높게 입찰한 순서대로 상단에 노출되는 방식이며, 키워드에 따라
5~15개의 쇼핑몰이 화면에 나타납니다. 이렇게 입찰가액 순위에 의해 노출이 결
정되기 때문에 조금이라도 검색결과에서 상위에 노출되려면 입찰단가를 높일 수

밖에 없고, 이것이 업체 간 경쟁이 되어 결국 시간이 지날수록 클릭당 광고비가 점점 높아지게 됩니다. 문제는 바로 여기에 있습니다. 모든 키워드가 그렇지는 않지만 인기 있는 키워드의 경우 경쟁이 지나치게 과열되어 클릭당 광고비가 너무나 높게 형성되어 있다는 것이지요. 심지어 클릭당 몇 만원에 이르는 키워드도 수두룩합니다. 유입된 방문자가 상품을 구매할지 안 할지도 모르는 클릭 딱 한 번에 말입니다. 현실이 이렇다 보니 광고를 해서 상품을 아무리 많이 판매해도 광고비를 결제하고 나면 수익이 거의 남지 않는 경우가 많습니다.

이런 키워드광고를 해야 할까요? 이 책은 기본적으로 이런 돈 드는 광고 없이 마케팅을 할 수 있는 방법을 제시합니다. 하지만 어떻게든 키워드광고를 이용해보고 싶다면 다음과 같은 사항들을 유의하기 바랍니다.

① 효율적인 키워드를 발굴하라

위에서 말했듯이 경쟁이 치열한 주요 키워드는 광고비가 지나치게 비싸기 때문에 일단 경쟁이 치열하지 않으면서도 구매율이 높은 키워드를 발굴해야 합니다. 예를 들어 여러분이 '남성용 가방'을 판매한다면 '남자가방'이나 '남자백팩' 같은 클릭당 비용이 너무 높은 키워드는 피하고, '밀리터리백팩'처럼 약간 더 구체적으로 아이템을 설명해주면서도 광고비가 저렴하고 구매율이 높은 키워드를 찾아내는 것입니다. 이런 키워드는 '남자가방'과 같은 넓은 범위의 키워드보다 검색하는 사람들의 의도를 좀 더 구체적으로 반영하고 있기 때문에, 그들이 찾는 상품과 여러분이 제시하는 상품이 서로 일치할 가능성을 높일 수 있고, 이에 따라 구매율 역시 높일 수 있습니다. 또 이런 키워드와 클릭당 비용이 높은 주요 키워드를 조합하거나 확장해서 세부 키워드를 만들어보는 것도 좋은 방법입니다. 예를 들면 '남자가방백팩'과 같은 키워드를 말합니다.

이때 네이버 검색광고 관리시스템(https://searchad.naver.com)에서 제공하는 '키워드도구'를 이용하면 이러한 키워드를 발굴하는 데 도움을 얻을 수 있습니다. 이 시스템에서는 각 키워드별 월간 검색량과 월평균 클릭수, 클릭률, 클릭비용, 예상 비용 등을 체계적으로 제공하고 있습니다. 이러한 시스템을 이용해 경쟁자가 생각하지 못한 틈새 키워드를 최대한 발굴해야 합니다. 그러다 보면 광고비가 저렴하면서도 구매율이 꽤 높은 키워드를 발굴할 수도 있습니다. 네이버 검색광고 관리시스템 이용방법에 관해서는 '블로그 상단노출 방법' 편의 '키워드 찾는 방법' 부분(119쪽)에서 좀 더 자세히 설명하겠습니다.

② 로그분석을 철저히 하라

그렇다면 어떤 키워드가 구매율이 높은지 어떻게 알 수 있을까요? 바로 로그분석을 통해 알아볼 수 있습니다. 특히 독립쇼핑몰을 운영하는 경우 로그분석은 필수라고 할 수 있습니다. 로그분석 없이 쇼핑몰을 운영한다는 것은 눈을 감고 매장을 운영하는 것과 다를 바가 없기 때문이지요. 아쉽게도 이 책에서는 로그분석에 관해 자세히 다루지 않았지만, 현재 시중에 나와 있는 책을 찾아서 보면 매우 유용한 정보들을 얻을 수 있습니다.

③ 많은 클릭을 유도하는 광고카피를 작성하라

앞서 설명했듯이 키워드광고는 입찰단가에 따라 화면에서 몇 번째 줄에 노출되는지가 결정됩니다. 그런데 실제로는 윗줄에 노출된다고 반드시 사람들이 더 많이 주목하고 많은 클릭수를 기록하지는 않습니다. 문구, 즉 광고카피를 얼마나 사람들의 관심을 끌 만하게 작성하느냐에 따라 비싼 광고비를 들여 윗줄에 노출시킨 경쟁자들보다 더 많은 클릭을 끌어낼 수도 있습니다. 이렇게 사람들이 너도나도 클릭하는 광고카피를 작성하는 방법에 관해서는 '기가 막힌 제목을 만드는 방법' 편(268쪽)에서 각 유형별로 자세히 설명하겠습니다.

④ 구매율에 목숨을 걸어라

간혹 구매자가 상품을 구매하기 위해 네이버에 해당 상품을 검색했다가, 검색 결과에서 그 상품이 있을 것 같은 광고카피를 발견하고 클릭해 들어갔는데 그 상품은커녕 그 비슷한 상품도 찾을 수 없는 경우가 있습니다. 그런데 판매자 입장에서는 이런 경우에도 클릭당 광고비가 꼬박꼬박 과금됩니다. 이처럼 상품도 못 팔고 광고비만 날리고 마는 경우가 의외로 많습니다. 이런 손실을 막으려면 무조건 많은 클릭을 유도하기 보다는 광고카피와 상품과의 연관성을 가능한 한 높여야 합니다. 그래야 광고를 클릭해서 유입된 방문자들이 상품을 구매하는 비율을 최대한 끌어올릴 수 있습니다. 또한 이것이 광고비를 효율적으로 쓰는 방법이기도 합니다.

⑤ 곧바로 상세 페이지가 나오도록 한다

광고 등을 클릭했을 때 바로 열리는 페이지를 '랜딩 페이지(Landing page)'라고 합니다. 그런데 이 랜딩 페이지를 쇼핑몰 메인 페이지로 설정해놓으면 구매자들이 원하는 상품을 찾기 위해 다시 쇼핑몰의 이곳저곳을 찾아다녀야 하는 번거로움을 겪게 됩니다. 물론 판매자 입장에서는 가능한 한 많은 상품을 보여주고 싶어서 일부러 메인 페이지로 유입시키는 경우도 많지만 일반적으로 이것은 구매율을 떨어뜨리는 원인이 됩니다. 방문자들이 광고를 클릭할 때 자신이 보고자 했던 그 상품을 찾기 위해 쇼핑몰을 이리저리 돌아다니다 그냥 빠져나가는 '이탈률'이 많이 올라가기 때문이지요. 따라서 랜딩 페이지는 광고에 소개한 상품이 포함된 카테고리의 메인 페이지로 설정해주는 것이 가장 좋습니다. 그 카테고리 메인에는 당연히 광고에 소개한 상품이 가장 첫줄에 눈에 띄게 배치되어 있어야 합니다.

⑥ 미끼상품을 던져라

수익을 포기하더라도 아주 저렴하게 가격을 책정한 상품을 1~2종류 정도 마련하는 것이 좋습니다. 특히 누구나 하나쯤은 있어야 하는데, 저렴하기까지 하니 아무 생각 없이 쉽게 구매할 수 있는 상품이 좋습니다. 즉, '미끼상품'을 활용하는 것이지요. 이런 대박 할인상품으로 키워드광고를 해서 많은 방문자들이 들어와 그 상품을 구매하게 만든 뒤, 이왕 배송료를 내는 김에 묶음배송으로 함께 받을 수 있는 다른 상품까지 구매하도록 유도하는 방법입니다. 이를 위해서는 미끼상품을 구매하는 페이지에서 다른 상품을 쉽게 같이 살 수 있도록 옵션을 제공하거나, 최소한 다른 상품들을 소개하는 사진이라도 한 장씩 넣어놓아야 합니다. 실제로 오픈마켓 판매자들은 이런 미끼상품 전략을 오래전부터 널리 사용하고 있습니다.

⑦ 회원확보냐 구매율이냐, 목적을 확실히 하라

광고를 클릭해서 유입된 방문자들이 상품을 구매할 때 쇼핑몰에 회원가입을 하게 할 것인지, 아니면 회원가입 없이 네이버페이나 비회원구매와 같은 방법으로 구매가 가능하도록 할 것인지를 신중히 고려해야 합니다. 물론 두 말할 필요 없이 회원가입 없이 바로 구매할 수 있게 하는 것이 구매율이 높습니다. 반면에 이런 경우 회원을 모을 수 없기 때문에 재구매를 유도하기가 어려워지지요. 따라서 여러분이 보유한 아이템의 특성을 고려해서 단골 회원을 확보하는 것이 유리하다고 판단되면 구매율을 희생하더라도 회원가입을 받는 것이 좋습니다. 반면에 어차피 재구매를 기대할 수 없는 아이템, 즉 한 번 사면 그만인 아이템이라면 회원가입 없이 바로 구매가 가능하도록 해서 구매율을 최대한 끌어올리는 것이 좋습니다.

블로그 마케팅과 아이템

01 블로그 마케팅과 궁합이 잘 맞는 아이템이 따로 있다

지금 이 순간에도 블로그나 카페 같은 커뮤니티를 이용해서 실로 다양한 아이템에 대한 마케팅이 진행되고 있습니다. 그런데 그중 마케팅이 잘 되어서 만족할 만한 매출을 올리는 아이템이 있는 반면, 안타깝게도 그렇지 못한 아이템들도 있습니다. 물론 마케팅의 성공과 실패에는 수많은 요인이 있기 때문에 일률적으로 '이게 원인이다' 하고 말할 수는 없지만, 필자의 경험에 비추어 보면 아이템 자체의 성격에 따라 커뮤니티를 이용한 마케팅 효과에도 어느 정도 차이가 생기게 됩니다. 즉, 커뮤니티 마케팅과 궁합이 잘 맞는 아이템이 있는 반면, 잘 맞지 않는 아이템도 있다는 것이지요.

일반적으로 아래와 같은 특징을 가진 아이템들이 커뮤니티 마케팅에 적합하다고 할 수 있습니다.

1 / 아이템의 특성상 상품종류가 다양한 경우
_ 주방용품, 생활용품, 완구류 등

주방용품이나 생활용품은 제대로 구색을 갖춘다면 수십에서 수백 종류에 이를 정도로 상품의 종류가 많습니다. 블로그 마케팅에서는 이처럼 상품의 종류가 많은 아이템이 유리합니다. 나중에 자세히 설명하겠지만, 블로그 검색노출은 결국 검색 키워드 싸움입니다. 즉, 어떤 검색어로 검색했을 때 나의 블로그 포스팅이 상단에 노출될 수 있느냐 하는 것이지요. 이때 생활용품처럼 상품종류가 많은 아이템은 그만큼 상단노출을 노릴 수 있는 검색 키워드가 많기 때문에 포스팅을 이것저것 풍부하게 할 수 있고, 그에 따라 많은 방문자를 끌어들일 수 있습니다.

따라서 여러 가지 상품을 다양한 키워드를 이용해 장기간 차곡차곡 포스팅한다면 축적효과로 인해 높은 매출을 기대할 수 있습니다. 또한 매번 다른 키워드로 다양하게 바꿔가며 상단노출을 노릴 수 있어서 저품질위험도 낮고, 계속해서 같은 키워드를 사용했을 때보다 블로그 포스팅들이 전체적으로 자연스러운 느낌을 주기 때문에 방문자들과 거부감 없이 소통하는 데도 도움이 됩니다.

(1) 아이템의 특성상 상품종류가 적다면?

그렇다면 상품의 종류가 적을 때는 어떻게 해야 할까요? 사실 블로그에서 다루는 상품종류가 몇 개 안 된다면 마케팅을 진행하기에 다소 불리한 점이 있습니다. 상품이 적으면 그만큼 방문자를 끌어들일 수 있는 키워드가 한정될 수밖에 없기 때문이지요. 이럴 경우 같은 키워드를 계속 반복해서 포스팅해야 하기 때문에 저품질위험도 있고 방문자들이 보기에도 홍보만을 위한 블로그로 느껴져서 블로그를 활성화시키기도 어렵게 됩니다. 따라서 다음과 같이 이를 극복할 수 있는 방법을 찾아야 합니다.

① 상품수는 적어도 키워드는 많이 발굴할 수 있다

상품수가 적더라도 키워드를 다량으로 발굴할 수 있다면 이를 극복할 수 있습니다. 당장 떠오르는 주요 키워드뿐만 아니라 상품의 디자인, 기능, 각 상황별 사용사례 등 여러 가지 측면을 고려해 다양한 키워드를 발굴해봐야 합니다. 특히 상품 자체에만 집중하지 말고 그 상품을 사용하는 '사용자'를 자세히 관찰해보십시오. 의외로 사용자마다 상품을 사용하는 상황과 사례, 용도, 습관 등이 모두 제각각입니다. 이렇게 사용자의 행태를 분석해 관련 키워드를 고민해보면 상당히 다양한 키워드를 발굴할 수 있습니다. 이런 작업을 도와줄 효과적인 키워드 발굴도구에 대해서는 '블로그 상단노출 방법' 편의 '키워드 찾는 방법' 부분(119쪽)에서 자세히 설명하겠습니다.

② 비슷한 종류의 아이템을 추가로 확보하라

블로그에서 다루는 상품이 적다면 비슷한 종류의 아이템을 추가로 확보하는 방안도 적극 고려하는 것이 좋습니다. 현재 자신이 제조·수입하거나 다루고 있는 상품 외에도 비슷한 카테고리 내에 수많은 상품이 있을 수 있습니다. 꼭 제조만 고집하기 보다는 그러한 상품들을 확보해 구색을 늘린 후 블로그 마케팅을 진행한다면 늘어난 상품수가 윤활유역할을 함으로써 마케팅에 탄력을 받을 수 있습니다. 이때 굳이 자금을 들여서 추가로 상품을 사입하기 보다는 위탁판매 형식을 고려하는 것이 좋습니다. 개인이나 소규모 사업자의 상황에서는 일단 상품의 샘플만 얻어서 마케팅을 진행하고 판매가 되면 해당 업체 쪽에 오더를 전달해서 서로 마진을 나누는 위탁판매 방식이 유리하기 때문입니다.

2 / 현재 이느 정도 검색량이 존재하는 상품

블로그 마케팅의 1차 목표는 기본적으로 블로그가 검색에 노출되게 함으로써 방문자를 끌어들이는 데 있습니다. 바꿔 생각하면, 먼저 사람들이 포털의 검색창에 블로그 포스팅에서 사용한 키워드를 검색해야만 목표를 이룰 수 있다는 것입니다. 결국 사람들이 잘 검색하지 않는 키워드를 포스팅한다면 블로그의 1차 목표, 즉 검색을 통한 방문자 유입이 당연히 어려울 수밖에 없겠지요. 따라서 블로그에서 다루는 상품과 관련된 여러 키워드 중에서 현재 어느 정도 검색이 이루어지고 있는 키워드를 찾아야 하며, 이런 키워드가 많을수록 블로그 마케팅에 유리합니다. 특정 키워드의 검색량이 얼마나 되는지 알아보는 방법에 대해서는 '블로그 상단노출 방법' 편(115쪽)에서 자세히 살펴보겠습니다.

3 / 아이템의 특성상 재구매 혹은 유사구매가 활발한 경우
_ 식품, 화장품, 액세서리, 시리즈·취미용품

식품이나 화장품처럼 재구매가 활발하고, 하나의 상품을 구매한 사람이 그 상품뿐 아니라 유사구매, 즉 비슷한 유형의 상품을 계속해서 구매하는 아이템의 경우 블로그와 카페를 연계한 마케팅에 적합합니다. 이런 아이템은 카페에 회원을 모아서 한 번 상품을 팔고 끝나는 것이 아니라 끊임없이 재구매와 유사구매를 일으킬 수 있기 때문입니다.

방문자들에게서 계속해서 신뢰를 확보해가며 저품질위험을 피해가야 하는 것이 바로 블로그 마케팅의 운명입니다. 이런 상황에서 블로그에서 판매하는 상품홍보를 위해 상단노출되는 상업적 포스팅을 한다는 것은 검색 이용자의 만족도가 낮아져서 저품질에 한걸음 다가설 위험을 안고 있습니다. 이런 위험을 감수하고 홍보를 위한 포스팅을 했는데, 그 포스팅을 통해 들어온 방문자가 물건을 한 번만 구매하고 다시 찾지 않는 일회성 뜨내기 고객이 되어서는 곤란하겠지요. 이렇게 일회성 뜨내기 고객들만 있다면 시간이 지나도 매출에 가속도가 붙기가 힘들고, 계속 제자리걸음을 하게 될 가능성이 높습니다. 따라서 일회성 고객보다는 지속적으로 재구매와 유사구매를 일으키는 충성고객을 카페에 차곡차곡 모아놓아야 시간이 지날수록 매출에 가속도가 붙어서 처음에 고생해서 블로그와 카페를 일궈놓은 보람을 느낄 수 있습니다.

이처럼 재구매와 유사구매를 노리고 있다면 쇼핑몰보다는 카페가 좀 더 유리합니다. 앞서 설명했듯이 쇼핑몰은 보통 고객이 '구매의사'가 있어야만 비로소 방문하는 장소입니다. 반면에 카페는 친목도모 및 정보교류의 장소이기 때문에 회원들이 수시로 방문하는 경향이 강합니다. 따라서 카페의 경우 그 과정에서 메인 페이지를 통한 상품노출 등으로 자연스럽게 재구매를 유도할 수 있습니다.

4 상대적으로 블로그 마케팅 경쟁이 치열하지 않은 아이템

여러 블로그를 둘러보다 보면 일부 아이템들은 블로그 마케팅 경쟁이 매우 치열하다는 사실을 알 수 있습니다. 반면에 잘 찾아보면 의외로 아직까지 블로그 경쟁이 그리 심하지 않은 아이템도 많습니다. 필자의 경험에 의하면 일부 아이템의 경우 5~6년 전부터 우리나라에서 크게 유행하기 시작해서 수많은 판매자들이 저가경쟁을 벌이는 바람에 이미 가격구조가 무너진 레드오션임에도 불구하고 신기하게 블로그에서는 그다지 경쟁이 크지 않은 경우도 있었습니다. 당연한 얘기겠지만, 이렇게 경쟁이 치열하지 않은 아이템이 블로그 마케팅을 진행하기에 훨씬 수월합니다.

여러분이 다루고자 하는 아이템과 관련된 키워드를 몇 개 선정해서 블로그 검색을 해보십시오. 여러분의 블로그 마케팅 경쟁자는 얼마나 되나요? 물론 경쟁자가 없다고 해서 성공을 보장하지는 못하지만 가능하면 경쟁자가 적을수록 유리합니다.

5 / 품질·가격 경쟁력이 있으나 브랜드 인지도 등의 문제로 홍보가 부족한 제품

중소규모의 업체 중에는 좋은 제품을 생산해놓고도 인지도가 없어서 판매에 어려움을 겪는 경우가 많습니다. 또한 브랜드 인지도뿐만 아니라 기업의 모든 여력을 생산에만 쏟은 나머지 홍보와 마케팅 쪽에는 거의 신경 쓰지 못해서 그런 경우도 많습니다. 이렇게 좋은 제품을 저렴하게 팔 수 있는데도 홍보가 부족해서 매출이 일어나지 않는 경우 블로그 마케팅이 하나의 활로가 될 수 있습니다. 다만 인지도가 없는 제품이라는 점을 고려해서 블로그 포스팅을 할 때 검색어 선정에 더욱 신중할 필요가 있습니다. 특히 아무도 모르는 기업명, 브랜드명, 제품명, 모델명을 키워드로 선정하면 곤란합니다. 그런 키워드는 검색량이 미미해서 방문자, 즉 잠재고객을 끌어올 수가 없습니다. 따라서 그 제품과 관련이 있으면서도 검색량이 어느 정도 나오는 키워드를 선정해야 합니다.

나만의 블로그 만들고 키우기

지금까지 블로그 마케팅의 전체적인 구조와 블로그 마케팅과 궁합이 잘 맞는 아이템이 무엇인지에 대해 살펴봤습니다. 이제 본격적으로 블로그 마케팅의 각 단계별 운영방법과 노하우를 알아보겠습니다.

이 책에서는 다음 그림과 같이 '블로그 → 카페·쇼핑몰'이라는 마케팅의 구조를 총 3단계로 나눠서, 고객을 끌어들이는 1단계부터 원하는 곳으로 유입시키는 2단계, 그리고 최종적으로 매출을 일으키는 3단계까지 각 단계별로 심도 있는 해법을 제시하겠습니다.

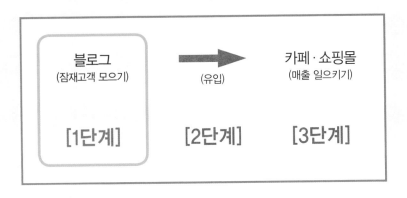

먼저, 가장 기본이 되는 1단계의 주인공은 '블로그'입니다. 블로그 마케팅에서 가장 기본이 되는 것은 당연히 블로그를 개설하고 키워나가는 일입니다. 여기에서는 블로그 개설부터, 블로그 글쓰기는 어떻게 해야 하는지, 소재는 어떻게 선택하고, 어떻게 블로그를 활성화시키고 키워나가야 내가 원하는 마케팅 효과를 얻을 수 있는지에 대해 집중적으로 살펴보겠습니다. 또한 블로그 운영의 가장 큰 위험

요소라고 할 수 있는 블로그 저품질현상에 대해서도 심도 있게 파헤치는 한편, 이를 피해갈 수 있는 방법까지 제시할 것입니다.

이러한 내용들을 통해 여러분은 마케팅을 훌륭하게 수행할 수 있는 튼튼한 블로그를 만드는 방법을 알게 될 것입니다.

01 블로그 운영, 어렵게 생각할 이유가 없다

1/ 블로그 운영은 의외로 간단하다

'천 리 길도 한 걸음부터'라는 말처럼 이 책에서 소개하는 블로그 마케팅은 단기 승부가 아니고 오랫동안 천천히 결과를 만들어가는 장기전인 만큼 처음부터 너무 긴장하고 힘을 들일 필요가 없습니다. 즉, 마케팅을 목적으로 운영하는 블로그 역시 처음부터 너무 전문적인 내용을 작성해야 한다는 부담감을 가질 필요가 없습니다. 또한 처음에는 블로그 글쓰기에 서툴더라도 지속적으로 운영하다 보면 글 쓰는 실력이 점점 늘게 되어 있습니다. 현재 블로그를 실력 있게 운영하는 사람들도 처음부터 능숙했던 건 결코 아닙니다. 누구나 처음에는 익숙지 않아서 어설프게 운영하다가 점점 실력이 늘어나는 것입니다. 몇 가지 요령이 필요하기는 하지만 그것은 이 책에서 자세하게 설명하는 내용을 그대로 따라만 하면 됩니다. 책에 나와 있는 대로 소재를 선택하고, 사진을 찍고, 사진을 나열한 뒤 거기에 맞춰 적당히 글을 몇 줄 써 넣으면 포스팅 하나가 뚝딱 완성됩니다.

다만 '꾸준함'은 무엇보다 중요하게 생각해야 합니다. 블로그는 바로 이 꾸준함에서 성패가 갈리게 됩니다. 누가 오랫동안 큰 기복 없이 꾸준하게 포스팅을 하느냐, 이것이 관건이라면 관건입니다.

2/ 사진, 꼭 잘 찍을 필요 없다

필자가 마케팅 강의를 하면서 일단 블로그를 시작하라고 얘기하면 많은 사람들이 사진을 잘 찍을 줄 모른다고 걱정하곤 합니다. 물론 사진을 잘 찍는다면 블로그를 운영하는 데 하나의 장점으로 활용할 수 있습니다. 하지만 사진을 못 찍는다고 걱정할 필요는 전혀 없습니다. 사진에 대한 지식 없이 대충 폰카로 찍은 사진만으로도 얼마든지 블로그를 훌륭하게 운영하는 사람도 많습니다.

필자의 블로그 이웃 중 한 명은 하루 방문자 3,000명 이상의 활성화된 블로그를 운영하고 있지만 그 블로그에 올라오는 사진들은 대부분 아무 생각 없이 폰카로 그때그때 막 찍은 것들입니다. 어차피 폰카로 찍는데, 조리개 값이나 셔터 스피드 따위를 신경 쓸 이유가 없는 것이지요. 게다가 사진구도도 그냥 앉은자리에서 편하게 찍는, 이른바 '막사진'들이 대부분입니다.

여러분이 신경써야 할 것은 사진을 '잘' 찍는 게 아니라 '자주' 찍는 것입니다. 사진을 자주 찍는 건 누구라도 할 수 있지요. 실제로 블로그를 운영하는 사람들을 관찰해보면, 늘 폰카나 카메라를 손에 들고 다니면서 이리저리 사진을 자주 찍습니다. 여러분 역시 사진을 못 찍는다고 걱정할 필요없이 자주만 찍으면 그것으로 충분합니다. 그리고 이렇게 자주 찍다 보면 어느 순간부터 점점 구도를 잡는 노하우도 생기게 됩니다.

02
블로그를 만들고 깔끔하게 꾸미는 방법

막상 블로그를 시작하려다 보면 어떻게 만들고 꾸며야 하는지 감이 안 잡힐 수 있습니다. 이 책에서는 마케팅에 집중하기 위해 가급적 '네이버 사용설명'에 관한 내용은 최소화했지만, 블로그를 새로 시작할 때의 막연함을 해소하는 차원에서 간략하게나마 블로그를 만들고, 깔끔하게 꾸미는 방법에 대해 살펴보겠습니다.

1/ 일단 블로그를 만들어보자

사실 여러분의 블로그는 네이버에 가입하는 순간부터 이미 만들어져 있습니다. 다만 전혀 꾸며져 있지 않고, 포스팅도 없을 뿐이지요. 따라서 네이버에 로그인해서 여러분의 블로그를 찾아가서 블로그 기본정보를 입력하고, 카테고리를 만드는 등의 기본적인 설정을 하는 과정이 바로 '블로그 만들기'에 해당합니다. 기본적인 블로그 만들기 순서는 다음과 같습니다.

① 네이버 접속 및 로그인

네이버에 접속하고 아이디와 비밀번호를 입력해 로그인합니다.

② 블로그 홈으로 이동

메인 페이지 상단에 있는 '블로그' 탭을 클릭해서 블로그 홈으로 이동합니다.

③ 내 블로그로 이동

블로그 홈에서 우측에 있는 '내 블로그' 버튼을 클릭해서 내 블로그로 이동합니다.

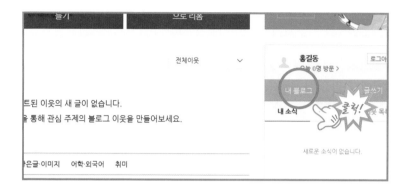

④ 첫 글 쓰기 가이드

처음 블로그를 운영하는 경우라면 다음 그림과 같이 블로그를 쉽게 시작할 수 있도록 '첫 글 쓰기 가이드'가 제공됩니다. 가이드는 총 3단계로 이루어져 있는데, 1단계에서는 블로그의 기본적인 정보를 입력할 수 있고, 2단계에서는 이웃추가를, 3단계에서는 간단하게 블로그에 글을 써볼 수 있습니다. 가이드를 따라서 가볍게 블로그를 시작해보십시오. 다만 처음 블로그를 시작할 때는 상업적인 내용보다는 자신이 홍보하고자 하는 분야 내에서 순수한 정보성 내용으로 글을 작성하는 것이 좋습니다.

⑤ 블로그 관리 홈으로 이동

'첫 글 쓰기 가이드'를 따라서 가볍게 블로그를 시작했다면, 이제 블로그 관리모드를 둘러볼 차례입니다. 다음 그림과 같이 블로그 좌측 상단에 있는 프로필 사진 밑에 보면 '관리·통계'라는 항목이 있습니다. 그 중 '관리'를 클릭합니다.

⑥ 블로그 정보설정으로 이동

블로그 관리메뉴는 크게 기본설정, 꾸미기 설정, 메뉴·글 관리, 통계 등 4가지 영역으로 나뉘어 있습니다. 가장 먼저 '기본설정'에 있는 '블로그 정보'를 클릭합니다.

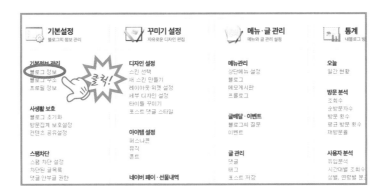

⑦ 블로그 정보 설정하기

이곳에서 블로그 제목, 블로그에서 사용할 별명, 소개글, 프로필 사진 등을 입력
할 수 있습니다. 이때 첫 글 쓰기 가이드에서 이미 몇 가지 정보를 입력했다면 그
정보가 그대로 나오게 됩니다. 나머지 입력되지 않은 정보를 각각 알맞게 입력한
후, 화면 가장 밑에 있는 '확인' 버튼을 눌러 저장합니다.

⑧ 블로그 카테고리 설정화면으로 이동

이번에는 블로그 카테고리를 설정할 차례입니다. 블로그 관리 홈에서 '메뉴·글 관
리 〉블로그'를 클릭합니다.

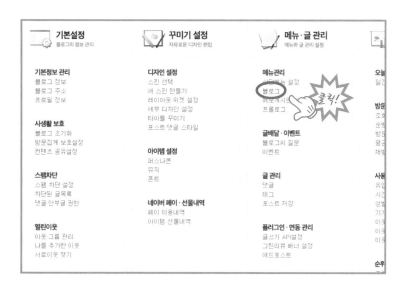

⑨ 블로그 카테고리 설정하기

우선 카테고리명을 적절하게 수정합니다. 예를 들어 '맛집기행'이라고 수정하고 싶다면 먼저 원래 나와 있는 카테고리를 클릭한 후, 오른쪽 카테고리명 입력 란에서 '맛집기행'이라고 수정해줍니다. 필요에 따라 '카테고리 추가' 버튼을 클릭해서 카테고리를 추가하고, 마찬가지로 추가된 카테고리명을 적절하게 바꿔주면 됩니다. 카테고리 설정이 완료되었으면 가장 아래에 있는 '확인' 버튼을 클릭해서 저장합니다.

2 / 블로그를 깔끔하게 꾸며보자

블로그는 정해진 틀 안에서 자신이 원하는 대로 '레이아웃'이라 불리는 전체구조와 세부적인 색상, 사진 등을 적절히 꾸밀 수 있습니다. 여기서는 방문자들이 쉽고 편하게 볼 수 있도록 블로그를 심플하고 깔끔하게 꾸미는 몇 가지 방법을 소개하겠습니다.

① 처음에는 최소한의 카테고리만으로 포스팅한다

블로그를 시작할 때는 너무 많은 카테고리를 만드는 것보다는, 최소한의 카테고리만 만들어서 각 카테고리에 충실하게 포스팅을 채워나가는 것이 좋습니다. 카테고리는 많은데 포스팅이 거의 없이 텅 비어 있다면 방문자 입장에서 블로그를 둘러보기가 좀 귀찮고 짜증스러울 수 있습니다. 따라서 카테고리수는 나중에 블로그 운영에 익숙해진 후에 필요에 따라 점차 늘려나가는 것이 좋습니다.

참고로 블로그에 올리는 게시물을 '포스트' 혹은 '포스팅'이라고 하는데, 이 책에서는 앞으로 '포스팅'이라고 지칭하겠습니다.

② 페이지당 포스팅(포스트)은 1개씩만

• 설정경로 : 블로그 관리 홈 〉 메뉴·글 관리 〉 메뉴관리 〉 블로그 〉 상단부분
　　　　　'페이지당 포스트'

방문자가 블로그를 볼 때 한 번에 나타나는 포스팅(포스트)의 개수, 즉 페이지당 포스팅 개수는 1개로 설정하는 것이 좋습니다. 2개 혹은 그 이상의 포스팅이 한꺼

번에 주르륵 나오면 보는 사람 입장에서 불편할 수 있기 때문이지요. 포스팅을 보다가 공감하는 부분이 생겼을 때, 재빨리 포스팅 끝으로 이동해서 댓글을 쓰거나 '공감'을 눌러야 하는데 포스팅이 여러 개 나와 있어서 스크롤이 너무 길어지면 지금 보고 있는 포스팅 끝 부분이 어딘지 찾기가 불편해집니다. 이런 경우 방문자가 댓글을 쓰려고 포스팅 끝을 찾다가 결국 포기하기도 합니다. 또 스크롤이 너무 길어지면 화면 우측에 나와 있는 스크롤바가 너무 짧아져서 마우스로 드래그하기도 불편합니다. 따라서 포스팅은 한 번에 하나씩만 나오도록 하는 것이 좋습니다.

③ 목록보기는 5줄로

• 설정경로 : 블로그 관리 홈 〉 메뉴·글 관리 〉 메뉴관리 〉 블로그 〉 중간부분
　　　　　'목록보기'

여기에서 블로그에 최근 포스팅 목록을 나오게 할지 여부를 선택할 수 있는데, 가급적 목록이 나오도록 설정하는 것이 좋습니다. 뒤에서 자세히 설명하겠지만, 블로그 방문자가 포스팅을 하나만 보고 가는 것보다는 가급적 많은 포스팅을 보는 것이 블로그 활성화에 유리하기 때문이지요. 목록이 표시되는 개수는 5개가 적당합니다. 그보다 많으면 포스팅을 보는 데 방해가 될 수 있습니다. 위에 안내된 경로를 따라가서 '목록열기'를 클릭하고 '5줄 보기'를 선택하면 됩니다.

④ 스킨 선택

• 설정경로 : 블로그 관리 홈 〉 꾸미기 설정 〉 디자인 설정 〉 스킨 선택 〉 '네이

버 블로그 스킨' 탭

    블로그를 처음 만들면 외관이 너무 허전해 보이기 때문에 자신의 마음에 드는 스킨을 골라서 씌워주는 것이 좋습니다. 위에 안내된 경로를 따라 들어가면 다양한 스킨을 볼 수 있습니다. 그중 마음에 드는 스킨을 선택한 후 가장 아래에 있는 '스킨 적용' 버튼을 클릭하면 블로그에 적용됩니다.

    지금까지 설명한 내용만 적용하더라도 블로그를 어느 정도 보기 좋고 깔끔하게 꾸밀 수 있습니다. 블로그를 꾸미는 더 많은 방법은 네이버의 '블로그팀 공식 블로그(https://blogpeople.blog.me)'를 방문하여 '블로그 TIP' 카테고리에 있는 정보들을 참조하면 됩니다.

03
블로그 글 쉽게 쓰는 방법

블로그를 운영해본 경험이 없다면 포스팅을 어떻게 해야 하는지부터 막막해 하는 경우가 많습니다. 하지만 이러한 막막함은 현재 블로그 마케팅을 직업으로 하는 필자뿐만 아니라 누구든 블로그를 처음 시작할 때 느끼는 감정입니다. 그러다 블로그 운영에 차차 익숙해지면 누구나 쉽게 포스팅을 할 수 있으니 너무 걱정할 필요는 없습니다.

물론 마케팅을 위한 블로그 포스팅을 하려면 몇 가지 스킬이 필요하지만, 일단 기본적인 포스팅을 하는 것만으로도 훌륭한 출발입니다. 다음 순서대로 차근차근 따라하면서 가볍게 첫 포스팅을 시도해보십시오.

1, 블로그 주제 정하기

과거에는 블로그에 이런저런 여러 가지 일상적인 주제로 포스팅을 해도 마케팅을 진행하는 데 큰 문제가 없었습니다. 블로그만 활성화가 되어 있다면 평소에는 맛집이나 요리 등의 일상적인 주제로 포스팅을 하다가도 마케팅을 위해 이와는 전혀 다른 주제로 포스팅을 해도 상단노출이 가능했기 때문입니다.

하지만 최근에는 특정 주제에 집중하는 블로그가 그 분야의 상단노출을 차지할 수 있게 검색노출 환경이 변화했습니다. 따라서 여러분도 블로그를 처음 시작할 때부터 다루는 분야를 명확히 정하고, 그 분야에 대해 꾸준하게 포스팅하는 것이 좋습니다.

하나의 블로그에서 여러 가지 주제를 다루는 방식도 가능하지만, 블로그의 원활한 운영을 위해서는 가급적 주제의 개수를 줄이는 것이 좋습니다. 블로그를 운영하는 중간에도 얼마든지 주제를 추가할 수 있으므로 처음 시작할 때는 가벼운 마음으로 하나의 주제만 정해서 시작해보기 바랍니다.

하나의 주제가 어느 정도의 범위를 포괄하는지에 대해서는 다음 TIP과 같이 네이버에서 제공하는 주제 분류를 참고하면 됩니다. 해당 주제 분류를 참고하면 여러분이 다루는 아이템이 어떤 분류에 속하는지 쉽게 파악할 수 있습니다.

TIP

네이버에서 제공하는 주제 분류

엔테테인먼트 · 예술	생활 · 노하우 · 쇼핑	취미 · 여가 · 여행	지식 · 동향
• 문학 · 책 • 영화 • 미술 · 디자인 • 공연 · 전시 • 음악 • 드라마 • 스타 · 연예인 • 만화 · 애니 • 방송	• 일상 · 생각 • 육아 · 결혼 • 애완 · 반려동물 • 좋은 글 · 이미지 • 패션 · 미용 • 인테리어 · DIY • 요리 · 레시피 • 상품리뷰 • 원예 · 재배	• 게임 • 스포츠 • 사진 • 자동차 • 취미 • 국내여행 • 세계여행 • 맛집	• IT · 컴퓨터 • 사회 · 정치 • 건강 · 의학 • 비즈니스 · 경제 • 어학 · 외국어 • 교육 · 학문

물론 위의 주제 분류보다 더 세분화된 분야를 다룬다면 좋겠지만, 주제를 너무 세분화하면 포스팅 소재를 지속적으로 구하기가 힘들어질 수 있으니 처음에는 이 정도의 분류만으로도 충분합니다.

2/ 사진 마련하기

주제를 정했으면 다음은 첫 포스팅을 위한 사진을 마련해야 합니다. 최근에는 포스팅에 삽입되는 사진의 중요성이 다소 줄어들기는 했지만, 여전히 사진을 삽입하는 것이 보는 사람 입장에서도 유용한 정보가 되며, 쓰는 사람 입장에서도 작성이 수월합니다.

앞서 정한 블로그의 주제에 따라 자유롭게 사진을 마련하면 되는데, 블로그를 보는 사람에게 정보를 제공한다고 생각하고 포스팅의 내용을 자세히 설명해주는 것으로 중복되지 않게 마련하기 바랍니다.

사진의 개수는 크게 중요하지 않으며, 보는 사람 입장에서 포스팅 내용을 잘 이해할 수 있을 만큼이면 됩니다. 사진을 지나치게 많이 넣어서 보는 사람이 포스팅 전체를 열람하기 힘들게 하거나, 반대로 사진이 너무 적어서 보는 사람이 기대하는 정보를 충분하게 얻기 힘들지 않게만 하면 되는 것이지요.

3/ 포스팅 작성 – 전반전

사진을 마련했으면 이제 본격적으로 블로그에 첫번째 포스팅을 할 차례입니다.

먼저 네이버에 로그인을 하고 '내 블로그'로 이동해서 다음 그림과 같이 프로필 사진 밑에 있는 '포스트쓰기' 버튼을 클릭하면 블로그 작성화면이 나옵니다. 여기서는 네이버에서 제공하는 블로그 글 작성도구의 최신버전인 '스마트 에디터 3.0'을 기준으로 설명하겠습니다.

먼저 제목을 입력합니다. 마케팅에 있어 제목은 상당히 중요한 요소이므로 고려할 부분이 많지만 첫 번째 포스팅이므로 복잡하게 생각하지 말고 그저 본문 내용을 대표할 수 있는 문구로 가볍게 써보십시오. 스마트 에디터 3.0에서는 제목의 배경으로 사진을 넣을 수 있습니다. 제목을 입력하고 나서 배경사진도 넣어보도록 합니다.

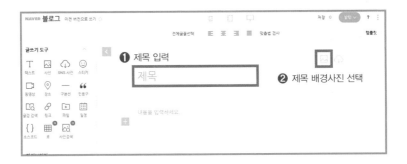

제목을 쓰고 배경사진을 넣으니 벌써부터 뭔가 그럴듯한 디자인이 만들어졌습니다. 이제 미리 마련해놓은 사진을 삽입할 차례입니다. 다음 그림처럼 화면 좌측에 있는 아이콘 중에서 '사진' 아이콘을 클릭하여 사진을 삽입합니다.

다음 그림과 같이 포스팅 본문에 사진들이 차례로 삽입된 모습을 확인할 수 있습니다. 사진 순서를 변경하고 싶다면 이 상태에서 사진을 마우스로 드래그해서 옮길 수도 있습니다.

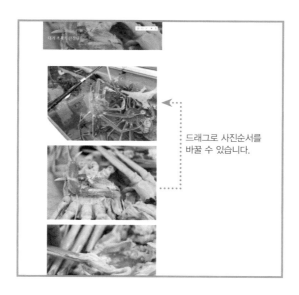

드래그로 사진순서를 바꿀 수 있습니다.

사진을 모두 삽입했으면 가장 밑에 본문 내용과 관련된 장소를 표시해주는 것이 좋습니다. 만약 본문 내용이 특정한 지리적 장소와 관련이 없다면 장소표시는 생략해도 무방합니다. 다만 장소 표시 외에도 화면 좌측에 있는 아이콘들을 쭉 둘러보고 본문의 내용과 관련이 있는 기능이 있다면 해당 기능을 적극적으로 이용하는 것이 좋습니다. 특히 본문 내용이 책, 영화, TV방송, 음악, 상품, 뉴스 등과 관련이 있다면 '글감 첨부' 기능을 이용해 관련된 글감을 첨부하기 바랍니다. 여기서는 장소를 표시하는 방법을 기준으로 알아보겠습니다. 다음 그림과 같이 장소 아이콘을 클릭합니다.

장소 아이콘을 클릭하면 다음 그림과 같이 장소를 검색할 수 있는 창이 나옵니다. 좌측 상단에 나오는 검색창에 본문에 넣을 장소에 해당하는 검색어를 입력합니다.

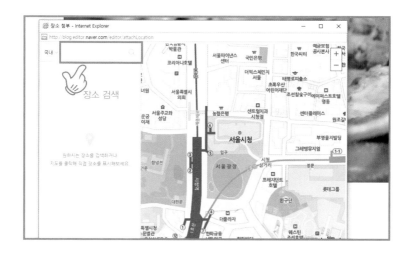

다음 그림과 같이 검색된 장소의 목록이 나타나면, 해당 목록 중에서 본문에 삽입하려는 장소를 선택하고, 우측 하단에 있는 '다음' 버튼을 클릭합니다.

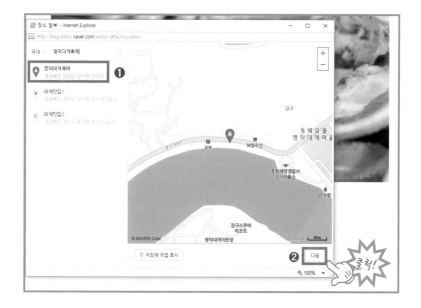

이렇게 하면 다음 그림과 같이 포스팅 본문에 사진과 장소가 보기 좋게 삽입된 모습을 확인할 수 있습니다.

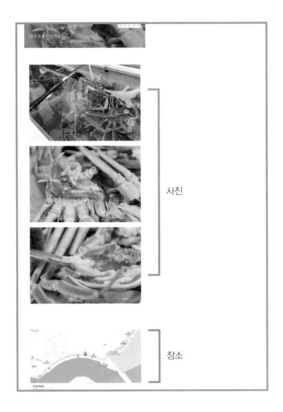

4/ 포스팅 작성 - 후반전

위와 같이 사진과 장소 등의 글감까지 삽입했다면 포스팅 전반전은 끝났습니다. 후반전에서는 삽입한 각 사진 밑에 글을 몇 줄씩만 써주면 됩니다.

다음 그림과 같이 사진과 사진 사이의 공간을 클릭하면 본문 내용을 입력할 수 있습니다. 이런 식으로 각 사진마다 사진을 설명하는 글을 작성해보십시오. 첫 번째 포스팅이니 내용에 대해 너무 고민할 필요 없이 자유롭게 작성하되, 처음에 정했던 블로그의 주제에 가능한 부합되도록 합니다.

본문 텍스트의 글자 크기나 색깔, 굵기 등 다양한 효과를 줄 수 있는 기능들이 마련되어 있으니 이런 기능도 한 번씩 사용해봅니다. 차후 마케팅을 위한 포스팅을 작성할 때는 이런 기능들을 자주 이용하게 될 것입니다.

본문 작성이 모두 끝났다면 다음 그림과 같이 화면 우측 상단에 있는 '발행' 버튼을 클릭합니다.

발행 버튼을 클릭하면 다음 그림과 같이 카테고리와 주제 분류를 선택할 수 있는 양식이 나옵니다. 본문 내용에 맞게 선택하고, 밑에 있는 '발행하기' 버튼을 클릭합니다. 그러면 잠시 후 포스팅이 등록된 것을 확인할 수 있습니다.

첫 번째 포스팅을 작성한 소감이 어떻습니까? 처음이라 사진을 삽입하고 글을 작성하는 것이 익숙하지 않을 수도 있지만, 사실 생각보다는 어렵지 않다는 사실도 알게 되었을 것입니다. 이렇게 사진 등의 글감을 먼저 삽입하고, 거기에 맞춰서 약간의 글을 써주는 순서로 포스팅을 작성하면 쉽게 멋진 포스팅을 작성할 수 있습니다.

04 포스팅에는 어떤 내용을 써야 하나

이제 여러분은 블로그도 개설했고 첫 번째 포스팅까지 작성해보았습니다. 이제 이를 시작으로 매일 포스팅을 해나가면서 블로그 운영에 대한 감을 익히기 바랍니다. 그런데 매일 포스팅을 하다보면 대체 포스팅에는 어떤 내용을 써야 할지 막막할 수 있습니다.

이와 관련해 앞서 블로그를 시작하기 전에 주제를 명확하게 설정하라고 이야기했습니다. 네이버에서 제공하는 주제 분류는 하나의 주제가 포괄하는 범위가 큰 편입니다. 예를 들어 '여행'이라면 '국내여행' 전체가 하나의 주제이고, '해외여행' 전체가 하나의 주제이기 때문입니다. 물론 효과적인 마케팅을 위해서는 다루는 주제의 범위를 이보다 좁힐 필요가 있지만, 블로그를 시작하는 단계에서는 이러한 부담을 가질 필요가 없습니다. 처음 1~2개월 정도는 가볍게 연습한다는 생각으로 선택한 주제 내에서 자유롭게 소재를 선택해보기 바랍니다. 주제를 2~3가지 정도만 다룬다 해도 그 안에서 나올 수 있는 소재는 거의 무한합니다. 이런 다양한 소재를 발굴해서 다음과 같은 형식으로 작성하면 됩니다.

① 진솔한 사용기 혹은 후기, 리뷰

② 실제 경험한 일들을 설명하는 경험담, 체험담, 답사기

③ 리스트의 형태로 일목요연하게 나열하고 소제목을 붙인 정보나 노하우

④ 제품의 성능·작동·용량 테스트 사진 및 동영상

⑤ 화장품 같은 경우 전후비교(Before & After) 사진 및 개인적인 평가

⑥ 선택하기 복잡한 제품의 경우 제품선택 가이드

⑦ 다수의 제품 비교분석

1 / 정보성 콘텐츠가 블로그 운영에 미치는 영향

위와 같은 형식들은 모두 정보성 콘텐츠의 성격을 띠고 있습니다. 마케팅을 목적으로 하는 블로그이지만 홍보성 콘텐츠가 아닌 정보성 콘텐츠로 채우라는 뜻입니다. 단순 홍보성 내용과 정보성 콘텐츠의 차이는 마치 전단지와 전문 매거진의 차이와 비슷합니다. 전단지와 전문 매거진 모두 분명히 상업적인 내용을 포함하고 있지만, 전단지는 줘도 안 받는 반면 매거진은 일부러 돈을 주고 사서 봅니다.

왜 그럴까요? 바로 유용한 정보가 있느냐 없느냐의 차이입니다. 여러분의 블로그는 바로 전문 매거진처럼 가치 있는 정보를 담고 있는 블로그가 되어야 합니다. 유용한 정보를 담고 있는 정보성 콘텐츠는 여러분이 블로그를 이용해 마케팅을 진행하는 데 있어서 다음과 같은 필수적인 기능을 하기 때문입니다.

(1) 상단노출의 기반 다지기

블로그를 돌아다니다 보면 상당히 많은 블로그에서 쇼핑몰 상품 페이지에 나올

듯한 이미지를 넣어놓고 상업적인 광고를 하는 모습을 볼 수 있습니다. 네이버에서 이러한 상업적인 광고를 공식적으로 금지하고 있지는 않지만, 검색으로 유입된 방문자가 이런 블로그를 보면 자기가 원하는 정보를 얻을 수 있는 곳이라기보다는 광고판이라는 느낌만 받게 될 것입니다. 하지만 방문자가 블로그를 검색할 때는 상품의 광고를 찾는 것이 아니라 대부분 상품 이용자의 실제 체험기와 같은 생생한 정보를 찾는 경우가 훨씬 많습니다. 따라서 자연적으로 광고판 같은 블로그는 방문자들의 검색 만족도를 떨어뜨리고 네이버의 검색노출 순위 결정 알고리즘에 의해 노출순위가 떨어지게 됩니다.

반면에 유용한 정보가 담긴 포스팅으로 블로그를 채운다면 검색 이용자들에게 원하는 정보를 제공할 수 있게 되고 이는 검색 이용자의 만족도 상승으로 이어집니다. 구체적으로 말하자면 검색을 통해 여러분의 블로그에 방문한 사람이 좀 더 오랫동안, 좀 더 많은 포스팅을 열람하게 만들 수 있는 것입니다. 'C-Rank의 분석과 해법' 편(153쪽)에서 자세하게 설명하겠지만 이러한 검색 이용자의 반응은 여러분의 블로그가 검색결과 상단에 노출되는 데 있어서 좋은 영향을 미칩니다.

(2) 매출로 연결되는 방문자 유입

정보성 콘텐츠는 전단지식 광고보다 작성이 힘들고 시간도 오래 걸립니다. 하지만 현재 네이버 블로그 환경에서 효과적인 마케팅을 진행하기 위해서는 반드시 갖추어야 할 필수요소라 할 수 있습니다.

매출을 일으키기 위해서는 앞서 언급한 블로그의 상단노출 외에도 반드시 필요한 절차가 한 가지 더 있습니다. 바로 블로그 방문자를 쇼핑몰이나 카페로 유입시키는 것입니다. 이렇게 실제 매출이 일어나는 플랫폼으로 방문자를 유입시켜야만 매출이 발생하기 때문이지요. 유용한 정보성 콘텐츠는 이렇게 방문자를 원하는 곳으로 유입시키는 데 있어서 결정적인 역할을 합니다. 똑같은 포스팅을 하더라도 정보의 가치가 높을수록 더 높은 유입률과 구매를 끌어낼 수 있습니다. 방문자를 원하는 곳으로 유입시키는 방법에 대해서는 '고객이 몰려오게 만드는 기가 막힌 방법' 편(245쪽)에서 자세히 살펴보겠습니다.

2/ 정보성 콘텐츠는 어떻게 마련하나

사실 블로그를 처음 시작하는 단계에서부터 포스팅 내용을 정보성 콘텐츠로 작성하려고 하면 왠지 어렵게 느껴집니다. 만약 여러분이 남들이 모르는 전문지식을 많이 가지고 있고 이를 블로그를 통해 공개할 수 있다면 좋겠지만, 현실적으로 소규모 사업자들이 이런 조건을 갖추기는 쉽지 않기 때문입니다. 이것은 필자도 마찬가지입니다. 그러면 어떻게 해야 이 책에서 강조하는 것처럼 블로그를 유용한 정보로 채워나갈 수 있을까요?

너무 어렵게 생각할 필요는 없습니다. 여기서 '정보'라는 것은 사실 그 범위가 아주 넓습니다. 남들이 모르거나 어려운 전문지식이 아니라도 전혀 관계가 없습니다. 단지 여러분이 무언가를 체험하거나, 인터넷 검색을 통해 몇 가지 배경지식을 얻고, 이 배경지식을 이용해 여러분의 입장에서 떠오르는 생각이나 의견을 작성하고, 관련된 사진을 몇 장 촬영하면 그 자체로써 훌륭한 정보가 될 수 있습니다. 쉽게 말해 정보성 콘텐츠란 여러분의 머릿속에 들어있는 '전문지식'이라기보다는 새로 접하게 된 소재에 대한 '기록'이나 '생각'을 말합니다. 이렇게 보면 여러분이 남들보다 정보를 덜 가지고 있다고 할 수 없는 것입니다. 무언가를 기록하고 의견을 말하는 것은 누구나 할 수 있는 일이니까요.

3/ 매출의 통로를 여는 2가지 유형

여기서는 포스팅의 내용이나 형태를 어떻게 작성해야 하는지 감을 잡기 위해 방문자를 유입시키는 2가지 유형에 대해 소개하겠습니다.

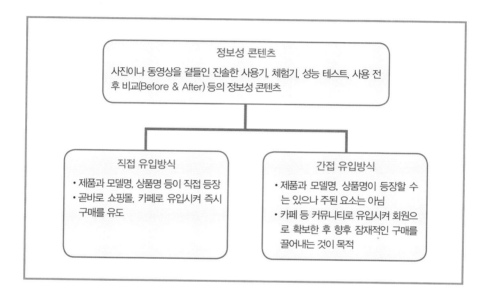

첫째 판매하려는 특정 상품을 직접적으로 등장시켜서 방문자들을 곧바로 그 상품의 판매 페이지 혹은 그 상품이 속한 카테고리의 메인 페이지로 유입시킴으로써 즉각적인 구매를 일으키는 '직접 유입방식'과, 둘째 곧바로 구매를 일으키기 보다는 그 상품의 잠재고객층을 모으기 위한 '간접 유입방식'이 그것입니다. 이 2가지 전략에 대한 좀 더 자세한 내용은 다음과 같습니다.

(1) 직접 유입방식

예를 들어 여러분이 자동차 블랙박스를 판매한다고 가정해보겠습니다. 여러분은 주력상품인 Q 사의 LK-3000 모델을 판매하기 위해 블로그 마케팅을 진행하려고 합니다. 포스팅 내용에 이 상품을 직접적으로 등장시켜서 '사용기'의 형식으로 실제 사용하는 장면과 여러분이 생각하는 제품의 장단점을 진솔하게 글로 풀어서 작성했습니다. 또한 검색창에 제품명과 모델명을 검색하면 그 검색결과에 여러분의 블로그가 노출되도록 했습니다. 이런 포스팅은 주로 이미 이 제품과 모델명을 알고 있는 사람들이 제품의 장단점과 후기 등의 정보를 알아보기 위해 검색을 하다가 보게 될 가능성이 높습니다.

직접 유입방식이란 바로 이러한 사람들을 블로그로 유인해 쇼핑몰 등으로 곧바로 유입시킨 후 구매로 이어지도록 하는 방법을 말합니다. 물론 직접 유입방식이 반드시 특정 제품이나 모델명을 겨냥할 필요는 없습니다. 이를 테면 '2채널 블랙박스'와 같이 약간 범위가 넓은 키워드를 겨냥할 수도 있지요. 어떤 키워드를 이용하든 포스팅의 목적이 방문자들을 곧바로 구매하도록 유도하는 데 있다면, 모두 직접 유입방식에 해당합니다.

(2) 간접 유입방식

반면에 간접 유입방식이란 곧바로 구매를 유도하지 않고, 향후 구매할 가능성이 있는 '잠재고객층'을 일단 회원으로 확보한 뒤 차후 이들 회원에게서 지속적으로 구매를 일으키는 방식을 말합니다. 예를 들어 여러분이 다양한 고급 식재료와 직접 만든 홈메이드 반찬류를 판매한다면, 즉각적인 판매는 이루어지지 않더라도 이런 제품을 구매하는 잠재고객층인 젊은 주부와 반찬을 만들 시간이 없는 바쁜 맞벌이 부부들을 먼저 회원으로 모아들이는 것이 1차 목표가 되겠지요. 이때 마케팅용 포스팅 소재로 사용할 만한 정보성 콘텐츠는 다음과 같습니다.

① 5분 만에 식사준비 끝!! 초간단 레시피
② 의외로 쉽게 만들 수 있는 손님접대 요리
③ 큰돈 들이지 않고 근사한 분위기 낼 수 있는 주방 인테리어 노하우

다만 이러한 소재들을 있는 그대로 포스팅하기 보다는 여기에서 다양한 검색노출 키워드를 뽑아보는 것이 좋습니다. 각 식재료 및 요리별로 무궁무진한 키워드를 뽑아낼 수 있는데, 이러한 각각의 키워드를 이용하면 꽤 많은 포스팅을 작성할 수 있습니다.

이때 만일 직접 유입방식을 활용한다면 포스팅 내용에 여러분이 판매하는 식재료를 직접 노출시켜 즉각적인 판매를 유도할 것입니다. 따라서 포스팅 소재가 여러분이 판매하는 식재료에 한정되겠지요. 반면에 간접 유입방식을 활용한다면 여러분이 판매하는 식재료뿐만 아니라 다른 다양한 식재료들까지도 포스팅 소재로 사용할 수 있으므로 방문자에게 거부감을 주지 않는, 자연스럽고 폭넓은 정보성 콘텐츠를 작성할 수 있습니다. 이를 통해 잠재고객층을 차곡차곡 회원으로 확보할 수 있는 것이지요. 다만 이런 방식을 활용할 경우 본격적인 구매는 잠재고객들이 카페 등으로 유입된 직후가 아닌, 회원수가 어느 정도 확보된 시점부터 일어난다는 점에 유의해야 합니다. 이런 이유로 이 방식을 활용할 경우 초기에는 당연히 매출이 크지 않아서 마케팅을 계속 진행해나가는 데 힘이 많이 듭니다. 하지만 회원이 어느 정도 확보된 후부터는 힘들이지 않고도 알아서 자동으로 구매가 일어날 뿐만 아니라, 회원이 축적될수록 매출이 점점 상승곡선을 그리는 구조가 만들어집니다. 이것이 바로 간접 유입방식이 가지는 위력입니다. 또한 필자의 경험에 의하

면 간접 유입방식을 활용하더라도 방문자가 블로그에서 제공하는 콘텐츠에 만족하는 경우 바로 상품 판매 페이지를 찾아가서 구매하는 경우도 많았습니다.

이처럼 직접 유입방식은 한 번 사면 재구매를 기대하기 힘든 자동차 블랙박스 같은 제품류에 적당하고, 간접 유입방식은 식품이나 주방용품처럼 한 번 회원을 모아놓으면 지속적인 재구매와 유사상품 판매가 가능한 제품류에 적당합니다.

05

이것이 블로그의 기본이다

    이제 여러분이 각자 정한 주제에 해당하는 여러 가지 소재를 가지고 어떤 형태의 포스팅을 할 것인지 감이 잡혔을 것입니다. 혹시 아직도 해당 주제 내에서 어떤 소재로 포스팅을 해야 할지 막막하다면 키워드 찾는 방법을 이용해 소재를 충분히 발굴할 수 있습니다. 이에 대해서는 '블로그 상단노출 방법' 편에서 '키워드 찾는 방법(119쪽)'을 참고하기 바랍니다. 이렇게 네이버 검색창과 키워드도구를 이용해서 소재를 발굴한다면 블로그를 운영하면서 소재가 모자라는 일은 없을 것입니다. 이렇게 발굴한 소재를 이용해서 매일 포스팅을 진행하기 바랍니다.

    포스팅 개수가 어느 정도 쌓이면 방문자가 서서히 늘어나면서 블로그가 활성화되기 시작합니다. 과거에는 처음 시작하는 블로그가 검색에 노출되기 위해서는 어느 정도의 시간이 필요했지만, 최근에는 처음 시작하는 블로그도 과거보다는 원활하게 검색에 노출되는 모습이 관찰되고 있습니다. 블로그를 시작하는 단계에서부터 훨씬 흥미를 가지고 블로그를 운영해나갈 수 있게 된 것이지요.

    여러분이 만든 블로그를 마케팅에 이용하기 위해서는 이런 과정을 통해 블로그를 활성화시키는 것이 상당히 중요합니다. 여기에서는 여러분의 블로그가 검색결과 상단에 노출될 수 있도록 기본 여건을 다지는 요소들에 대해 살펴보겠습니다.

1 / 성공적인 포스팅의 관건은 '꾸준함'이다

블로그 포스팅은 매일매일 하는 것이 가장 좋습니다. 즉, 꾸준함이 블로그 활성화의 관건이 됩니다. 특히 블로그 운영 초기에는 하루에 1~2개씩 포스팅하는 것이 좋습니다. 이것은 마치 땅에 씨앗을 심고 새싹이 움트기를 기다리며 매일매일 물을 주는 것에 비유할 수 있습니다. 어쩌다 하루 이틀 정도 포스팅을 건너뛰는 것은 큰 상관이 없지만 평균적으로 봤을 때 하루에 1~2개 정도의 포스팅 발행량을 확보하는 것이 좋습니다. 이는 블로그 활성화 점수를 얻고 검색결과에서 다량 노출을 하는 데 있어서 필수적인 요소가 되기 때문입니다. 다만 블로그가 활성화된 이후에는 하루 1개 정도로 줄여도 좋습니다. 반면에 너무 의욕이 앞서서 하루 3개 이상의 과도한 포스팅을 하는 것은 피해야 합니다.

2 / 사진은 자세하게, 텍스트는 충분하게

네이버 블로그 알고리즘이 계속 변화하는 과정에서 최근에는 포스팅에 삽입하는 사진의 개수가 크게 중요하지 않게 되었습니다. 사진의 개수보다는 검색 이용자가 원하는 내용이 사진에 표현되어 있는가가 훨씬 더 중요합니다. 따라서 사진을 마련할 때는 검색 이용자들이 충분히 궁금증을 해소할 수 있도록 자세하게 촬영하는 것이 좋습니다. 다만 자세하게 촬영하느라 사진의 내용이 서로 너무 많이 겹친다면 이 또한 좋지 않으므로 주의해야 합니다. 만약 소재의 특성상 사진이 그다지 필요하지 않다면 사진을 넣지 않아도 무방하지만, 검색 이용자들이 블로그 검색을 통해 기대하는 정보는 대부분 사진이나 동영상이 포함되어 있다는 점은 기억해야 합니다.

텍스트는 포스팅의 소재를 설명하고 정보를 전달하는 데 있어서 부족함이 없을 만큼 충분히 작성해주는 것이 좋습니다. 포스팅에 포함된 텍스트는 해당 포스팅을 검색에 노출시키는 데 있어서 핵심적인 요소가 되기 때문입니다. 소재의 특성에 따라서 가급적 다양한 측면에서 자세하게 작성하면 되는데, 이를 위해 때로는 인터넷 검색을 통해서 배경지식을 얻을 수도 있습니다. 그런데 이런 배경지식들을 그대로 베껴서 작성하는 방식은 매우 좋지 않습니다. 인터넷 검색을 통해 배경지식을 얻었다면 그 내용을 먼저 전체적으로 이해한 뒤, 여러분이 사용할 만한 키워드를 쭉 뽑아봅니다. 이렇게 뽑아낸 키워드를 이용해서 여러분의 입장과 생각을 중심으로 내용을 스스로 작성하면 됩니다. 키워드로 중심을 잡아주면 내용을 덧붙이는 작업은 생각보다 어렵지 않을 것입니다. 만약 사진을 충실하게 마련했다면 사진을 중심으로 텍스트의 내용을 풀어갈 수 있으므로 훨씬 수월하게 작성이 가능할 것입니다.

결국 좋은 포스팅은 사진을 자주 그리고 자세하게 촬영하고 여러분만의 의견을 솔직하게 작성하는 것에서부터 시작합니다.

3/ 글감을 적극적으로 이용한다

네이버 블로그 포스팅 작성도구인 스마트 에디터는 네이버에서 제공하는 여러 가지 글감을 첨부할 수 있는 기능을 가지고 있습니다. 이 기능을 이용해 책, 영화, TV방송, 음악, 상품, 뉴스, 장소 등 여러 가지 정보를 여러분의 포스팅에 쉽게 삽입할 수 있습니다.

뒤쪽에서 자세히 설명하겠지만 네이버 검색노출 순위를 계산하는 C-Rank 알고리즘은 여러분의 포스팅을 평가하는 데 있어서 네이버가 갖추고 있는 자료 데이터베이스를 참고합니다. 여기서 자료 데이터베이스란 일종의 인터넷 백과사전과 같은 개념으로 이해하면 되는데, 여러분이 다루는 주제가 이 백과사전에서 다루고 있는 주제와 관련이 있을 경우, 백과사전에 갖추어진 자료를 여러분의 포스팅의 전문성이나 주제에 대한 집중도 혹은 깊이가 얼마나 되는지를 계산하는 데 일부 활용하는 것입니다. 따라서 포스팅을 작성할 때 글감을 적극적으로 이용하면 검색노출 순위를 결정하는 품질평가에서 좋은 점수를 얻을 수 있습니다. 글감을 이용하는 방법에 대해서는 'C-Rank를 위한 포스팅 작성방법' 편(168쪽)에서 예제와 함께 좀 더 자세히 알아보겠습니다.

4/ 직접 쓴 글과 직접 찍은 사진을 사용한다

포스팅을 작성할 때는 다른 블로그 등에서 퍼온 글이나 사진보다는 직접 쓴 글과 직접 찍은 사진을 사용하는 것이 좋습니다. 직접 작성한 글과 사진은 여러분만의 독자성 있는 생생한 자료로서의 가치가 있고, 방문자들에게 신뢰를 얻는 데도 유리하기 때문이지요.

네이버 시스템에서도 다른 곳에서 퍼오거나 베낀 글 혹은 사진은 독자성이 없어서 가치가 떨어지는 정보라고 판단합니다. 네이버에서는 유사문서 판독시스템을 이용해 최초 창작된 원본이 아닌 복사본이라고 판단되는 자료를 색출해 검색노출에서 제외하고 있습니다.

이런 문제 외에도 법적인 문제도 고려해야 합니다. 여러분이 직접 작성하거나 촬영하지 않은 자료를 블로그에 게시하는 경우 저작권 관련법 위반에 해당될 수 있기 때문입니다. 의외로 많은 사람이 저작권 문제를 대수롭지 않게 생각하는 경향이 있는데, 이것이 생각보다 무섭습니다. 저작권에 대한 상식 없이 블로그를 운영하다가 당할 수 있는 피해사례에 대해서는 '저작권 무시하면 고소당하고 합의금 뜯긴다' 편(186쪽)에서 상세히 설명하겠습니다.

이런 문제들을 고려했을 때 여러분이 블로그에 포스팅할 때는 직접 촬영한 사진을 삽입하고 직접 키보드를 두드려 창작한 글을 올리는 것이 바람직합니다.

한 가지 덧붙이자면, 직접 찍은 사진이라도 같은 사진을 중복해서 사용하면 좋지 않습니다. 어느 정도 선까지는 문제가 없겠지만 과도하게 반복 사용하면 네이버 시스템에서 그 블로그의 가치를 그만큼 낮게 평가하게 됩니다.

5/ 활발한 이웃활동은 필수이다

앞서 설명했듯이 네이버 블로그에는 일종의 블로그 구독자와 같은 개념인 '이웃'이라는 시스템이 있습니다. 이 시스템에 따라 여러분이 이웃으로 추가한 블로그에 새 글이 등록되면 여러분의 블로그 홈이나 모바일 블로그앱에 관련 정보가 뜨게 됩니다. 이렇게 특정 블로그를 구독함으로써 자연스럽게 그 블로그에 자주 방문할 수 있게 되는 것이지요. 블로그를 통해서 사람과 사람이 서로 소통하고 생각을 교환할수록 블로그는 좀 더 의미 있는 가상의 사회공간으로서의 역할을 하게 됩니다. 바로 이것이 네이버 '이웃' 시스템의 핵심가치이기도 하지요. 이것은 어쩌면 블로그와 블로그가 단절된 채 운영되는 것이 아니라, 끊임없이 서로 왕래하고 소통하며 영향을 주고받는 사회공간을 구축하게 된다는 점에서 블로그에 SNS적인 요소를 부여하고 있다고 볼 수도 있습니다.

이웃 시스템은 친밀도에 따라 크게 두 단계로 구분됩니다. 1단계는 '이웃', 2단계는 '서로이웃'입니다. '이웃'은 상대방의 동의 없이도 마음대로 추가할 수 있지만, '서로이웃'은 신청하고 나서 상대방이 동의해야 맺어집니다.

이러한 이웃 맺기를 포함해 이웃 블로그 방문 및 공감, 스크랩, 댓글 작성 등의 활동들을 '이웃활동'이라고 하는데, 이러한 활동들이 블로그지수에 큰 영향을 미치므로 상단노출을 위해서는 활발한 이웃활동이 필수입니다. 반면에 이웃활동이 부족하면 그만큼 블로그지수를 얻지 못해 저품질에 빠질 가능성이 커집니다. 이때 중요한 점은 여러분 자신의 이웃활동뿐만 아니라 이웃들이 여러분의 블로그에 방문해 얼마나 활발히 활동하는지도 지수에 반영된다는 것입니다. 따라서 가능한 한 많은 이웃을 만들고 항상 그들의 블로그에 방문해 포스팅을 보고, 댓글을 작성하고, 공감하는 등의 활동을 활발히 함으로써 그들이 여러분의 블로그에도 자주 방문해 활동하도록 만들어야 합니다.

다만 너무 상업적인 내용으로만 가득찬 광고성 블로그 위주로 이웃을 늘리면 저품질 가능성이 커지므로 주의해야 합니다. 반면에 상업적인 광고나 홍보 없이 순수하고 활발하게 운영되는 블로그와 이웃을 맺고 활동할수록 블로그지수를 높이는 데 유리하므로 가능하면 그런 블로그들과 관계를 맺는 것이 좋습니다.

블로그를 처음 시작하면 당연히 이웃이 한 명도 없습니다. 따라서 초반부터 적극적으로 이웃을 찾아 나서야 합니다. 일단 자신의 블로그에 어떤 소재로 일상 포스팅을 할 것인지를 결정한 후, 네이버에서 그 소재에 부합하는 주제를 검색해봅니다. 검색결과 화면에서 상단에 있는 블로그 탭을 클릭하면 블로그 검색결과만을 볼 수 있는데, 이를 통해 이런저런 블로그를 방문해서 포스팅을 보고, 공감도 눌러주고, 댓글도 쓰는 등의 활동을 활발하게 진행합니다. 그러다가 블로그 포스팅이 마음에 들거나, 나와 생각이 잘 통할 것 같은 블로거가 있다면 그 블로그를 '이웃'으로 추가하는 것입니다. 이웃추가는 여러분의 자유이므로 마음껏 할 수 있습니다.

이렇게 활발하게 다른 블로그를 돌아다니면서 이웃활동을 하는 한편, 내 블로그에 차곡차곡 양질의 포스팅을 쌓다 보면 자연스럽게 나를 이웃으로 추가해주는 사람도 생기고, 여러분의 블로그가 점점 블로그 사회의 일원으로 성장하게 됩니다.

6/ 초상권 보호는 기본예절이다

블로그에 지속적으로 새로운 사진을 찍어서 올리다 보면 의도치 않게 사진 속에 다른 사람의 얼굴이 나오는 경우가 있습니다. 우리나라뿐만 전 세계 거의 모든 국가의 국민은 누구나 초상권을 가지고 있으므로 법적으로 그 사람의 동의 없이 함부로 사진을 찍거나 그림을 그리는 행위에 대해 보호받을 권리가 있다는 사실을 반드시 명심해야 합니다. 따라서 여러분이 찍은 사진에서 다른 사람의 얼굴이나 그 사람임을 식별할 만한 특징 혹은 민감한 신체부위가 나와 있다면 해당 부위를 모자이크나 그림 등으로 가린 후에 블로그에 삽입하는 것이 좋습니다. 이때 포토샵 등의 전문 사진편집 프로그램을 이용해 편집하는 것이 가장 깔끔하지만, 그럴 수 없다면 네이버 스마트 에디터에서 제공하는 편집기능을 활용하면 됩니다.

포스팅 작성화면에서 이미지를 클릭하면 다음 그림과 같이 상단에 여러 가지 아이콘이 나옵니다. 그 중에서 이미지 편집 아이콘을 클릭하면 이미지를 편집할 수 있는 화면이 나옵니다.

이미지 편집화면에서 먼저 좌측에 있는 모자이크 기능을 선택하고, 하단에서 알맞은 모자이크의 종류를 선택합니다. 그리고 이미지에서 모자이크를 적용할 위치에 마우스를 드래그해주면 간단하게 모자이크가 적용됩니다.

초상권은 블로그지수나 검색 상단노출에는 영향을 미치지 않지만, 블로그를 운영하는 사람이라면 다른 사람의 초상권을 소중히 여기는 기본자세를 갖추는 것이 바람직합니다.

06

좀 더 강력한 블로그를 만드는 방법

이제 블로그를 만들고 꾸미는 방법, 포스팅을 작성하는 방법, 작성할 내용 등에 대한 기본적인 개념이 잡혔을 것입니다. 사실 이 정도 지식만 있어도 기본적으로 블로그를 운영하는 데 큰 어려움이 없습니다. 다만 이것만으로는 좀 더 강력하고 오래가는 마케팅용 블로그를 만들기에 부족한 감이 있습니다. 즉, 상단노출에 좀 더 유리하고, 저품질에 빠지지 않는 안전하고 튼튼한 블로그를 만들려면 다음과 같이 '블로그지수' 등의 개념을 비롯해서 몇 가지 더 신경 써야 할 사항들이 있습니다.

1/ 블로그지수 높이기

네이버에서는 각각의 블로그가 얼마나 활발하게 운영되는가를 평가하기 위해서 몇 가지 지표에 의해 점수를 매기고 있습니다. 이 점수를 '블로그 활동지수'라고 하는데, 보통 줄여서 '블로그지수' 혹은 '지수'라고 표현합니다.

최근 네이버 블로그에 C-Rank 알고리즘이 도입되어 검색노출 순위를 계산하고 있지만 그렇다고 C-Rank만이 단독으로 검색노출 순위를 결정하는 것은 아닙니다. 즉, C-Rank가 도입되기 이전에 블로그를 평가하던 블로그지수가 여전히 밑바탕이 된 상태에서 C-Rank가 추가로 영향을 미치는 구조이기 때문에 여전히 블로그지수는 중요합니다. 블로그지수를 구성하는 개별 항목의 반영비중이나 그 형태가 다소 달라지기는 했지만 활동성이나 인기도를 밑바탕으로 하는 원리는 여전히 동일합니다. 이러한 블로그지수는 다음과 같은 4가지 항목으로 나누어볼 수 있습니다.

(1) 블로그 활동성 지수

블로그를 얼마나 활발하게 운영하는가에 대한 점수입니다. 여기에 해당하는 평가항목으로는 전체 블로그 운영기간, 포스팅수, 포스팅을 작성한 빈도, 최근에 얼마나 포스팅을 자주 했는지 등이 있습니다. 이때 비공개 혹은 이웃에게만 공개되는 포스팅은 블로그 활동성 지수의 지표로 반영되지 않으며, 오직 모든 방문자들에게 공개되는 '전체공개' 포스팅만이 지표로 반영된다는 점에 유의해야 합니다. 또한 다른 블로그에서 스크랩했거나 다른 곳에서 퍼왔다고 판단되는 포스팅 역시 지표에서 제외됩니다.

(2) 블로그 인기도 지수

여러분이 블로그를 활발하게 운영하면 이런저런 경로를 통해 자연스럽게 방문자가 유입되는데, 블로그 인기도 지수란 바로 이러한 방문자와 관련된 점수에 해당합니다. 세부항목으로는 방문자수, 방문수, 페이지뷰, 이웃수, 스크랩수 등이 있습니다. 이 중에서 '방문자수'와 '방문수'를 혼동하기 쉬운데, 이 2가지 항목에는 약간의 차이가 있습니다. 먼저 방문자수는 블로그에 방문한 사람이 몇 명인지를 나타냅니다. 만일 특정 방문자가 여러분의 블로그에 하루에 10번 방문했더라도 방문자수는 1만 올라갑니다. 반면 방문수는 동일인인지 다른 사람인지에 관계없이 총 방문횟수를 나타냅니다. 즉, 1명의 방문자가 여러분의 블로그에 하루에 10번 방문했다면 방문수는 10이 올라가게 됩니다. 따라서 여러분의 블로그에 지인들이 하루에 몇 번씩 수시로 들락날락하면 방문자수보다 방문수가 더 높아지게 됩니다. 다만 30분 이내 재방문인 경우에는 방문수에서 제외됩니다.

'페이지뷰'란 내 블로그에 있는 여러 개의 포스팅 중에서 몇 개의 포스팅이 열람되었는지를 나타냅니다. 예를 들어 어떤 방문자가 여러분의 블로그에 한 번 방문해서 5개의 포스팅을 봤다면, 방문자수는 1이 올라가고 페이지뷰는 5가 올라가는 것이지요.

(3) 포스팅 주목도 지수

여러분의 포스팅이 방문자들에게 어느 정도의 반응을 끌어내는지에 관련된 점수입니다. 여러분이 포스팅을 했을 때 짧은 시간 내에 많은 방문자들이 몰려 댓글과 공감을 남길수록 이 지수가 상승합니다.

(4) 포스팅 인기도 지수

개별 포스팅에 대한 댓글, 공감, 스크랩, 엮인글, 열람횟수 등을 점수로 환산한 것입니다. 여기에서 눈여겨볼 사항은 이러한 활동들을 내가 했는지, 방문자가 했는지에 따라 점수가 다르게 매겨진다는 것입니다.

2 / 방문자들의 체류시간

내 블로그에 방문자들이 머무르는 시간도 중요합니다. 그 체류시간이 길수록 블로그는 높은 점수를 받게 됩니다. 네이버 시스템은 방문자들이 오랫동안 머물며 둘러보는 블로그를 양질의 정보가 많은 블로그라고 판단하기 때문입니다. 만일 방문자들의 체류시간을 늘리고 싶다면 네이버의 의도대로 양질의 포스팅을 제공하는 것이 가장 기본이 됩니다. 또한 충분한 양의 사진과 텍스트가 있어야 함은 물론이고, 동영상을 적당히 삽입하는 방법도 방문자들의 체류시간을 늘리는 데 도움을 줄 수 있습니다.

3 / 포스팅의 유기적인 구조

검색을 통해 여러분의 블로그에 유입된 방문자가 포스팅의 내용이 만족스러울 경우 어떤 행동패턴을 보일까요? 물론 여러 가지 행동패턴을 보일 수 있지만 그 중 한 가지 뚜렷한 패턴은 그 포스팅과 관련이 있는 내용의 포스팅을 연속으로 열람하게 된다는 것입니다. 따라서 네이버 알고리즘은 검색을 통해 블로그에 유입된 방문자가 하나의 포스팅만을 열람하고 나간 경우와 여러 개의 포스팅을 열람하고 나가는 경우에 방문자의 만족도를 서로 다르게 평가합니다. 즉, 관련이 있는 포스팅을 연속해서 많이 열람할수록 만족도를 높게 평가하는 것이지요. 따라서 각 포스팅의 내용을 유기적으로 연결함으로써 방문자들이 하나의 포스팅을 본 후 자연스럽게 다른 포스팅들까지 연속해서 보도록 구성하는 것이 좋습니다. 이를 위한 구체적인 방법은 다음과 같습니다.

(1) 포스팅 목록 열어놓기

현재 방문자가 열람 중인 포스팅 상단에 나타나는 포스팅 목록을 5개 정도 열어 놓는 것이 좋습니다. 목록을 열어놓는 방법은 앞에서 설명한 내용 중 '블로그를 만들고 깔끔하게 꾸미는 방법' 편의 '블로그를 깔끔하게 꾸며보자' 부분(66쪽)을 참조 하면 됩니다.

(2) 블로그 내부링크 삽입

아래 사례와 같이 포스팅 내용 중간에 참고자료를 제시하는 방식으로 다른 포 스팅의 링크를 적극적으로 넣어주는 것이 좋습니다.

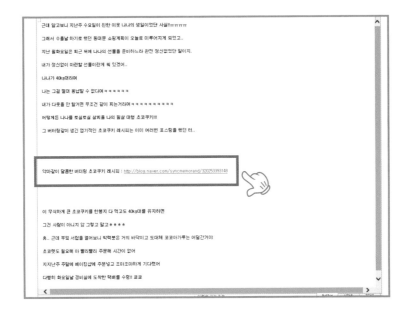

위의 사례처럼 참고자료 혹은 추가자료를 제시하는 형식으로 링크를 넣어주면, 방문자들이 해당 링크를 클릭해서 또 하나의 포스팅을 보게 되는 효과를 얻을 수

있습니다. 당연히 그만큼 페이지뷰가 올라가겠지요. 또한 링크를 제시한 포스팅 내용이 현재 방문자가 보고 있는 포스팅 내용과 유기적으로 강하게 연결되어 있을 수록 효과가 좋습니다. 참고로 포스팅 내에 다른 포스팅의 링크를 삽입하는 방법 은 다음과 같습니다.

먼저 웹브라우저에서 새 탭이나 새 창을 열어서 링크로 유입시키고자 하는 포 스팅을 엽니다. 그 포스팅의 우측 상단을 보면 다음 그림과 같이 'URL 복사'라고 써 있는 부분이 있습니다. 이 부분을 클릭하면 자동으로 해당 URL이 복사됩니다.

그리고 다시 작성 중인 포스팅으로 돌아와서 다음 그림과 같이 링크를 삽입할 자리에 마우스 오른쪽 버튼을 클릭해서 메뉴가 나오면 '붙여넣기'를 선택하면 됩 니다.

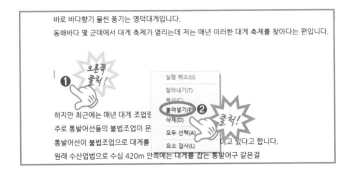

바로 바다향기 물씬 풍기는 영덕대게입니다.

동해바다 몇 군데에서 대게 축제가 열리는데 저는 매년 이러한 대게 축제를 찾아다는 편입니다.

하지만 최근에는 매년 대게 조업량

주로 통발어선들의 불법조업이 문

통발어선이 불법조업으로 대게를

원래 수산업법으로 수심 420m 안쪽에는 대게를 잡는 통발어구 같은걸

(3) 관련된 포스팅 목록 나열

포스팅 가장 마지막 부분에 해당 포스팅과 관련된 다른 포스팅 목록을 나열해주는 방식도 포스팅을 연속으로 열람하게 만드는 데 효과적입니다. 해당 포스팅과 비슷한 내용이거나 함께 둘러보면 좋을 만한 포스팅 목록을 제공함으로써 방문자가 그 포스팅들도 함께 열람하도록 유도하는 것이지요. 다음 그림은 그러한 사례를 나타낸 것입니다.

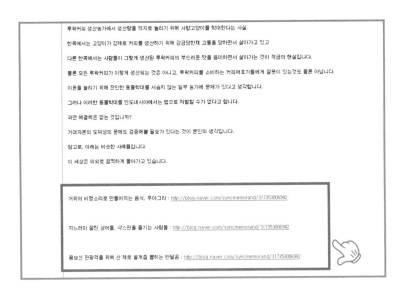

위의 사례는 잔인하게 동물을 학대해서 키피를 생신하는 현실을 고빌하는 포스팅입니다. 이 포스팅을 관심 있게 읽은 방문자들은 비슷한 내용인 푸아그라나 샥스핀, 반달곰 쓸개즙 생산과 관련된 포스팅까지 함께 읽어볼 가능성이 높기 때문에 포스팅 마지막 내용에 일부러 그러한 포스팅 목록을 나열해준 것입니다. 기본적으로 양질의 포스팅으로 블로그를 채운 다음 이런 방법을 이용할 경우 페이지뷰를 높이는 데 많은 도움을 얻을 수 있습니다.

블로그 포스팅은 PC뿐만 아니라 스마트폰을 이용한 모바일 포스팅도 가능합니다. 특히 네이버에서는 모바일 포스팅을 적극 권장하고 있기 때문에 모바일을 이용해 포스팅할 경우 더 높은 점수를 얻게 되고, 그만큼 저품질의 위험에서 한 발짝 멀어질 수 있습니다. 그렇다고 너무 모바일 위주로 포스팅하는 것도 좋지 않습니다. 아무래도 모바일 포스팅은 PC에 비해 작성환경이 열악할 수밖에 없어서, 유용한 정보를 체계적이고 깔끔하게 제공하기가 상대적으로 어렵기 때문입니다. 따라서 PC와 모바일 포스팅을 적절히 혼합해서 사용하는 것이 좋습니다.

4/ 링크는 이렇게 삽입해야 안전하다

블로그든 카페든 지식인이든 네이버 시스템상에서 작성한 어떤 문서에 다른 문서로 이동할 수 있는 링크가 삽입되면 네이버 알고리즘은 이를 면밀하게 분석해서 해당 문서의 품질에 반영합니다. 그리고 이것은 검색노출 순위에 영향을 미치게 되지요. 그런데 이런 식의 링크는 여러분이 원하는 마케팅을 진행하는 데 있어서 필수적인 요소이므로, 링크를 넣을 때는 블로그 품질에 악영향을 줄 수 있는 위험한 방법을 피하고 안전하게 삽입해야 합니다. 네이버에서 공식적으로 밝힌 내용을 토대로 올바르게 링크를 넣는 방법에 대해 알아보겠습니다.

① 이동 URL이 정확하게 드러나야 합니다

블로그 방문자가 어떤 링크를 클릭했을 때 무슨 일이 일어날지를 미리 알 수 있도록 투명한 링크를 넣어야 합니다. 그러려면 화면에 드러나 있는 링크의 텍스트 자체가 이동할 URL이 되도록 해야겠지요. 만약 포스팅에 넣은 텍스트와 실제 이동 URL이 서로 다르다면 이는 문서품질에 악영향을 줄 가능성이 있습니다.

• 바람직한 링크

→ 링크의 이동 URL이 화면에 정확하게 드러나 있습니다.

• 좋지 않은 링크

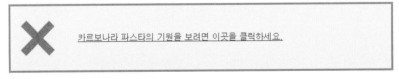

→ 링크의 이동 URL이 화면에 드러나 있지 않습니다.

네이버 블로그에서 글을 작성할 때 제공되는 스마트 에디터 3.0에서는 링크를 삽입하는 기능을 별도로 제공하고 있는데, 이 기능을 이용해서 링크를 삽입하면 위와 같은 위험을 줄일 수 있습니다. 또한 링크를 클릭했을 때 팝업창이 뜬다든지, 프로그램 설치나 파일을 다운로드하게 하는 등 이용자가 예상하지 못하는 상황이 일어나면 이 또한 명백한 제재대상이 됩니다.

② 상업적인 링크를 넣으면 어떻게 될까요?

네이버 블로그에서는 상업적인 링크를 딱히 금지하고 있지는 않습니다. 블로그는 태생적인 특성상 개인 미디어이고, 상업적이든 그렇지 않든 불법적인 내용만 아니라면 자유롭게 포스팅을 작성할 수 있습니다. 네이버의 문서품질 평가 알고리즘이 유심히 관찰하는 대상은 포스팅 내용이 상업적인지 여부보다는 검색 이용자의 입장에서 얼마나 유용하며, 얼마나 이용자들을 만족시켜줄 수 있는 내용인가입니다.

간혹 포스팅에 상업적인 링크를 넣었다가 블로그가 저품질에 빠졌다는 말을 듣곤 하는데, 이것을 단편적으로 해석하기보다는 좀 더 자세하게 생각해볼 필요가 있습니다. 즉, 상업적인 링크를 넣었다가 블로그가 저품질이 되었다면 그 이유를 해당 링크가 상업적이어서라고 생각하기 보다는, 똑같은 링크를 너무 많은 포스팅에서 일률적으로 반복 삽입하여 스팸으로 판단되었거나, 링크가 포함된 문서 자체가 무언가를 홍보하는 데 치중하다보니 정작 유용한 내용이 적어서 검색 이용자들에게서 좋은 반응을 얻지 못했거나 하는 등의 이유가 있을 것이라고 생각해야 합니다.

③ 링크를 많이 넣을 경우 문제가 되나요?

포스팅 내용에 비해 링크 개수가 비정상적으로 많다면 문제가 될 수 있습니다. 하지만 정보를 제공하기 위해 일반적으로 삽입하는 개수라면 괜찮습니다. 이 책에서 소개하는 마케팅 방식에 따르면 하나의 포스팅당 필요한 링크의 개수가 얼마 되지 않는데, 이 정도 개수라면 전혀 문제가 되지 않습니다.

다만 블로그에 채워진 수많은 포스팅들이 죄다 일률적으로 같은 링크를 포함하고 있다면, 이는 스팸문서와 특성이 겹치기 때문에 블로그 품질에 악영향을 미칠 수 있습니다. 따라서 블로그 내에 링크가 포함된 포스팅과 포함되지 않은 포스팅을 적절하게 안배하는 요령이 필요합니다.

④ 링크를 넣는 위치는 어디가 좋을까요?

링크를 삽입하는 위치와 방식도 다각화하는 것이 좋습니다. 예를 들어 일률적으로 포스팅의 마지막에 똑같은 링크를 삽입한다면 스팸 필터에 의해 스팸문서로 간주될 수 있습니다. 특히 링크의 목적지에 해당 포스팅과 관련 없는 내용이 있다면 더욱 그렇습니다. 따라서 포스팅에 링크를 넣을 때는 일관된 규칙을 두지 말고 순수하게 정보를 알려주는 포스팅을 작성하면서 중간 중간 자연스럽게 삽입하는 방식이 좋습니다.

만약 회사 홈페이지나 쇼핑몰에서처럼 반복적으로 똑같은 URL을 노출시킬 필요가 있을 때는 블로그에 마련된 위젯 기능을 이용하는 것이 좋습니다.

⑤ 이미지에 링크를 걸어도 될까요?

포스팅을 보기 좋게 꾸미다 보면 텍스트가 아닌 이미지에 링크를 걸고 싶을 때가 있습니다. 이와 관련해 이미지에 링크를 걸면 문서품질에 안 좋은 영향을 끼친다는 소문도 있는데, 네이버에서 공식적으로 밝힌 바에 따르면 이미지에 링크를 거는 것 자체에는 문제가 없습니다. 스마트 에디터 3.0에도 이미지 자체에 링크주소를 입력하여 링크를 거는 기능이 포함되어 있기도 하고요.

다만 여기서 주의할 점은 앞서 설명했듯이 투명한 링크가 되어야 한다는 것입니다. 즉, 방문자가 이미지에 걸린 링크를 클릭했을 때 어디로 이동하는지가 올바르게 표시되어야 한다는 뜻입니다. 만약 방문자가 링크를 클릭했을 때 예상치 못한 URL로 이동한다거나, 예상치 못한 동작이 일어나는 경우 해당 포스팅은 스팸으로 판단되어 제재를 받거나 검색순위가 떨어질 수 있습니다.

⑥ 링크의 목적지를 신뢰할 수 있어야 한다

만약 여러분이 웹서핑 중에 발견한 특정 정보를 여러분의 블로그에서 소개한다면 포스팅에 해당 URL로 연결되는 링크를 삽입할 것입니다. 그런데 이렇게 여러분이 직접 운영하지 않는 외부의 URL로 링크를 걸 때는 다소 주의가 필요합니다. 해당 URL에서 여러분도 모르는 악성코드를 퍼뜨리거나 안전성이 확보되지 않은 파일을 다운로드하게 하거나, 그 밖에 이용자가 원치 않는 어떤 동작이 일어날 수 있기 때문입니다. 이런 경우 자칫 링크를 제공한 여러분의 포스팅까지 제재를 받고 검색노출이 되지 않을 수도 있습니다. 따라서 인터넷상에서 발견한 외부 URL로 링크를 걸고 싶다면 반드시 신뢰할 수 있는 URL인지를 확인해야 합니다.

또한 여러분이 포스팅을 작성할 당시에는 정상적으로 연결되던 URL이지만, 어느 날 해당 URL이 사라져서 더 이상 연결되지 않을 수도 있습니다. 이렇게 연결되지 않는 URL로 이동시키는 링크가 블로그에 많이 게시되어 있으면 품질평가에 좋지 않은 영향을 미칠 수 있으니 주의해야 합니다.

5 / 이미지 사용 시 주의할 점과 알짜 노하우

① 검색노출되려면 여기에 키워드를 넣어라

이미지 검색결과에 원활하게 노출되려면 기본적으로 다음과 같이 검색 키워드를 적절한 곳에 삽입해주어야 합니다.

• 해당 포스팅의 제목

먼저 이미지가 삽입된 포스팅의 제목에 검색 키워드가 들어가야 합니다. 제목은 키워드의 정확도를 높이기 위해 가능한 짧고 간결한 형식이 좋습니다. 반면에 검색결과에 여러 가지 이미지를 노출시키기 위해서 하나의 포스팅 제목에 키워드를 여러 개 나열하는 방식은 피하는 것이 좋습니다.

• 이미지의 파일명

블로그 포스팅을 위해 이미지를 업로드할 때는 해당 이미지의 파일명에 검색 키워드를 넣어주는 것이 좋습니다. 물론 그렇게 하지 않아도 검색노출이 되기는 하지만 파일명에 키워드가 포함되면 확률적으로 좀 더 유리합니다. 한때 이미지 파일명에 검색 키워드가 들어가면 저품질에 빠진다는 소문이 있었는데, 이는 사실과 다릅니다. 만약 이런 방식을 사용했는데 저품질에 빠졌다면 이는 상단노출에 대한 욕심 때문에 스팸성 키워드를 과도하게 반복 삽입했기 때문입니다.

• 이미지의 캡션

이미지의 캡션이란 이미지 바로 밑에 작은 글씨로 삽입되는 설명글을 말합니다. 스마트 에디터 3.0에서는 이러한 캡션을 넣는 기능을 별도로 제공하고 있는

데, 이 기능을 이용해서 캡션에도 검색 키워드를 넣는 것이 검색노출에 도움이 됩니다.

② 이미지 주변의 텍스트도 중요하다

포스팅에 이미지를 삽입했다면 그 앞뒤에 해당 이미지에 대한 설명 등 관련도가 높은 텍스트를 써주는 것이 좋습니다. 이미지 주변에 있는 텍스트 역시 노출순위를 결정하는 알고리즘이 참고하는 요소 중 하나이기 때문에, 이미지 주변의 텍스트를 충실하게 작성할수록 가치 있는 이미지라고 판단할 가능성이 높아집니다.

실제로 좋은 정보를 담고 있는 포스팅을 관찰해보면, 설명글 없이 이미지만 쭈르륵 나열하는 형식보다는 포스팅 내 이미지에 대한 자세한 설명이 뒤따르는 형태를 취하고 있습니다. 필자가 운영하여 C-Rank(7장 09. 블로그를 뒤집어 놓은 쓰나미, C-Rank 참조)상에서 좋은 점수를 받았던 블로그 역시 포스팅에 넣는 이미지 주변에 항상 관련 텍스트를 길게 써주는 방식을 활용했습니다.

③ 많이 클릭하는 이미지가 상단에 노출된다

C-Rank가 적용되기 이전부터 '검색 이용자들로부터 얼마나 많은 클릭이 이루어지느냐'는 이미지 검색노출 순위를 결정하는 중요한 요소였습니다. 지금도 마찬가지입니다. 네이버에서는 이렇게 이용자로부터 많은 클릭을 얻으려면 가능한 한 화질이 좋고 선명한 사진을 사용하는 것이 좋다고 밝히고 있습니다.

물론 직관적으로 보더라도 화질이 좋은 이미지가 검색 이용자들로부터 많은 클릭을 얻는다는 것은 틀린 얘기가 아닙니다. 하지만 요즘에는 스마트폰 카메라의 화질이 매우 뛰어나고, 미러리스나 DSLR 카메라가 워낙에 많이 보급되어서 검색 이미지들이 대부분 해상도가 높고 화질도 좋습니다. 이런 상황에서는 여러분이 올린 이미지의 화질이 좋더라도 상대적으로 많은 클릭을 이끌어내기가 쉽지 않을 수 있습니다. 하지만 크기나 화질을 넘어 다음과 같이 '색감'에 주목한다면 여러분이 올리는 이미지를 다른 이미지들보다 좀 더 돋보이게 만들 수 있습니다.

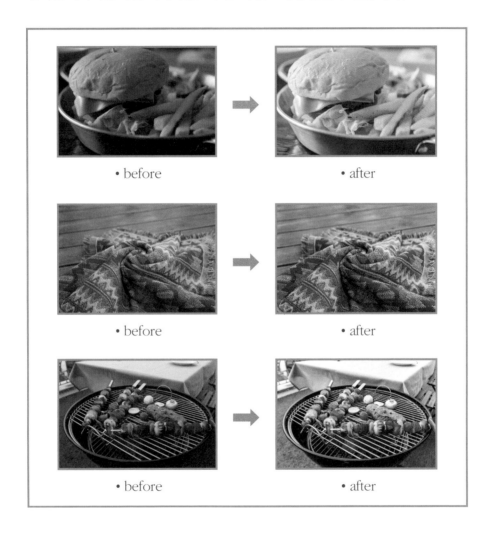

• before   • after

• before   • after

• before   • after

위와 같이 똑같은 이미지라도 보정을 거치면 색감을 훨씬 뛰어나게 만들 수 있습니다. 이렇게 보정을 하면 다른 수많은 이미지들 틈에 섞여 있어도 여러분의 포스팅에 있는 이미지를 시각적으로 더 튀고 예쁘게 보이게 만듦으로써 이용자들의 클릭율을 조금이라도 더 높일 수 있는 것이지요. 실제로 이미지 검색결과 상단에 노출되는 이미지들은 이렇게 색감이 뛰어난 경우가 많습니다. 다만 색을 과도하게 진하게 보정하면 오히려 역효과가 날 수 있으므로 눈에 잘 띄면서도 반감이 들지 않도록 보정하는 것이 중요합니다.

색감을 보정할 때는 이미지 보정 프로그램을 사용하는데, 이런 프로그램들을 이용해서 이미지의 색감을 조정할 항목들은 대략 다음과 같습니다.

- 밝기(brightness 혹은 exposure)
- 화이트 밸런스(white balance)
- 대비(contrast)
- 채도/활기(saturation/vibrance)
- 선명도(sharpening)
- 디헤이즈(dehaze, 라이트룸만 해당)

이미지를 보정할 때는 포토샵이나 라이트룸 같은 전문 프로그램을 사용하면 가장 좋겠지만, 요즘에는 웬만한 스마트폰 카메라 앱이나 보정 앱에도 위와 같은 기능을 거의 다 갖추고 있고 자동으로 색감을 예쁘게 만들어주는 앱도 많으므로 해당 앱들을 적극적으로 활용해보기 바랍니다.

④ 크기가 큰 이미지가 좀 더 유리하다

크기가 큰 이미지가 검색노출에서 약간의 가산점을 받는다는 것은 네이버 검색 공식 블로그를 통해 공개적으로 밝혀진 사실입니다. 따라서 포스팅에 이미지를 넣을 때는 어느 정도 큰 이미지를 확보하는 것이 좋습니다.

다만 이미지가 크다고 해서 무조건 검색노출에 유리하지는 않습니다. 동일한 조건이라면 크기가 큰 이미지를 상단에 노출시킨다는 의미일 뿐, 사실 크기에 따른 가산점은 제한적이기 때문입니다.

⑤ 과거에 사용했던 이미지를 재사용하면 이렇게 된다

블로그를 운영하다보면 간혹 포스팅에 필요한 이미지를 구하기가 쉽지 않을 때가 있습니다. 필자의 경우 대부분 직접 촬영한 사진만을 사용하고 있는데, 매일 포스팅을 하다보면 과거에 작성한 포스팅과 소재가 비슷한 경우도 있고, 가끔씩 동일한 키워드를 사용해서 포스팅을 작성하기도 합니다. 또 새로운 포스팅을 위한 사진을 미처 촬영하지 못하는 경우도 있습니다. 이럴 때 이전에 자신의 블로그에서 사용했던 이미지를 다시 사용하면 어떻게 될까요?

해당 이미지에 저작권 등의 문제가 없다면 재사용 자체에는 문제가 없습니다. 실제로 필자도 제한적으로나마 가끔씩 이미지를 재사용하곤 합니다. 다만 이럴 경우 과거 포스팅과 이미지가 중복된 만큼 문서의 유사도가 높아지게 됩니다. 이렇게 유사도가 높아지면 블로그 품질을 올리는 데 그다지 좋지 않은데, 그 이유는 다음과 같습니다.

첫째, 유사도가 일정 범위를 넘으면 해당 포스팅은 기존의 포스팅과 비슷하거나 동일한 포스팅으로 판단되어 검색노출이 되지 않게 됩니다.

둘째, 현재 적용되고 있는 네이버의 C-Rank 알고리즘은 다수의 포스팅이 쌓여 이루어진 '블로그 단위'의 신뢰도를 측정하여 이를 검색노출 순위에 반영합니다. 따라서 블로그를 구성하는 개별 포스팅들이 하나의 주제로 집중하는 것은 좋지만, 그렇다고 이미지를 포함한 내용이 서로 비슷비슷하다면 C-Rank에 그다지 좋은 영향을 줄 수 없습니다.

⑥ 포스팅에 이미지는 몇 개 넣어야 적당할까?

네이버 블로그 알고리즘은 지금까지 끊임없이 크고 작은 변화를 거쳐 왔습니다. 그 과정에서 포스팅에 사용되는 이미지 개수의 중요성은 과거보다 좀 떨어진 것이 사실입니다. 요즘에는 이미지 개수가 검색결과 순위에 직접적인 영향을 주지 않는 것으로 보입니다.

하지만 그렇더라도 여러분의 포스팅은 항상 검색 이용자를 만족시키는 정보를 담고 있어야 한다는 점을 기억해야 합니다. 이용자 입장에서 만족스러운 정보는 소재에 따라 다르지만 이미지나 동영상을 포함하고 있는 경우가 많습니다. 따라서 이미지의 개수보다는 존재 여부가 검색결과 순위와 간접적인 관련이 있다고 보는 것이 옳습니다. 다만 포스팅 내용과 상관없는 이미지를 넣는 방식은 오히려 검색 만족도를 떨어뜨리는 요인이 되므로 사용하지 않는 것이 좋습니다.

⑦ 이미지 안에 글자를 넣는 경우

여러 블로그들을 둘러보다보면 이미지 안에 글자를 넣어서 포스팅에 삽입한 모습을 종종 볼 수 있습니다. 특히 부동산이나 대출을 홍보하는 블로그에서 이미지 안에 자사의 전화번호 등을 크게 넣는 방식을 활용하곤 하는데, 이런 경우 검색결과 순위에 어떤 영향을 미칠까요?

이제는 최근이라고 말하기에도 어색할 만큼 이미 예전부터 네이버에서는 키보드 타이핑에 의해 입력된 텍스트뿐만 아니라 이미지에 포함된 텍스트까지 인식하여 정보를 수집하고 있습니다. 물론 이 두 종류의 텍스트가 문서품질 평가에서 동일한 영향을 미치지는 않지만 어느 경우이든 스팸성이 있는지 여부는 가려내고 있습니다.

따라서 이미지 안에 포스팅 내용과 관련 있는 텍스트를 제한적으로 넣는 방식에는 큰 문제가 없지만, 포스팅 내용과 관련이 없거나 블로그에 이미 과도하게 많이 게시된 전화번호나 URL 등의 텍스트는 넣지 않는 것이 좋습니다.

07

블로그 상단노출 방법

　지금까지 블로그의 기본기를 탄탄하게 다지고 좀 더 강력한 블로그를 만드는 방법에 대해 살펴봤습니다. 이런 지식을 이용해서 여러분의 블로그를 하루 빨리 마케팅에 활용할 수 있도록 성장시키려면 지금부터 꾸준하게 일상 포스팅을 쌓아나가야 합니다. 만일 이 책의 내용을 잘 따라왔다면, 현재 여러분의 블로그는 개설한 지 얼마 되지 않았고, 포스팅도 몇 개 없으므로 방문자수도 미미한 수준일 것입니다. 이런 상황에서는 무언가를 홍보하려고 하기 보다는 최소 2개월 정도는 꾸준하게 순수한 정보성 콘텐츠를 작성하는 데 집중해야 합니다. 그래야 포스팅도 익숙해지고 블로그를 점진적으로 활성화시킬 수 있습니다. 특히 '이것이 블로그의 기본이다' 편(87쪽)과 '좀 더 강력한 블로그를 만드는 방법' 편(96쪽)을 참고해서 올바르게 포스팅을 해나가는 것이 중요합니다. 이런 포스팅 활동을 통해 꾸준하게 블로그지수를 쌓아가는 것이 상단노출의 가장 큰 조건이 되기 때문입니다. 이런 식으로 2개월 정도 포스팅하면서 블로그의 기본기를 충분히 다졌다면, 그때부터는 좀 더 많은 방문자를 모으는 방법을 고민해볼 시기입니다.

1 / 검색노출은 키워드 중심

상단노출은 기본적으로 사람들이 검색창에 무언가를 검색하고 그 검색결과가 화면에 나타나야만 비로소 이루어집니다. 즉, 상단노출이 되려면 '검색'이라는 행동이 필연적으로 선행되어야 하는데, 이를 위해서는 당연히 '검색어'가 있어야 합니다. 이것을 다른 말로 '검색 키워드' 혹은 그냥 '키워드'라고 부릅니다. 따라서 상단노출을 노리고 포스팅할 때는 반드시 이 '키워드'를 중심으로 생각해야 합니다. 즉, 네이버 사용자가 검색창에 과연 어떤 키워드를 입력했을 때 나의 포스팅이 검색결과 상단에 나올 수 있을까를 늘 고민해야 한다는 것이지요.

따라서 상단노출이 되는 포스팅을 작성하고자 할 때는 먼저 어떤 키워드를 노릴 것인지부터 명확하게 정해야 합니다. 미숙한 블로그 운영사례들을 살펴보면 이런 부분을 간과하는 경우가 많습니다. 예를 들어 다음과 같이 도자기제품을 생산하는 업체의 사례를 살펴보겠습니다.

경기도 시흥에 위치한 'A도예'는 디자이너 출신의 사장이 우수한 생산기술력을 가진 도자기 장인과 의기투합해 창업한 회사입니다.

이 회사는 새해를 맞아 사장이 직접 심혈을 기울여 디자인한 우수한 다기세트를 새로 출시하고, 이 제품을 '해당화 테이블 2인 세트 8P'라고 이름 붙였습니다. 그런데 이처럼 우수한 제품을 만들어놓고도 판매량이 미미하자, 이 회사는 자체적으로 블로그를 이용해서 홍보하기로 결정하고 블로그를 만들어서 포스팅 제목을 '해당화 테이블 2인 세트 8P'라고 써서 올렸습니다. 이렇게 올려놓으면 이 제품이 필요한 사람들이 알아서 블로그를 방문해서 포스팅 내용을 보고 전화하지 않겠느냐고 생각한 것입니다.

위의 사례에서 '해당화'는 이를테면 신제품 시리즈의 명칭이고, '테이블 2인 세트 8P'는 제품구분과 사용인원, 구성품의 개수를 명시해 다른 제품과 구분할 수 있도록 A도예에서 붙인 명칭입니다. 제조업체에서는 보통 이런 식으로 제품이름을 붙이는 경우가 많습니다. 위의 사례의 경우 포스팅에 사용된 키워드가 '해당화', '테이블', '2인 세트', '8P' 정도가 될 것입니다. 자, 과연 이 키워드들이 다기(茶器)를 찾는 사람들에게 효과적으로 노출될 수 있을까요?

일단 다기가 필요한 사람들이 '해당화'나 '테이블'이라는 키워드로 검색하지는 않습니다. 물론 이 시리즈가 유명해진다면 모르겠지만, 이제 새로 개발된 제품명칭을 아는 사람은 어디에도 없습니다. 따라서 만일 다기를 찾는 사람들에게 효과적으로 노출되기를 바란다면 '다기세트', '티팟(teapot)', '찻주전자', '도자기 주전자', '찻잔세트'와 같이 제품과 연관되면서도, 해당 제품의 구매층들이 흔히 쓰는 키워드를 선정해야 합니다. 얼핏 생각하면 당연한 것 같지만 실제로 수많은 업체, 특히 제조업체들이 흔히 이런 사실을 놓치는 실수를 하곤 합니다. 위의 사례처럼 검색노출의 중심이 키워드라는 사실은 모르고, 포스팅 내용이나 사진에 제품설명이 있으면 사람들이 알아서 찾아와서 내용을 볼 것이라고 생각하기 때문이지요.

2／ 메인 키워드와 세부 키워드

상단노출 방법을 알아보려면 먼저 메인 키워드와 세부 키워드가 무엇인지부터 이해해야 합니다. 그래야 검색노출의 중심이 되는 키워드를 효율적으로 관리하고 포스팅해나갈 수 있기 때문이지요.

메인 키워드란 특정 상품분야와 관련해서 누구나 흔히 떠올릴 수 있고 검색량도 많은 키워드를 말하며, 이것을 '주요 키워드'라고 부르기도 합니다. 예를 들면 '카메라', '주방용품'과 같은 키워드가 여기에 해당합니다. 경우에 따라 여기에서 한 단계 더 들어가 '캐논 카메라', '미러리스 카메라'와 같은 키워드까지 메인 키워드로 분류하기도 합니다.

반면에 세부 키워드란 메인 키워드보다 범위가 좁거나 상대적으로 검색량이 많지 않은 키워드를 말합니다. 예를 들면 '캐논 DSLR 70D', '신혼 주방용품'과 같은 키워드가 여기에 해당합니다.

물론 어디까지가 메인 키워드이고 어디서부터가 세부 키워드인지를 명확하게 구분할 수는 없습니다. 다만 상대적으로 검색량이 많으면 메인 키워드, 여기에서 좀 더 세분화되면 세부 키워드로 분류할 뿐입니다.

블로그 마케팅을 진행하는 사업자들은 흔히 메인 키워드만으로 상단노출을 달성하려고 애쓰는 경향이 강한데, 이보다는 메인 키워드와 세부 키워드를 균형 있게 구성해서 상단노출을 노리는 것이 좋습니다. 메인 키워드의 경우 상단노출이 되면 검색량이 많은 만큼 많은 방문자에게 포스팅을 노출시킬 수는 있지만, 한편으로는 너무 포괄적인 키워드인 데다 경쟁이 심해 상단노출시키기가 만만치 않다는 단점이 있습니다. 더구나 상단노출에 성공하더라도 금방 뒤로 밀리기 쉽고, 오랜 기간 동안 지속적으로 상단노출이 이루어질 경우 세부 키워드에 비해 저품질에 빠질 위험이 크다는 부담도 있습니다.

반면 세부 키워드의 경우 검색량이 얼마 되지 않아 상대적으로 끌어들일 수 있는 방문자수는 적지만, 메인 키워드에 비해 양적으로 훨씬 많고, 상품의 의미를 구체적인 키워드로 표현할 수 있어서 구매율을 높일 수 있다는 장점이 있습니다. 또한 경쟁이 심하지 않아서 상단노출이 용이하며, 한 번 상단노출이 되면 오랫동안 뒤로 밀리지 않고 유지할 수 있고, 지속적으로 상단노출이 되어도 메인 키워드에 비해 저품질에 빠질 위험이 적다는 장점이 있습니다.

이처럼 메인 키워드로 소위 '한방'을 노리다 보면 애써 키운 블로그를 단기간에 저품질에 빠뜨릴 수 있습니다. 따라서 메인 키워드 몇 개에 의존하기 보다는 장기적으로 세부 키워드를 차곡차곡 쌓아 이들을 모두 검색노출시킴으로써 강력한 노출효과를 끌어내는 것이 바람직합니다.

3/ 키워드 찾는 방법

사람들이 네이버 검색창에 입력하는 키워드를 도대체 어떻게 찾아야 할까요? 이에 대해 몇 가지 유용한 방법을 소개하겠습니다. 여러분이 다음과 같은 방법들로 키워드를 찾다 보면 사람들이 검색하는 키워드가 의외로 상당히 다양하다는 사실을 알게 될 것입니다. 그런 키워드들을 가능한 한 많이 찾아서 별도의 문서에 기록해 체계적으로 관리해놓았다가 여러분의 블로그 운영상황에 맞춰 포스팅을 할 때 하나하나 활용하는 것이 좋습니다.

(1) 컨텍스트 자동완성
네이버 검색창에 무언가를 입력하기 시작하면 다음 그림과 같이 거기에 맞춰서 검색창 밑으로 검색어 목록이 쭉 나오는 것을 본 적이 있을 것입니다. 이것을 '컨텍스트 자동완성 기능'이라고 부릅니다.

이것은 시간대별, 연령별, 남녀별로 보았을 때 검색자와 비슷한 조건의 사용자들이 주로 관심을 가지는 키워드를 자동으로 추출해서 제공되는 일종의 키워드 제안입니다. 따라서 여러분의 머릿속에 떠오른, 포스팅 주제에 맞는 키워드를 검색창에 입력했을 때 밑으로 제안되는 검색어들도 포스팅에 이용할 수 있는 중요한 키워드가 될 수 있습니다.

(2) 연관검색어

네이버 검색창에 무언가를 입력해서 검색결과 페이지가 나오면 검색창 밑에 다음 그림과 같이 '연관검색어'들이 나옵니다. 연관검색어란 사람들이 어떤 검색어로 검색한 후 거기에 잇따라 자주 검색하는 검색어들을 말하며, 이 역시 자동으로 추출되어 나타납니다. 따라서 여러분이 생각하는 키워드를 검색했을 때 나타나는 연관검색어 역시 포스팅에 이용하기 좋은 키워드들일 가능성이 높습니다.

연관검색어와 비슷하게 '추천검색어'가 나올 때도 있는데, 이는 연관검색어에서 한 단계 진화한 제시기능으로 이용자의 검색의도를 파악해 그 검색어의 비즈니스 연관분야 내에서 이용자가 궁금해 할 것으로 판단되는 검색어들을 자동으로 선정해 제시하는 기능입니다. 이러한 추천검색어 역시 여러분이 주목해야 할 키워드들일 가능성이 높습니다.

(3) 네이버 검색광고 관리시스템

네이버에서는 유료 키워드 광고주들을 위해서 '검색광고 관리시스템'을 운영하고 있는데, 여기에서 '키워드도구'라는 유용한 기능을 제공하고 있습니다. 위에서 설명한 컨텍스트 자동완성과 연관검색어, 추천검색어 등이 초보 수준의 키워드 발굴수단이라면, 키워드도구는 본격적인 키워드 발굴수단이라고 할 수 있습니다. 이를 통해 각 키워드별로 PC 검색과 모바일 검색으로 나누어 월간 검색량이 얼마나 되는지 알아볼 수 있음은 물론이고, 그 키워드와 연관된 다른 키워드들까지 함께 확인할 수 있기 때문에 키워드 발굴 측면에서 최적의 수단이라고 할 수 있습니다.

키워드도구를 이용하려면 먼저 검색광고 센터에 가입해야 합니다. 검색광고 센터 아이디는 일반 네이버 아이디와는 별개이므로 기존에 네이버 아이디가 있다고 해도 새로 만들어야 합니다. 검색광고 센터 가입부터 키워드도구를 사용하는 방법까지 알아보면 다음과 같습니다.

① 네이버 검색광고 센터로 이동

네이버 검색창에 '네이버 검색광고'를 입력하면 네이버 검색광고 센터에 접속할 수 있습니다.

② 검색광고 센터 회원가입

화면 우측 상단에 있는 로그인창 아래에 있는 '신규가입'이라는 메뉴를 클릭해서 광고주 신규가입을 진행합니다.

③ 검색광고 센터 로그인 및 키워드도구로 이동

신규가입을 완료하고 로그인 후 우측에 있는 '키워드도구' 버튼을 클릭해서 키워드도구 화면으로 이동합니다.

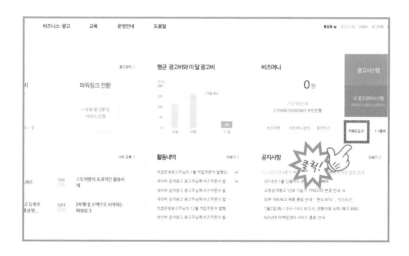

④ 키워드 입력

다음 그림과 같이 검색창에 검색량을 조회해보고 싶은 키워드를 입력합니다. 한 번에 최대 5개의 키워드까지 조회가 가능합니다.

⑤ 검색량 조회결과

다음 그림은 '불고기'라는 키워드를 입력해 나타난 키워드의 월간 검색량 조회 결과입니다.

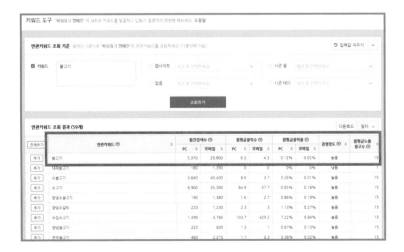

그림을 보면 입력한 키워드는 물론 그 밑으로 연관된 키워드까지 모두 나열되어 있음을 알 수 있습니다. 좀 더 자세히 살펴보면, 화면 우측에 월간 조회수가 PC와 모바일로 구분되어 나와 있음을 알 수 있습니다.

또한 월평균 클릭률도 나와 있는데, 이는 최근 1개월 동안 이루어진 1개 키워드 광고에 대한 평균 클릭률을 의미합니다. 이 수치가 높으면 검색결과상에서 많은 사람이 키워드광고를 클릭해서 광고주의 쇼핑몰로 유입되었다는 뜻이고, 이 수치가 낮다면 검색결과상에서 많은 사람이 광고보다는 그 외적인 영역인 블로그, 카페, 지식인, 쇼핑, 웹문서 등으로 유입되었다는 뜻입니다. 따라서 검색자들을 블로그로 유입시키는 것이 목적인 여러분 입장에서는 후자, 즉 월평균 클릭률이 낮은 키워드를 선택하는 것이 보다 유리하다는 사실을 유추해볼 수 있습니다.

⑥ 연관키워드 재검색

여러분이 입력한 키워드에 대한 연관키워드만을 있는 그대로 참고하기 보다는 다음 그림과 같이 그중에서 주요 연관키워드를 다시 검색창에 입력해서 나온 또 다른 연관키워드들까지 참조하는 것이 좋습니다. 이럴 경우 당초 키워드 검색에서 나오지 않았던, 유용한 키워드들을 추가로 얻을 수 있습니다.

이처럼 유용한 키워드들을 다양하게 확보하려면, 최초의 키워드도 다양하게 이 것저것 입력해보고, 이를 통해 나타난 연관키워드들을 통해 또 다시 다양한 재연 관키워드들을 확인해보는 노력이 필요합니다. 이런 식으로 꼼꼼하게 조회를 하다 보면 비록 검색량은 얼마 안 되지만 상단노출 경쟁 없이 꽤 쏠쏠하게 구매를 일으 키는 효자 키워드들을 발견하는 소득을 올릴 수도 있습니다.

(4) 키워드의 조합과 확장 등

위와 같이 키워드도구를 이용해 가능한 한 많은 키워드를 발굴했다면, 이번에는 다음과 같이 발굴된 키워드를 변형해 새로운 키워드들을 만들어볼 필요가 있습니다.

① 확장 키워드

확장 키워드란 여러분이 발굴해낸 키워드 앞뒤로 새로운 단어나 문구를 덧붙여 서 만들어내는 키워드를 말합니다. 예를 들면 '트레이닝복'이라는 키워드 앞에 '여 성'이라는 단어를 붙여서 '여성 트레이닝복'이라는 키워드를 만드는 식입니다. 또 여기에 다시 '세트'라는 단어를 덧붙여서 '여성 트레이닝복 세트'라는 키워드를 만 들어낼 수도 있습니다. 확장 키워드는 키워드에 따라 붙일 수 있는 단어가 달라지 지만, 다음과 같이 공식처럼 사용되는 단어들도 있습니다.

- 싼 ~ / ~ 싼곳 / ~ 파는곳 / ~ 싸게파는곳
- 예 : 컴퓨터 → 컴퓨터 싼곳 / 컴퓨터 싸게파는곳 / 컴퓨터 파는곳

이런 식으로 새로운 확장 키워드들을 만들었다면 이것들 역시 검색량 조회를 통해 사용 여부를 판단하면 됩니다.

② 조합 키워드

조합 키워드란 2개 내지 그 이상의 키워드를 조합해서 만든 키워드를 말합니다. 이런 식으로 여러분이 생각하는 키워드를 조합하다 보면 꽤 괜찮은 키워드가 발견되기도 합니다. 예를 들어 자동차용 블랙박스 중에 '일프로'라는 유명브랜드가 있다면, '일프로'와 '블랙박스'를 각각 개별 키워드로 활용할 수도 있고, 두 단어를 조합해 '일프로 블랙박스'라는 새로운 키워드를 만들 수도 있습니다. 조합 키워드 역시 검색량 조회를 통해 사용 여부를 판단하면 됩니다.

③ 기타

키워드 중간에 띄어쓰기가 있는 경우, 이로 인해 상단노출 결과가 완전히 뒤바뀌는 경우가 많습니다. 따라서 컨텍스트 자동완성 기능을 통해 띄어쓰기를 어떻게 하는 것이 좀 더 일반적인지를 살펴보고 이를 고려해 포스팅해야 합니다.

- 예 : 카메라 싼곳 / 카메라싼곳

또한 같은 단어이지만 맞춤법이나 표기법상의 차이로 여러 가지 키워드가 생기는 경우도 있습니다.

- 예 : 도너츠 / 도넛 / 도우넛 / 도나쓰
  케이크 / 케익 / 케잌

위의 사례에서 도너츠와 도넛처럼 서로 비슷한 검색량을 보이는 경우에는 포스팅할 키워드 리스트에 둘 다 포함시키는 것이 좋습니다.

한편, 흔치는 않지만 다음 사례와 같이 오타로 인해 잘못 생성된 키워드들이 무시 못할 검색량을 보이는 경우가 있다는 점도 고려해야 합니다.

- 예 : 갤럭시S6 → 겔럭시S6

4/ 엑셀을 이용한 키워드 관리

지금까지 설명한 것처럼 쏠쏠한 구매를 일으키는 키워드가 어디에 숨어있을지 모르니 시간이 좀 걸리더라도 키워드를 가능한 한 많이 모으는 것이 좋습니다. 또한 이렇게 발굴한 키워드들은 다음과 같은 방법을 이용해 별도의 문서에 체계적으로 정리해놓아야 하나씩 차근차근 포스팅에 활용할 수 있습니다.

① 키워드 검색결과를 엑셀파일로 다운로드한다

네이버 검색광고 센터에서 제공하는 '키워드도구'를 이용해 키워드의 월간 검색량을 조회해봤다면, 그 결과를 엑셀파일로 다운로드할 수 있습니다. 다음 그림과 같이 조회결과 화면 우측 상단에 있는 '다운로드' 버튼을 클릭하면 검색결과 다운로드가 가능합니다.

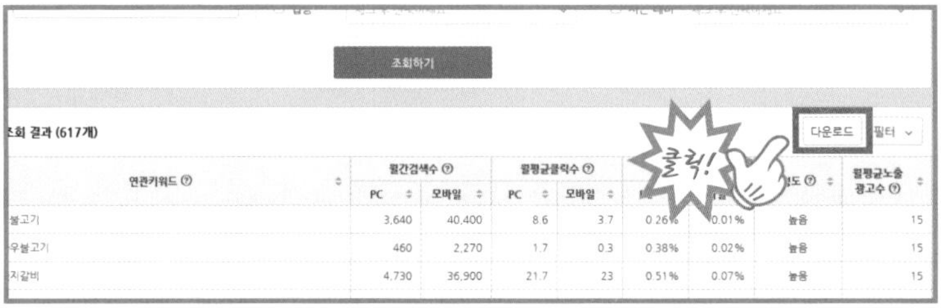

② 불필요한 키워드를 삭제한다

다운로드한 엑셀파일을 열어서 그중 여러분에게 쓸모없는 키워드가 나와 있는 행을 모두 삭제해줍니다.

③ 별도의 엑셀파일에 필요한 키워드들을 정리한다

여러분이 실제로 포스팅에 활용할 만한 키워드들만 남았다면, 이를 복사해 별도의 엑셀파일에 붙여넣기 해줍니다. 이때 키워드뿐만 아니라 그 옆에 표시된 월간 검색량, 월평균 클릭률 등의 셀도 함께 복사해서 붙여넣기해주는 것이 좋습니다. 만일 여러 가지 키워드에 대한 월간 검색량을 조회해봤다면 엑셀파일도 여러 개일 테니, 모두 열어서 위와 같은 방식으로 필요한 키워드들만 뽑아냅니다. 이렇게 하면 하나의 엑셀파일에 필요한 키워드들만 모아 관리할 수 있습니다.

④ 중복 키워드를 삭제한다

여러 개의 파일로 나눠서 정리한 키워드들을 하나의 엑셀파일로 합치면 중복 키워드들이 있을 수 있습니다. 이런 경우 엑셀 메뉴 중 '데이터 〉 중복된 항목제거'를 클릭해서 원하는 열을 기준으로 중복된 값을 찾아 삭제할 수 있습니다. 여기에서는 중복된 키워드만을 삭제하는 것이므로 '키워드'라고 써 있는 체크박스 하나만을 선택하고 나머지는 모두 선택해제한 후 '확인' 버튼을 클릭합니다. 작업이 자동으로 진행되고 나면 중복된 키워드가 제거된 것을 확인할 수 있습니다.

⑤ 키워드를 정렬한다

때로는 자신이 원하는 조건에 따라 키워드를 정렬하고 싶을 수도 있습니다. 이런 경우 엑셀에서 제공하는 데이터 정렬기능을 활용하면 됩니다. 예를 들어 키워드들을 월간 검색량이 많은 순서대로 정렬하고 싶다면, 엑셀 메뉴 중 '데이터 〉 정렬' 기능을 이용해서 원하는 정렬조건을 설정한 후 '확인' 버튼을 클릭하면 됩니다.

위와 같은 방법으로 여러분이 포스팅할 키워드들을 문서 하나에 깔끔하게 정리할 수 있습니다. 앞으로는 여러분이 홍보용 포스팅을 할 때마다 이 문서를 열어서 내가 지금까지 공략한 키워드들과, 그에 따른 블로그 방문자 변화, 쇼핑몰 혹은 카페로의 유입, 회원가입수, 매출변화 등을 살펴보고 어떤 키워드가 얼마나 효과적이었는지, 또 앞으로 어떤 키워드를 공략할 것인지를 늘 생각하는 습관을 길러야 합니다. 또한 블로그가 저품질에 빠질 가능성을 줄이려면 한 번 사용한 키워드는 문서에 표시해두고, 해당 키워드를 다시 포스팅에 활용할 때는 충분한 기간을 두는 것이 좋습니다.

어떤 키워드를 먼저 포스팅할 것인지는 여러분 각자가 판단해야 할 몫입니다. 다만 그 키워드의 월간 검색량과 상단노출 경쟁이 얼마나 되는지를 살펴본 후 현재 자신의 블로그 수준에서 상단노출을 노려볼 만한 키워드부터 활용해나가는 것이 좋습니다. 이때 처음에는 검색량이 얼마 안 되는 키워드부터 하나씩 시작해보는 것이 바람직합니다.

5/ 상단노출을 위한 포스팅 작성방법

블로그를 운영하다 보면 알게 되겠지만, 블로그 개설 초기에는 아무리 포스팅을 잘 하더라도 상단노출이 되지 않습니다. 경우에 따라 차이가 있기는 하지만, 상단노출되기 위해서는 보통 1~3개월 동안은 하루에 1~2개씩 꾸준히 포스팅하는 노력이 필요합니다. 이 정도 기간 동안 성실하게 양질의 포스팅을 쌓을 경우 블로그 하루 방문자가 100명 정도 되고, 때로는 의도치 않게 여러분이 사용한 키워드가 상단노출되어 있을 수도 있습니다. 이때가 바로 여러분이 슬슬 상단노출에 도전해볼 시기라고 보면 됩니다.

상단노출을 위한 포스팅을 할 때는 개별 포스팅의 작성방법도 물론 영향을 미치지만, 현재 네이버 블로그 검색노출 환경에서는 해당 주제에 대해서 오랫동안 집중해서 좋은 콘텐츠를 쌓아놓은 블로그가 유리합니다. 분야에 따라 차이가 있지만 전체적으로 보았을 때 위와 같이 좋은 콘텐츠를 꾸준히 쌓아나가는 과정 없이는 상단노출이 다소 힘듭니다. 이것은 현재 네이버 블로그에 적용되어 있는 C-Rank 알고리즘 때문인데, 이에 대해서는 'C-Rank는 무엇인가' 편(149쪽)에서 자세하게 설명하겠습니다.

상단노출을 위해서는 평소에 검색 이용자들에게서 좋은 반응을 얻을 수 있는 콘텐츠를 충실하게 쌓아놓아야 하는데, 이러한 콘텐츠들을 마련하는 것이 사실은 생각보다 어렵지 않다는 점은 이미 설명한 바 있습니다. 이렇게 평소에 만족도 높은 콘텐츠를 블로그에 쌓아놓아서 C-Rank 알고리즘으로부터 좋은 점수를 받고 있다면 비로소 다음과 같은 개별 포스팅 작성방법을 이용해 상단노출을 기대할 수 있습니다.

(1) 포스팅 제목은 이렇게 작성하라

① 포스팅 제목에 키워드 삽입

앞서 설명했듯이 상단노출 포스팅은 검색 키워드를 중심으로 생각해야 합니다. 특히 검색 키워드는 포스팅을 작성할 때 반드시 제목에 넣어줘야 합니다. 제목에 들어가지 않은 키워드로는 상단노출을 거의 기대하기 힘듭니다.

또한 제목에서도 키워드를 가장 앞쪽에 넣어주어야 가중치를 많이 부여받게 됩니다. 예를 들어 여러분이 상단노출을 목적으로 '아이폰수리'라는 키워드가 포함된 다음 2가지 형태의 제목을 고민하고 있다고 가정해보겠습니다.

① 저렴하고 서비스 괜찮은 아이폰수리 전문점 (×)
② 아이폰수리 전문점 저렴하고 서비스 좋은 곳 (○)

위에 표시한 것처럼, 만일 다른 모든 조건이 동일하다면 '아이폰수리'라는 키워드가 앞쪽에 있는 2번 제목이 1번 제목보다 상단노출 측면에서 유리합니다.

② 정확도 높은 제목

키워드를 포스팅 제목 앞쪽에 배치하는 것 외에도 상단노출에 영향을 미치는 중요한 요소가 있습니다. 바로 키워드의 '정확도'입니다. 여기서 정확도란 제목에 들어간 여러 개의 키워드 중 검색된 키워드가 차지하는 비율을 말합니다. 예를 들어 다음과 같은 2개의 제목을 생각해보겠습니다.

포스팅 제목	사용된 키워드
아이폰수리 최고	아이폰, 아이폰수리
아이폰수리 스마트폰 액정수리	아이폰, 아이폰수리, 스마트폰, 액정, 액정수리, 스마트폰 액정수리

위 표에서 첫 번째 제목인 '아이폰수리 최고'에 사용된 키워드는 '아이폰', '아이

폰수리' 2가지뿐입니다. 따라서 전체 제목에서 '아이폰수리' 키워드가 차지하는 비중은 50%로써 정확도가 다소 높다고 볼 수 있습니다. 반면에 두 번째 제목을 분석해보면, 사용된 키워드가 총 6개나 됩니다. 그러다 보니 전체 제목에서 '아이폰수리' 키워드가 차지하는 비중은 대략 6분의 1인 16.6%로써, 첫 번째 제목보다 정확도가 매우 떨어집니다.

따라서 다른 모든 조건이 동일하다면 사람들이 '아이폰수리'로 검색했을 때 첫 번째 제목이 상단에 노출될 가능성이 더 높습니다. 즉, 제목의 정확도는 대략적으로 제목에 사용된 총 키워드 개수에 반비례한다고 볼 수 있습니다. 제목에 사용된 키워드 개수가 딱 하나라면 정확도가 가장 높고, 사용된 키워드가 많아질수록 정확도는 점점 떨어집니다. 상단노출이 얼마나 잘 되느냐는 이 정확도에 영향을 많이 받으므로 정확도를 가능한 한 높이는 것이 유리합니다.

(2) 포스팅 본문은 이렇게 작성하라

① 포스팅 본문에 키워드 삽입

포스팅 제목에 키워드를 넣었다면 본문에도 똑같이 키워드를 넣어줘야 합니다. 물론 제목에 들어가는 키워드에 관련된 내용의 포스팅이라면 당연히 본문 중에도 해당 키워드가 들어갈 수밖에 없을 것이므로 그냥 자연스럽게 작성하면 됩니다. 이때 텍스트의 양이 충분해야만 키워드가 좀 더 원활하게 들어갈 수 있다는 점을 고려해야 합니다.

또한 본문을 작성할 때도 키워드를 가장 첫머리에 들어가게 하면 상단노출에 좀 더 유리합니다. 블로그를 돌아다니다 보면 포스팅 본문 가장 윗부분에 눈에 띄는 색깔에 커다란 글씨로 제목을 한 번 더 써준다든지, 키워드가 포함된 별도의 타이틀을 넣어주는 경우를 흔히 볼 수 있는데, 이것 역시 키워드를 본문 첫머리에 자연스럽게 넣어주기 위한 방법에 해당합니다.

이런 식으로 본문 첫머리에 키워드를 넣었다면, 그 뒤로 이어지는 본문내용에도 자연스럽게 키워드를 반복해서 넣어주고, 사진과 사진 사이에 들어가는 텍스트에도 키워드를 자연스럽게 넣어주는 것이 좋습니다. 일반적으로 이렇게 포스팅 내용에 키워드를 많이 넣어주면 좀 더 유리합니다. 다만 부자연스러울 정도로 키워드를 많이 반복하는 경우 자칫 저품질에 빠지는 요인이 될 수 있으므로 주의할 필요가 있습니다.

② 관련 키워드 삽입

상단노출을 노리는 키워드에 그치지 않고 그와 관련도가 높은 여러 가지 키워드들이 본문 중에 언급된다면 그만큼 그 포스팅은 해당 소재에 대해서 깊이 있는 내용을 다루고 있는 것으로 평가됩니다. 이는 물론 네이버 알고리즘의 문서품질 평가방식의 특징이기는 하지만, 포스팅을 작성하는 여러분의 입장에서는 상단노출을 위한 방법이라기 보다는 검색 이용자들에게 좀 더 유용한 정보를 담아내기 위한 방법이라고 생각하는 것이 좋습니다. 이런 관점에서 하나의 키워드에만 집중하기 보다는 관련된 키워드까지 조사하고 이들을 이용해서 본문을 작성한다면 검색 이용자들은 여러분의 포스팅에서 더 많은 것을 발견하게 될 것입니다.

③ 동영상은 필요한 경우에만 삽입

앞서 '이것이 블로그의 기본이다' 편(87쪽)에서 포스팅 본문에 이미지와 텍스트를 번갈아서 배치하는 것이 좋다고 설명했습니다. 그럼 동영상은 어떨까요? 블로그를 돌아다니다 보면 포스팅 내용에 별로 필요가 없어 보이는 동영상을 넣어놓은 경우를 볼 수 있습니다. 이런 동영상들을 재생시켜 보면 대부분 원래 동영상으로 촬영된 것이 아니라 여러 장의 사진을 슬라이드쇼처럼 반복해서 보여주는 동영상들입니다. 더구나 동영상 안에 포함된 사진들이 유용하거나 특별하지도 않습니다. 한마디로 완전히 쓸데없는 동영상을 넣어놓은 것이지요.

그런 동영상을 일부러 삽입하는 이유는 무엇일까요? 바로 상단노출 때문입니다. 포스팅에 동영상이 들어가면 상단노출에 유리하다는 점을 이용하는 것인데, 이는 좀 더 자세하게 들여다볼 필요가 있습니다. 포스팅에 동영상이 들어간다고 해서 무조건 노출순위가 올라가지는 않습니다. 소재의 특성에 따라서 동영상으로 인해 내용의 만족도가 올라갈 경우에만 노출순위에 좋은 영향을 주게 됩니다. 만약 소재의 특성상 별로 필요도 없는 동영상이 엉뚱하게 삽입되어 있다면 방문자들은 해당 동영상을 외면할 것이고, 이는 오히려 검색 만족도를 떨어뜨리게 함으로써 노출순위에 악영향을 미치게 됩니다.

또한 포스팅에 엉뚱하게 동영상을 넣는 일이 많아지면서 네이버에서는 이에 대한 문제점을 인식하고 이러한 일을 상습적으로 반복하는 블로그에게 제재를 가한 일도 있습니다. 따라서 동영상은 포스팅의 내용상 필요한 경우에만 삽입하기 바랍니다.

④ 키워드에 효과 주기

본문 작성 시 검색노출을 원하는 키워드에 여러 가지 효과를 주면 약간 더 가중치를 얻을 수 있습니다. 여기서 효과란 글자의 크기, 굵기, 색상, 밑줄 등을 말합니다. 이러한 효과를 넣고 싶다면 다음 그림과 같이 포스팅 작성화면 상단에 있는 글자의 크기, 굵기, 색상, 배경색 등을 바꿀 수 있는 아이콘들을 이용해 원하는 키워드에 적용하면 됩니다. 다만 효과가 너무 과도하면 포스팅이 어지러워 보일 수 있으므로 부분적으로 적당히 넣어주는 것이 좋습니다.

(3) 포스팅만 했다고 다가 아니다

댓글, 공감, 스크랩은 과거보다는 영향력이 줄었지만 여전히 상단노출에 다소 영향을 미칩니다. 즉, 포스팅을 보고 많은 사람들이 댓글을 쓰고, 공감하고, 스크랩을 해갈수록 상단노출 가능성이 그만큼 올라가게 됩니다. 참고로 댓글, 공감, 스크랩을 흔히 '스댓공'이라고 줄여 부르기도 합니다.

그런데 소위 스댓공이 많을수록 좋다고 해서 자기 포스팅에 자기가 직접 스댓공을 하는 '자작 스댓공'을 하면 저품질위험도가 상당히 높아집니다. 물론 다른 사람이 자신의 포스팅에 남긴 댓글에 답글을 각각 하나 정도 쓰는 것은 상관이 없지만, 댓글이든 답글이든 자작으로 여러 개를 반복적으로 작성하는 행위는 저품질에 빠지는 주요 원인 중 하나가 됩니다. 다른 아이디로 블로그를 하나 더 개설해서 자기 블로그끼리 스댓공을 하는 것도 마찬가지입니다.

이렇게 자작 스댓공이 먹히지 않자, 한때 여러 사람이 그룹을 만들어서 조직적으로 서로의 블로그에 방문해 스댓공을 해주는 이른바 '협업' 또는 '품앗이'라는 활동이 유행하기도 했습니다. 하지만 요즘에는 협업, 품앗이도 모두 색출되어 거기에 가담한 블로그는 모두 한꺼번에 저품질에 빠지는 경우가 많습니다. 결국 양질의 포스팅을 작성하고 이웃활동을 열심히 함으로써 순수한 댓글, 공감, 스크랩을 끌어내는 것만이 상단노출을 위한 정답이 됩니다.

(4) 한 번에 여러 개의 키워드를 상단노출시키는 방법

상단노출을 목적으로 포스팅을 하다 보면 하나의 포스팅으로 여러 개의 키워드를 상단노출시킬 수 있다는 사실을 발견할 수 있습니다. 예를 들어 여러분이 아이폰수리 전문점을 홍보하기 위한 포스팅의 제목으로 다음 2가지를 고려하고 있다고 가정해보겠습니다.

---

① 아이폰수리
② 아이폰 액정수리

위의 제목 중 ①번은 '아이폰수리'라는 키워드 하나만으로 구성되어 있고, ②번은 '액정수리', '아이폰 액정수리' 그리고 중간에 다른 단어가 들어가 있기는 하지만 '아이폰수리'라는 키워드도 포괄하고 있습니다. 따라서 ①번 제목이 '아이폰수리' 키워드만으로 상단노출을 기대할 수 있다면, ②번은 '액정수리', '아이폰 액정수리', '아이폰수리'라는 3가지 키워드로 상단노출을 기대할 수 있습니다. 물론 ②번 제목의 경우 '아이폰'과 '수리'라는 단어 중간에 '액정'이라는 단어가 들어가 있어서 '아이폰수리'라는 키워드로 최상단노출을 기대하기는 힘들겠지만, 만일 그것이 상단노출 경쟁이 치열하지 않은 다른 키워드라면 어느 정도의 노출은 기대해볼

수 있습니다.

그럼 ①과 ② 중에서 어떤 제목을 쓰는 것이 좋을까요? 정답은 '전략에 따라 달라진다'입니다. 그 이유를 알아보기 위해 앞서 소개한 네이버 검색광고 센터에서 제공하는 키워드도구를 이용해 각 키워드의 월간 검색량을 조회해보면 다음 표와 같습니다.

(2018년 1월 기준)

순위	키워드	월간 검색량
1	아이폰수리	33,950
2	아이폰 액정수리	18,420
3	액정수리	2,940

표를 보면 2, 3위 키워드를 합쳐도 1위 키워드 검색량에 미치지 못한다는 사실을 알 수 있습니다. 이런 경우 검색량이 많은 키워드 하나를 노리는 전략이라면 정확도가 가장 높은 ①번 제목이 좋고, 검색량이 상대적으로 적은 세부 키워드를 여러 개 노리는 전략이라면 ②번 제목이 좋습니다. 혹은 검색량이 많은 1위 키워드(아이폰수리)와 세부 키워드 하나(액정수리)를 함께 노리는 전략이라면 다음과 같은 제목을 쓸 수도 있습니다.

• [아이폰수리]액정수리

이런 경우 상단노출 기법을 적절히 도입하고, 경쟁 블로그보다 블로그지수가 높다면 2개의 키워드를 모두 상단노출시킬 수도 있습니다.

6 / 모바일 상단노출

스마트폰이 등장한 이후 언제인가부터 기존의 PC를 중심으로 이루어지던 검색의 추이가 급변하게 되었습니다. PC 없이도 손 안에 있는 스마트폰으로 인터넷 검색이 가능해지면서 모바일의 검색 점유율이 순식간에 PC 검색 점유율을 앞지르게 된 것이지요. 분야에 따라 다르기는 하지만, 현재 거의 모든 분야의 키워드에서 PC 검색량보다 모바일 검색량이 더 많습니다. 연령별로 보자면 10~30대, 성별로 보자면 여성이 검색하는 키워드 분야에서 모바일 점유율이 특히 높게 나타납니다. 이제 PC보다 모바일 검색에서 상단노출시키는 것이 더 중요한 시점이 온 것입니다.

문제는 검색을 했을 때 가장 처음에 나오는 '통합검색'만 놓고 보면 PC 검색과 모바일 검색의 상단노출 기준이 서로 다르다는 사실입니다. 앞서 설명한 상단노출을 위한 포스팅 방법은 PC 검색을 기준으로 한 것이기 때문에 동일한 방법으로 모바일 통합검색 상단노출을 노리기는 다소 힘듭니다. 그렇다면 PC와 모바일 통합검색에서 모두 상단노출을 차지하려면 어떻게 해야 할까요? 그 해답은 의외로 간단합니다.

(1) 모바일 상단노출의 기준

PC 검색에 비해서 모바일 통합검색 노출순위는 기본적으로 C-Rank 알고리즘이 더 많은 영향을 미칩니다. C-Rank에 대해서는 '블로그를 뒤집어놓은 쓰나미, C-Rank' 편(149쪽)에서 자세히 설명하기로 하고 여기서는 '검색 이용자의 만족도 및 주제집중도'가 높은 블로그가 유리하다는 정도만 언급하면 충분할 듯합니다. 그런데 C-Rank 외에도 모바일 통합검색 노출순위를 좌우하는 또 하나의 중요한 조건이 있습니다.

모바일, 즉 스마트폰이나 태블릿PC는 그 특성상 검색환경이 PC보다 훨씬 열악합니다. 인터넷 속도에서는 모바일도 유선만큼 빨라졌지만, 데이터 사용량에 제한이 있는 경우가 많고, PC에 비해 화면크기도 작고 글자를 타이핑하기도 불편하며 마우스도 없습니다. 작은 화면에서 오로지 터치와 드래그만으로 검색이나 웹서핑을 해야 하는 것입니다. 이러다 보니 웹페이지를 살펴보거나 웹페이지를 옮겨 다니기도 PC보다 당연히 불편할 수밖에 없습니다.

그렇다면 모바일 검색은 PC에 비해 무엇이 달라져야 할까요? 바로 검색결과 화면구성이 모바일 환경에 맞게 PC보다 더 '간략화'되어야 합니다. 그러나 아무런 생각 없이 간략화해놓으면 곤란하겠지요. 생각 없이 간략화해놓으면 검색결과에 대한 사용자 만족도를 떨어뜨릴 수도 있으므로 네이버에서는 어떻게든 검색결과 화면의 간략화와 검색 만족도 2가지를 모두 충족시키는 방법을 찾으려고 할 것입니다.

그럼 어떻게 하면 검색 만족도를 높이면서도 간략화할 수 있을까요? 바로 사람들에게 인기 있는 정보를 중심으로 간략화하는 것입니다. 사람들에게 인기 있다는 것은 나에게도 유용한 정보일 가능성이 높기 때문이지요. 그렇다면 인기 있는 정보란 무엇일까요? 그렇습니다. 바로 '사람들이 많이 클릭하는 게시물'입니다. 이것을 다른 말로 '트래픽을 많이 받는 게시물'이라고 합니다. 여러분은 트래픽이라는 어려운 말은 무시하고 그냥 '클릭'만 기억하면 됩니다. 네이버 모바일 상단노출의 기준이 바로 여기에 있습니다. 바로 사람들이 '많이 클릭'하는 포스팅이 상단에 노출되는 것입니다. 즉, 일단 PC 검색결과에 블로그 포스팅이 노출된 후 그 포스팅이 사람들의 클릭을 많이 받으면 모바일 통합검색의 상단에 꽂히게 됩니다. 짧은 시간에 많은 클릭이 몰릴수록 모바일 검색결과에서 상단을 차지할 가능성이 높습니다. 그러므로 모바일 상단에 노출되려면 거의 필수적으로 먼저 PC 검색에서 상단노출되어야 합니다. 무조건 클릭을 많이 받아야 하니까요. 하지만 PC 검색에서 상단노출된다 해도 클릭을 많이 받지 못하면 모바일 통합검색 결과에는 나타나지 않습니다.

(2) 모바일 상단노출이 PC 환경과 다른 점

위에서 설명한 것처럼 PC 상단노출과 모바일 상단노출은 서로 기준이 다르기 때문에 포스팅 성격에도 다음과 같은 차이가 생기게 됩니다. 모바일 상단노출을 노리는 포스팅을 할 때 효과적인 전략을 세우려면 이러한 차이를 이해하고 있어야 합니다.

① 모바일은 효과가 오래 간다

PC 검색에서 인기 있는 키워드는 상단노출이 되더라도 워낙 많은 사람들이 포스팅을 하기 때문에 금방 후순위로 밀리는 경우가 많습니다. 반면에 모바일에서는 한 번 상단노출이 되면 PC에 비해 상대적으로 긴 기간 동안 상단에 머물러 있을 수 있습니다. 한 번 상단에 뜬 게시물은 클릭을 많이 받는 데 더욱 유리하기 때문이지요.

② 모바일에서는 동시에 다수의 키워드 상단노출이 힘들다

모바일에서 클릭을 많이 받기 위한 요소로는 여러 가지가 있지만, 일반적으로 '제목'에서 결판나는 경우가 많습니다. 대부분의 사람들은 검색결과에서 제목을 보고 클릭하는 경향이 강하기 때문이지요. 따라서 모바일 상단노출을 위해서는 가능한 사람들이 '많이 클릭'하는 제목을 써야 합니다.

사람들이 많이 클릭하는 제목은 대부분 짧고 간결한 경우가 많습니다. 따라서 제목에 키워드를 여러 개 넣어서 모든 키워드를 검색노출시키기가 다소 어렵습니다. 제목에 키워드를 여러 개 넣다보면 필연적으로 제목이 길어지고 문장이 산만해져서 직관적인 끌림이 떨어지고, 이로 인해 많은 클릭을 받을 수 없기 때문이지요. 모바일 상단노출을 위해서는 가능하면 키워드 하나에 집중하는 것이 좋고, 여러 개 넣더라도 제목 전체 길이를 가능한 한 짧고 간결하게 다듬는 것이 좋습니다.

③ 모바일 상단노출에는 정형화된 방법이 없다

PC에서는 어느 정도 정형화된 상단노출 방법이 있어서, 그 방법에 맞춰 포스팅하면 블로그지수에 따라 차이가 있기는 하지만 어느 정도의 노출은 가능합니다. 하지만 모바일 상단노출은 사정이 다릅니다. 아무리 제목에 공을 들이고 PC 검색에서의 상단노출 방법에 따라 포스팅을 작성하더라도 기대와 달리 사람들이 외면하고 클릭하지 않는다면 모바일 상단노출은 불가능합니다. 이처럼 모바일 상단노출은 단순히 방법을 안다고 해서 가능한 일이 아니기 때문에 좀 더 고난도의 마케팅에 해당한다고 볼 수 있습니다.

(3) 모바일 상단노출을 위한 알짜 노하우

결국 C-Rank를 제외하면 모바일 상단노출의 핵심은 클릭률, 즉 사람들이 많이 클릭하게 만드는 데 있습니다. 사람들이 많이 클릭하는 제목을 찾아내기 위한 가장 기본적인 활동은 역시 '탐색'과 '벤치마킹'입니다. 먼저 여러분이 상단노출시키기를 원하는 분야의 키워드로 모바일 검색을 해보십시오. 그러면 상단에 노출된 포스팅이 보일 것입니다. 그럼 그 포스팅들은 왜 상단에 노출되어 있을까요? 바꿔 말하면 그 포스팅들은 왜 사람들이 많이 클릭했을까요? 그 해답은 다음과 같이

'제목'과 '사진'에 있습니다.

① 제목은 이렇게 붙여라

검색결과 상단에 노출되어 있는 제목을 보면서 '왜 사람들은 다른 제목보다 이 제목에 끌려서 많이 클릭했을까?'를 곰곰이 생각해보십시오. 예를 들어 여러분이 '밀폐형 헤드폰'으로 모바일 검색을 했는데 통합검색 결과에서 다음 그림과 같은 제목의 포스팅이 최상단을 차지하고 있다고 가정해보겠습니다.

참고로 위의 사례는 필자가 실제로 사용해서 모바일 통합검색 최상단을 차지했던 제목을 아이템만 살짝 바꿔서 각색한 것입니다. 자, 사람들이 이 제목을 많이 클릭한 이유는 무엇일까요?

일단 이 제목을 클릭한 사람들은 '밀폐형 헤드폰'을 검색했을 것입니다. 그저 관심이 있어서 정보를 얻기 위해 검색했을 수도 있고, 실제로 헤드폰을 사기 위해 알아보는 중일 수도 있겠지요. 즉, 어떤 밀폐형 헤드폰이 좋은 것인지, 어떤 것이 가격대비 저렴한지, 그 이유가 무엇인지에 대해 관심을 가지고 있는 사람들이라는 것입니다.

그런데 위의 제목을 보니 '이게 최고'라고 합니다. 이 제목을 봤을 때 사람들은 직관적으로 어떤 생각을 하게 될까요? 분명 이 포스팅에는 어떤 헤드폰을 추천하는 내용이 있으며, 그 근거도 제시되어 있을 것이라고 생각하게 됩니다. 게다가 문장 끝에 'ㅋㅋ'라는 표현까지 있는 것으로 봐서 상품에 대해 꽤나 확신에 차 있거나 뭔가 재미있는 이유가 있을 것 같다는 느낌을 줌으로써 '도대체 어떤 헤드폰이기에…' 하고 생각하게 만들고 있습니다. 즉, 사람들의 '호기심'을 끌어내는 데 성공한 것입니다. 그래서 사람들이 너도나도 클릭을 하게 된 것이지요.

정리하면, 이 제목은 이미 좋은 밀폐형 헤드폰에 대해 관심을 가지고 있는 사람들에게 '이게'라는 대명사를 사용함으로써 '그게 뭔데?' 하는 호기심을 끌어내고 있으며, '최고'라는 어휘를 씀으로써 추천에 대한 기대감을 증폭시키고 있습니다. 그리고 마지막으로 'ㅋㅋ'라는 표현으로 자신감을 피력하거나 흥미로운 내용이 있음을 암시함으로써 클릭하고 싶은 마음을 더욱 확고하게 만들고 있습니다.

자, 이런 식으로 특정 제목이 클릭률이 높은 이유를 분석했다면, 그 분석결과를 여러분이 쓰려는 제목에 적용해주면 됩니다. 위의 제목을 예로 든다면, '~ 이게 최고 ㅋㅋ'라는 어휘는 그대로 두고 앞의 내용만 여러분 나름의 키워드로 바꿔줄 수 있겠지요. 하지만 이렇게 모방 수준의 소극적인 응용보다는 좀 더 '호기심'이라는 욕구에 초점을 맞춰서 다양한 어휘를 생각해보는 것이 좋습니다.

사람들이 너도나도 클릭하는 제목을 쓰는 방법은 모바일 상단노출의 핵심이라고 할 만큼 중요하므로 '기가 막힌 제목을 만드는 방법' 편(268쪽)에서 좀 더 구체적이고 노골적으로 살펴보도록 하겠습니다.

② 사진은 이렇게 찍어라

PC 검색결과에서 블로그 탭을 클릭해서 블로그 검색결과를 잘 살펴보면, 포스팅의 제목과 함께 대표사진과 본문의 일부가 노출되어 있음을 확인할 수 있습니다. 결과적으로 이 3가지 요소가 사람들이 검색결과에서 어떤 포스팅을 클릭할지 결정하는 데 영향을 미치게 됩니다. 물론 이 중에서 제목이 가장 중요하지만, 사진도 결코 무시할 수 없는 요소입니다.

검색결과상에서 노출되는 사진은 포스팅을 작성할 때 '대표사진'으로 선택한 것으로, 크기가 매우 작게 표현되기 때문에 그 상태에서도 무엇을 나타내는지 알아볼 수 있는 사진을 선택하는 것이 좋습니다. 무슨 사진인지 알아볼 수 없다면 사람들이 사진을 보고 포스팅을 클릭하는 일은 없을 테니까요.

그렇다면 좀 더 구체적으로 어떻게 찍은 사진이 대표사진으로 가장 적합할까요? 앞서 사진을 올릴 때는 원활한 검색노출을 위해 크기가 크고 색감을 진하게 하는 것이 좋다고 설명했는데, 대표사진은 그 특성상 이외에도 몇 가지 더 고려할 점이 있습니다.

사람들이 블로그를 검색할 때는 어떤 제품을 다른 사람이 실제로 사용해보고 작성한 사용기나 체험기, 후기와 같은 생생한 체험자료를 찾기 위한 경우가 많습니다. 따라서 이러한 체험자료가 들어있음을 표현하는 사진이 좋습니다. 예를 들어 제품 체험기라면, 제품을 사용하고 있는 여러분의 손이 함께 나와 있는 생생한 '체험장면' 사진이 좋겠지요. 또한 피부관리실 같은 서비스업종의 경우 피부관리를 받은 후 자신의 피부를 찍은 사진이나, 피부관리를 받기 위해 가운을 입고 있는 사진을 대표사진으로 선택한다면 이 포스팅이 실제 서비스를 체험한 후 작성한 생생한 자료라는 사실을 암시하는 데 도움이 될 것입니다.

의류나 잡화 등 패션상품과 관련된 키워드라면 여러분이 직접 착용한 사진을 올린다면 좀 더 많은 클릭을 끌어낼 수 있고, 혹시 외모에 자신 있다면 과감하게 얼굴을 드러낸 사진을 대표사진으로 선택하면 좀 더 많은 클릭을 끌어낼 수 있습니다.

그 외에 대상물이 사진 전체에 걸쳐 크게 나와 있는 클로즈업 사진이나, 작게 나오더라도 직관적으로 분위기가 있어 보이는 사진의 경우 높은 클릭률을 얻을 수 있습니다.

7/ 절대로 상단노출에 목숨 걸지 마라

이 책에서 여러 차례 강조했듯이 필자가 생각하는 올바른 블로그 마케팅이란 하나의 포스팅에 지나치게 연연하지 않는 것입니다. 키워드 하나 상단노출시키자고 아등바등하기 보다는 좀 더 장기적인 계획을 세우는 게 바람직하다는 것이지요. 따라서 몇 개월에서 1년 정도 기간을 두고 꾸준히 블로그를 운영하면서 키워드를 폭넓게 발굴하고 그것들을 차곡차곡 빠짐없이 공략함으로써 방문자가 끊임없이 안정적으로 유입되는 구조를 만들어야 합니다.

여러분의 마케팅을 책임져야 할 블로그가 C-Rank 환경에서 유리한 점수를 얻

기 위해서는 당연히 블로그를 저품질에 빠뜨리지 않고 오랫동안 유지할 수 있어야
합니다. 이처럼 장기적인 블로그 운영을 위해서 몇 가지 명심해야 할 부분을 짚어
보겠습니다.

(1) 조급한 마음을 버려라

앞서 얘기했듯이 블로그 마케팅은 장기전이므로 조급한 마음을 버리고 길게 봐
야 합니다. 포스팅을 할 때 단기적인 유입효과와 매출을 올리는 데 급급해서 상단
노출을 노리고 주요 키워드를 너무 무리하게 끼워 넣거나, 같은 키워드를 지나치
게 자주 반복해서 사용하는 일은 피해야 한다는 것이지요. '블로그 저품질, 애써
키운 블로그 한방에 훅 간다' 편(212쪽)에서 자세히 설명하겠지만, 이런 방법을 쓰
면 저품질위험이 높아집니다. 따라서 그저 네이버가 원하는 대로, 다시 말해 네이
버에서 정한 정책을 거스르지 않고 순수하고 자연스럽게 포스팅을 작성하는 것이
좋습니다. 또한 개별 포스팅 작성방법에 치중하기 보다는 평소 순수한 포스팅과
활발한 이웃활동 등을 통해 블로그지수를 탄탄하게 쌓아놓는 것이 장기적으로 봤
을 때 유리합니다.

(2) 상단노출보다 콘텐츠가 중요하다

상단노출 경쟁이 치열할 때는 해당 키워드에서 노출순위가 약간 밀리더라도 크
게 신경 쓰지 말고 양질의 포스팅, 즉 포스팅을 통해 좋은 정보를 친절하게 제공하
는 데 주력하는 것이 좋습니다. 특히 노출순위는 다소 떨어져도 고객의 마음을 파
고드는 제목을 쓴다면 더 높은 클릭률을 끌어낼 수도 있습니다.

상단노출보다 중요한 것이 바로 '콘텐츠'입니다. 포스팅 제목을 잘 쓸수록 그보
다 상단에 노출된 경쟁사의 포스팅보다 더 많은 방문자를 확보할 수 있으며, 포스

팅 내용이 충실할수록 블로그에 유입된 방문자들을 실제 고객으로 만들 확률이 높아집니다. 더욱이 구매율이 높은 키워드는 단 1개만 있는 것이 아니라 여러분이 생각하는 것 이상으로 많다는 사실을 명심해야 합니다.

(3) 포스팅 축적효과를 노려라

포스팅을 애써 상단노출시켜 놓는다 하더라도 금방 뒤로 밀리거나, 블로그가 저품질에 빠지면 그 포스팅의 효과는 계속 이어지지 못합니다. 즉, 시간이 '한정된' 포스팅이라는 뜻이지요. 반면에 포스팅이 꾸준하게 상단에 노출되어 있다면 어떨까요? 이러한 상황에서 새로운 포스팅을 지속적으로 올리고, 그 포스팅들도 계속 상단노출이 될 경우 노출효과가 계속 누적되면서 커지게 됩니다. 바로 이것을 '포스팅 축적효과'라고 합니다.

다만 포스팅 축적효과를 얻으려면 상단노출시키더라도 금방 뒤로 밀릴 수 있는 주요 키워드보다는 한 번 노출되면 상단에 좀 더 오랫동안 머물 수 있는 세부 키워드로 꾸준히 포스팅하는 것이 좋습니다. 또한 다루는 상품의 종류가 많다면 여러 상품과 관련된 키워드를 골고루 번갈아가며 한 번씩 사용해 포스팅하면 상단노출과 포스팅 축적효과를 얻는 데 도움이 됩니다. 이것이 앞서 '블로그 마케팅과 궁합이 잘 맞는 아이템이 따로 있다' 편(48쪽)에서 블로그 마케팅은 상품의 종류가 많을수록 유리하다고 한 이유 중 하나입니다.

아울러 모바일 통합검색에 노출된 포스팅 역시 상단노출이 오랫동안 지속되는 경향이 있으므로 항상 모바일 상단노출까지 함께 노리고 포스팅하는 것이 바람직합니다.

08

블로그를 뒤집어놓은 쓰나미, C-Rank

1 / C-Rank는 무엇인가

네이버는 검색 이용자의 만족도를 높이기 위해 끊임없이 많은 고민과 노력을 기울이고 있습니다. 그런 노력에 따라 가장 최근에 적용된 기술이 바로 2016년부터 새로 도입된 'C-Rank'입니다. C-Rank는 검색노출 순위결정을 위한 알고리즘의 하나로, 과거 모바일 검색에 존재했던 'LIVE 검색'에서 시험적으로 모습을 드러내기 시작해서 현재는 블로그, 카페, 지식인 검색에까지 두루 적용되고 있습니다. 이들 각각의 서비스에 적용된 C-Rank는 약간씩 다른 특성이 있으므로, 이 책에서는 별도의 언급이 없는 한 블로그에서의 C-Rank를 기준으로 설명하겠습니다.

C-Rank로 인해 블로그 검색노출 판도가 크게 변하게 되었습니다. 과거 마케팅을 위해 블로그를 활성화시키던 방식으로는 더 이상 상단노출이 힘들어지게 되었고, C-Rank에 맞는 새로운 운영방법이 필요하게 된 것입니다. 이러한 C-Rank의 기본 취지는 바로 '검색 이용자들은 특정 분야에 집중해서 전문 콘텐츠를 생산하

는 블로그를 선호한다'는 것입니다. 이에 따라 검색노출 순위를 결정할 때 개별 포스팅의 품질보다는 '블로그 단위'의 품질을 더 많이 반영하고 있습니다. 여기서 말하는 '품질'은 크게 신뢰도와 인기도로 구성되며, 다음과 같은 요소로 평가됩니다.

- 특정 주제에 대한 집중도(Context)
- 콘텐츠의 품질과 전문성(Contents)
- 콘텐츠의 연쇄반응(Chain)

결과적으로 C-Rank가 도입되었다는 것은 깊이와 전문성이 있는 콘텐츠를 오랫동안 생산해온 블로그를 검색결과에서 우선적으로 보여주겠다는 것을 의미합니다. 지금부터 C-Rank에 대해 여러 각도에서 살펴보고 거기에 맞는 해법까지 함께 알아보겠습니다.

2/ 과거와 무엇이 달라졌는가

C-Rank는 기존에 검색노출 순위를 결정하던 방식과는 다소 다른 모습을 보입니다. 기존에는 블로그가 특정 주제에 대한 전문성이나 집중도가 없어도 일상 소재를 포함한 여러 가지 다양한 주제로 꾸준히 포스팅을 작성하면 점차 블로그가 활성화되면서 평소 작성하던 일상 소재 포스팅과 다르게 마케팅 목적의 포스팅을 작성해도 검색상단 노출이 가능했습니다. 하지만 C-Rank가 도입됨에 따라 여기에 커다란 지각변동이 생겼습니다. 따라서 효과적인 블로그 마케팅을 위해서는 이러한 변화가 어떤 양상으로 이루어지고 있는지를 이해할 필요가 있습니다.

C-Rank 알고리즘은 지금까지의 다른 모든 검색순위 결정 알고리즘이 그랬듯이 단순히 스위치를 켜듯 간단히 '딸깍'하고 한순간에 도입을 완료할 수 있는 것이 아닙니다. 검색 이용자들과 블로거들에게 미치는 파장이 큰 만큼 현재 상황과 반응을 면밀하게 분석하면서 각 분야별로 서서히 반영되고 있는 중입니다. 앞서 설명했듯이 C-Rank 반영비중이 높아질수록 개별 포스팅의 품질보다는 블로그 전체의 품질이 검색순위에 영향을 크게 미치게 되는데, 이런 방식을 바람직하다고 볼 수만은 없기 때문이지요. 평소 양질의 포스팅을 작성하던 블로그라도 질이 떨어지는 포스팅을 할 수 있고, 반대로 평소에 이렇다 할 좋은 포스팅을 작성하지 않는 블로그도 일시적으로 좋은 정보가 담긴 포스팅을 작성할 수 있는데, C-Rank의 반영비중이 높아지면 이런 점이 검색노출 순위에 반영되지 못합니다.

따라서 현재는 C-Rank만으로 블로그 검색노출 순위를 결정하고 있지는 않습니다. 기존의 검색노출 로직을 기본으로 한 상태에서 C-Rank가 추가로 영향을 미치는 복합적인 구조라고 할 수 있습니다. 그래서 기존 방식대로 운영하는 블로그가 여전히 힘을 발휘하고 있기도 합니다. 하지만 C-Rank 반영비율이 높은 분야일수록 상황이 달라집니다. 이런 분야의 경우 특정 주제에 대해서 깊이있는 콘텐츠를 오랫동안 쌓아온 블로그가 검색상단을 채우고 있는 모습이 뚜렷하게 관찰되고 있습니다. 반면에 검색 이용자의 만족도가 낮은 블로그는 계속해서 검색노출 순위가 아래로 밀리고 있으며, 저품질 제재를 받고 검색결과에서 사라지는 블로그도 상당히 많습니다. 최근 네이버에서는 점점 성능이 고도화되고 있는 C-Rank에 추가로 기능을 도입하여 전단지식 광고보다 체험기 위주의 콘텐츠가 더 잘 노출되게 한다는 계획을 발표하기도 했습니다.

결과적으로 네이버 검색노출의 판도는 지금도 계속해서 변화하고 있으며, 이는 상황에 따라 끊임없이 변화하는 유기체와 같습니다. 그렇다면 이렇게 변화하는 네이버 검색노출 환경에서 아이템을 홍보하고 사업을 이끌어나가야 하는 여러분은 블로그를 어떻게 운영해야 할까요?

사실 해답은 간단합니다. 변화하는 검색노출 알고리즘이 추구하는 방향은 한결 같이 명확합니다. 바로 '검색 이용자를 만족시키는 품질 좋고 꾸준하게 발행되는 정보를 검색결과로써 우선 제공한다'는 것입니다. 따라서 변화의 파도에 흔들리고 부서지는 것은 전단지식 홍보로 블로그를 채워놓고 지나치게 일회성 상단노출에 만 매달리는 광고판 같은 블로그에 해당되는 얘기일 뿐입니다. '광고'가 아닌 검색 이용자를 만족시킬 수 있는 '정보'를 꾸준하게 축적해온 블로그는 앞으로 점점 더 유리해질 것이며, 여러분이 원하는 마케팅 효과를 발휘할 것입니다.

09

C-Rank의
분석과 해법

1, C-Rank는 당신의 블로그를 이렇게 평가한다

그렇다면 C-Rank는 구체적으로 어떤 부분을 보고 여러분의 블로그를 평가하고 검색노출 순위를 매길까요? 네이버에서는 다음 표와 같이 '블로그 노출순위 결정을 위해서 C-Rank가 참고하는 데이터'를 네이버 검색 공식 블로그(http://searchblog.naver.com)를 통해 공개하고 있습니다. 이 표의 내용을 하나씩 분석해서 C-Rank가 어떤 식으로 블로그를 평가하는지 알아보겠습니다.

항목	설명
BLOG Collection	블로그 문서의 제목 및 본문, 이미지, 링크 등 문서를 구성하는 기본 정보를 참고해 문서의 기본 품질을 계산
네이버 DB	인물, 영화정보 등 네이버에서 보유한 관련 콘텐츠 DB를 연동해 출처 및 문서의 신뢰도를 계산

Search LOG	네이버 검색 이용자의 검색 로그 데이터를 이용해 문서 및 문서 출처의 인기도를 계산
Chain Score	웹문서, 사이트, 뉴스 등 다른 출처에서의 관심 정도를 이용해 신뢰도와 인기도를 계산
BLOG Activity	블로그 서비스에서의 활동지표를 참고해 얼마나 활발한 활동이 있는 블로그인지를 계산
BLOG Editor 주제점수	딥러닝 기술을 이용해 문서의 주제를 분류하고, 그 주제에 얼마나 집중하고 있는지를 계산
공식 블로그	네이버 블로그에서 선정한 공식 블로그인지 여부를 반영

① BLOG Collection

블로그 컬렉션(BLOG Collection)이란 쉽게 말해 개별 포스팅 자체에 관한 요소입니다. 포스팅의 제목, 본문 텍스트, 이미지, 링크 등의 요소를 분석하여 평가자료로 활용하는데, 각 요소별로 주목할 점은 다음과 같습니다.

• 제목

제목에 포함된 키워드에는 어떤 것이 있으며 총 개수, 해당하는 분야가 무엇인지가 주로 분석됩니다. 문장보다는 키워드를 중심으로 분석된다는 뜻입니다. 따라서 가능하면 제목을 한눈에 들어오도록 짧고 명료하게 작성하는 것이 좋으며, 의도적인 키워드 반복은 피하도록 합니다.

• 본문 텍스트

본문 텍스트는 포스팅을 분석하는 데 있어서 제목과 함께 가장 중요한 요소가 됩니다. 따라서 방대한 데이터를 집대성한 빅데이터와 이를 분석하고 학습하는 딥러닝 기술이 동원되어 여러 가지를 분석하는데, 기본적으로는 본문 텍스트에 포함된 키워드 종류, 개수, 분포 등 키워드 중심적인 부분을 분석합니다. 또한 수많은 이용자들이 해당 키워드를 이용해서 작성한 문장들을 빅데이터로 구성해놓고 그와 대조하여 여러분이 사용한 키워드가 문장 속에서 얼마나 자연스럽게 사용되었는지도 파악합니다.

본문이 어떤 주제를 담고 있으며, 그 주제에 얼마나 집중하고 있는지를 파악하는 것은 C-Rank 알고리즘의 핵심 임무라 할 수 있습니다. 뿐만 아니라 전체 텍스트의 분량과 작성에 소요된 시간을 대조하여 사람이 실제로 자연스럽게 작성한 포스팅인지 등 많은 것을 분석하고 파악합니다.

- 이미지

포스팅에 삽입된 이미지는 텍스트보다 더 많은 첨단기술을 이용해 분석합니다. 주로 해당 이미지를 잘 나타내는 키워드는 무엇이며, 이미지와 본문 내용이 어떻게 매치되고 있는지를 파악합니다. 특히 이미지와 텍스트가 섞여 있거나 번갈아 나오는 부분에서는 이미지의 주제를 파악하기 위해 그 주변에 위치한 텍스트를 함께 분석합니다. 따라서 여러분이 포스팅에 이미지를 넣을 때는 그 이미지를 잘 표현하는 내용을 함께 작성하는 것이 좋습니다.

이미지를 대표하는 키워드를 도출하기 위해 해당 포스팅 제목에 사용된 키워드와 이미지의 파일명, 이미지 하단에 있는 캡션을 중요한 단서로 활용하기도 합니다. 또한 스팸성 이미지나 불법적인 이미지를 가려내기 위해 스팸 필터에 의한 분별과정을 거치는데, 이 과정에서 이미지 안에 포함된 글자까지도 인식하게 됩니다. 새롭게 등록된 이미지인지 과거에 사용되었던 이미지인지를 판단하여 문서의 유사도에 반영시킨다는 것도 기억해야 할 부분입니다.

alt 속성의 활용

네이버에서 밝힌 바에 따르면 HTML 태그 중 이미지를 삽입하는 IMG 태그의 속성 중 하나인 alt 속성도 이미지 분석에 사용되므로 여기에 키워드를 넣어주면 검색노출에 유리하다고 합니다. 이미지에 마우스 포인터를 올리면 그 근처에 도움말처럼 설명이 나오는 것을 종종 볼 수 있습니다. 이 설명을 입력할 수 있는 항목이 바로 'alt 속성'입니다. alt 속성에 해당 이미지를 설명하는 문장이나 키워드를 충실하게 입력하는 것은 이미 오래전부터 네이버뿐만 아니라 일반적인 검색엔진최적화(SEO)의 가장 기본적인 사항 중 하나였는데, 시기에 따라 그 중요성은 다소 변화를 겪어왔습니다.

그런데 네이버에서 제공하는 포스팅 작성도구의 최신버전인 스마트 에디터 3.0에서는 작성자가 HTML 코드를 보거나 수정할 수 있는 기능을 제공하지 않기 때문에 사실상 alt 속성을 입력할 수 없습니다. 물론 브라우저 디버깅 기능을 이용해 HTML 소스코드를 수정하는 방법이 있기는 하지만, 이런 방법은 사용하지 않는 것이 좋습니다. 굳이 alt 속성을 입력해야 한다면 HTML 소스 편집 기능을 제공하는 스마트 에디터 2.0 버전을 이용하면 됩니다. 아이템 특성상 이미지 검색노출이 중요하다면 적용해보기 바랍니다.

• 링크

포스팅에 삽입되는 링크를 분석할 때는 크게 정보로서의 가치와 안전성을 검증하게 됩니다.

정보로서의 가치 측면에서는 링크를 클릭했을 때 나타나는 웹페이지의 내용이 포스팅의 내용과 어느 정도 관련이 있으며, 그 링크가 유용한 정보제공 수단이 되고 있는지를 판별합니다. 이를 위해 포스팅 내에 삽입된 링크의 위치와 개수, 주변 텍스트 문맥을 파악합니다. 또한 이동 URL의 형태와 구조, 클릭 시 이동하는 웹페이지에 관련된 여러 가지 사항을 분석하게 됩니다.

또한 링크는 검색 이용자들의 원활하고 안전한 웹서핑에 영향을 줄 수도 있다는 측면에서 신뢰성 및 안전성에 관한 검증이 이루어집니다. 이를 위해 화면상에 보이는 링크를 클릭했을 때 이동하게 되는 URL이 정확하고 투명하게 드러나 있는지, 클릭했을 때 사용자가 예상하지 못한 일이 발생하게 되는지, 스팸 리스트에 등록된 URL로 이동하지 않는지 등을 분석합니다. 만약 링크가 깨졌다거나 이용자에게 유해성이 있는 일이 발생하면 그 링크를 게시한 포스팅 및 블로그도 제재 받을 수 있으므로 외부 링크를 게시할 때는 주의를 기울여야 합니다.

② 네이버 DB

네이버에서는 인물이나 영화, 책, 음악 등의 콘텐츠에 대한 자료를 데이터베이스(이하 DB로 표기)로 구축하여 보유하고 있습니다. 여기서 말하는 DB란 쉽게 말해 온라인 백과사전과 비슷한 개념으로 보면 됩니다. 이 DB에는 각 분야에 대한 방대하고 체계적인 자료가 구축되어 있는데, 네이버 이용자라면 누구나 검색을 통해 이러한 정보를 손쉽게 열람할 수 있습니다.

그런데 이러한 DB는 블로그나 개별 포스팅의 신뢰도를 평가하는 데도 사용됩니다. 네이버 DB로부터 참고할 수 있는 신뢰도란 다음과 같은 사항인 것으로 생각됩니다.

- 전문성이 어느 정도의 깊이를 가지고 있는가
- 포스팅에서 다루는 전체적인 내용이 해당 주제와 얼마나 밀접한 관계가 있는가
- 그 주제에 속하는 세부적인 소재를 얼마나 다양하게 다루고 있는가

이에 대해서는 'C-Rank를 위한 포스팅 작성방법(168쪽)'에서 예제와 함께 좀 더 자세히 알아보겠습니다.

③ Search LOG

네이버 검색창에서 무언가를 검색하면 네이버는 검색결과를 보여줍니다. 이때 검색 이용자가 그 검색결과 중에서 어떤 문서를 클릭하면 네이버는 어떤 검색어를 검색한 이용자가 어떤 포스팅을 클릭했다는 기록을 자세하게 저장합니다. 하루에도 엄청난 양이 쌓이는 이런 기록을 모아서 분석해보면 여러분의 블로그나 포스팅이 어떤 검색어를 검색한 사람에게 얼마나 클릭이 되는지가 집계됩니다.

또한 그런 식으로 여러분의 블로그에 이용자들이 유입되면 어느 정도 시간 동안 블로그에 머무르면서 어떤 포스팅들을 어떤 경로에 의해서, 얼마나 열람하고 나갔는지도 알 수 있습니다. 다시 말해 검색 이용자가 여러분의 블로그나 포스팅을 클릭한 비율과 블로그 내에서 이동한 경로, 체류시간 등의 모든 패턴들을 끊임없이 기록하고 분석한다는 뜻입니다. C-Rank는 이런 정보들을 여러분의 블로그나 포스팅의 인기도를 계산하고 검색노출 순위를 결정하는 데 활용합니다.

④ Chain Score

언뜻 어려워 보이는 용어인 체인 스코어(Chain Score)는 여러분이 작성한 콘텐츠가 연쇄적으로 일으키는 반응이 어느 정도인지를 평가하는 것을 말합니다. 간단히 말해 외부에서 여러분의 블로그나 포스팅으로 이동하는 링크가 얼마나 많이 있느냐 정도로 이해하면 됩니다. 만약 여러분의 블로그나 포스팅이 인터넷상의 이곳저곳에서 언급되고 있고, 다양한 곳에서 여러분의 포스팅으로 이동하는 링크를 게시하고 있다면 그만큼 여러분이 작성한 콘텐츠는 파급력 있고 유용하다는 뜻이 됩니다.

이처럼 블로그 서비스 외부의 웹문서, 일반 사이트, 뉴스 등에서 여러분의 블로그로 이동하는 링크가 많이 발견될수록 C-Rank로부터 좋은 점수를 받게 됩니다.

또한 링크가 게시된 곳에서 다루는 주제가 여러분의 블로그나 포스팅의 주제와 일치하며, 그곳이 활성화되어 있을수록 여러분 블로그의 신뢰도 점수가 올라가고, 링크가 게시된 곳이 많고 실제 그 링크를 이용하여 유입되는 유입자가 많을수록 인기도가 올라가게 됩니다.

참고로 이러한 방식은 이미 오래전부터 구글 등 일반적인 검색엔진이 채택하고 있는 웹사이트 평가방식 중 하나입니다.

⑤ BLOG Activity

블로그 액티비티(BLOG Activity)는 말 그대로 블로그를 얼마나 활발하게 운영하는가를 평가하는 것인데, 그 평가대상은 크게 2가지로 나누어볼 수 있습니다.

첫째, 발행되는 콘텐츠의 양입니다.

이와 관련해서는 기존에 작성된 포스팅의 개수와 신규 발행되는 포스팅의 개수 그리고 얼마나 꾸준하게 작성했는가가 평가요소가 됩니다. 사실 이런 평가요소들은 C-Rank 알고리즘에서는 상대적으로 중요하지 않은 것으로 설명되기도 하는데, 포스팅의 양적인 면은 여전히 블로그가 활성화되어 상단노출 및 다량노출이 이루어지게 하는 데 있어서 매우 중요한 필수조건이 됩니다. 아무리 전문적이고 유용한 정보를 제공한다고 해도 포스팅 개수가 얼마 없는 블로그가 검색에서 노출될 확률은 희박합니다. 따라서 과도하지 않은 범위 내에서 신규 포스팅을 활발하고 지속적으로 발행하는 것이 좋습니다.

둘째, 블로거들끼리의 상호작용입니다.

네이버 블로그 시스템에는 블로거들끼리 이루고 있는 일종의 사회가 존재합니다. 이 사회에서 친한 블로거끼리는 이웃 혹은 서로이웃을 맺게 되는데, 이러한 이웃끼리는 물론이고 이웃이 아닌 블로거들끼리의 상호작용 또한 중요한 블로그 평가요소로 작용합니다. 이들 간의 상호작용이란 서로의 블로그에 왕래하며 시간을 들여 이런저런 포스팅을 열람하고, 댓글을 남기고 공감을 하며 스크랩하는 활동 등을 말합니다. 여러분이 다른 블로그를 방문하여 활동하는 것과 다른 블로거가 여러분의 블로그를 방문하여 활동하는 것 모두가 평가요소에 포함됩니다.

⑥ BLOG Editor 주제점수

블로그 에디터(BLOG Editor) 주제점수란 한마디로 여러분의 블로그가 어떤 주제에 대해 얼마나 집중하고 있는가를 말합니다. 포스팅을 작성할 때는 여러 가지 주제 분류 중에서 하나를 선택할 수 있게 되어 있습니다. 이러한 주제 분류 중에서 특정 주제에 대해서 깊이 있는 포스팅을 지속적으로 작성한다면 주제점수가 올라가게 됩니다. 만약 여러분이 주제를 선택하지 않는다면 포스팅 제목과 본문 등의 요소를 딥러닝 기술을 이용하여 자동으로 분석해서 주제를 파악하게 됩니다. 하지만 이러한 주제파악이 완벽하지는 않으므로 포스팅을 작성할 때 명시적으로 주제분류를 선택해주는 것이 좋습니다.

⑦ 공식 블로그

최근 네이버에서는 공신력과 신뢰도를 갖춘 기관 및 단체 등의 조직을 위한 공식 블로그 제도를 마련했습니다. 네이버에서 제시하는 자격조건에 해당하는 곳에 한해 신청을 통해 공식 블로그를 지정하는데, 그 공신력 및 신뢰도를 인정하여 해당 분야의 검색노출에 있어서 가산점을 부여합니다. 공식 블로그로 지정받기 위한 구체적인 자격조건은 다음과 같습니다.

① 정부부처, 자치단체 대표 블로그
② 공공기관 경영정보공개시스템 알리오에서 확인되는 공공기관의 블로그
③ 출판사명으로 출간된 도서가 확인되는 출판사 및 독립출판서점의 블로그
④ 네이버 매거진캐스트에 소개된 매거진
⑤ 최근 1년 내 발행된 정기 간행물이 있는 매거진
⑥ 국공립 문화예술단체, 공연통합예술전산망의 DB에 등록된 블로그
⑦ 한국문화예술회관연합회 회원기관의 블로그
⑧ 기획·제작한 공연명으로 운영하는 기획·제작사의 블로그
⑨ 한국화랑협회에 소속된 화랑 또는 화랑에서 주최하는 전시회의 블로그
⑩ 사립미술관협회에 등록된 미술관 또는 미술관에서 주최하는 전시회의 블로그
⑪ 네이버 통합검색에서 축제정보 콘텐츠가 노출되는 축제의 블로그
⑫ 네이버 통합검색 편성표에서 확인되는 방송사와 방송 프로그램 콘텐츠가 확인되는 블로그
⑬ 네이버 통합검색에서 대학교 정보 콘텐츠가 확인되는 대학교의 대표 블로그
⑭ 학교알리미에서 확인되는 초·중·고·특수학교의 블로그
⑮ 전자공시시스템에서 확인되는 상장기업과 외부감사를 받는 주식회사의 대표 기업 블로그

그 외의 정보는 네이버 공식 블로그 페이지(http://section.blog.naver.com/Official-Blog.nhn?currentPage=1)를 통해 확인할 수 있습니다. 현재 상당수의 블로그가 공식 블로그로 지정 받아 운영되고 있으며, 이들은 해당 분야의 검색상단 노출에 있어 유리한 위치를 점하고 있습니다. 여러분의 블로그가 이러한 조건에 해당하는지 자세히 알아보고 가능하다면 반드시 신청하기를 바랍니다.

2/ C-Rank 분석결과 공개

이제 C-Rank가 무엇인지에 대한 개념은 어느 정도 이해가 되었을 것입니다. 그

러면 실제 블로그를 운영하는 데 있어서 C-Rank는 구체적으로 어떤 영향을 미칠까요? 이를 알아보기 위해 잠시 블로그의 격동기라 할 수 있는 2015~2016년으로 거슬러 올라가 보겠습니다.

여러분도 알고 있듯이 과거 모바일 검색에는 LIVE 검색이라는 영역이 따로 존재했습니다. 이 LIVE 검색은 현재의 C-Rank와는 다소 차이가 있지만, C-Rank가 본격적으로 모습을 드러내어 어떻게 동작하고, 어떤 블로그를 좋아하는지에 대해 분석해보는 계기가 되었습니다.

어느 날 필자가 운영하는 블로그의 유입통계를 유심히 살펴보다가 이전에는 없던 유입이 발생하여 서서히 유입량이 올라가는 현상을 목격했습니다. 바로 LIVE 검색을 통해 유입되는 방문자였지요. 해당 키워드는 월간 검색량이 3~4만 건에 이르는 메인 키워드였는데, LIVE 검색 영역을 살펴보니 필자의 블로그가 상단으로 올라와 있었습니다.

이것을 시작으로 자연스럽게 C-Rank를 접한 이후 어느새 2년여의 시간이 흘렀습니다. 그동안 몇 개의 블로그를 통해 C-Rank가 어떻게 잡히고 검색결과에서 어떤 모습을 보여왔는지 관찰해왔습니다. 이제 이러한 경험을 통한 분석결과를 정리할 때가 되었다고 생각합니다.

(1) 댓글, 공감, 스크랩이 C-Rank에 영향을 미치는가

최근 네이버에서는 공식 블로그를 통해 댓글, 공감, 스크랩이 검색노출 순위에 전혀 영향을 주지 않는다고 밝혔습니다. 하지만 필자를 비롯한 많은 사람들은 경험을 통해 C-Rank 이전의 검색노출 순위 알고리즘에서는 이러한 지표가 분명히 검색순위에 영향을 미쳤다는 사실을 알고 있습니다. 그렇다면 C-Rank 점수 계산상에서는 과연 댓글, 공감, 스크랩이 어떤 영향을 줄까요?

지금까지 관찰한 바로는 이러한 지표들은 C-Rank 점수 계산에 그다지 영향을 미치지 않는 것으로 보입니다. 필자는 그동안 몇 가지 분야에서 C-Rank를 잡은 경험이 있는데, 이들 분야에서 작성한 포스팅들은 대부분 댓글, 공감, 스크랩이 거의 없는 것들이었습니다. 이 책에서 계속 이야기했듯이 필자는 평소 블로그를 운영하는 데 있어서 무리한 상단노출을 시도하지 않고 자연스러운 콘텐츠를 작성하고 있습니다. C-Rank에서 좋은 점수를 받은 콘텐츠 역시 본문에 키워드를 일부러 넣지도 않고, 다른 상단노출 방법이나 댓글, 공감, 스크랩 같은 것은 아예 신경도 안 쓰고 오로지 보는 사람이 재미있고 만족할 만한 내용을 작성하는 데만 주력한 것들이었습니다. 그래서 그 블로그는 방문자 한 명이 포스팅을 30개 이상 열람하는 경우도 종종 있었고, 한 번 방문했던 사람이 정기적으로 재방문하는 경우도 많았습니다.

이를 보면 C-Rank는 댓글, 공감, 스크랩 같은 지표보다는 방문자의 검색유입 패턴, 체류시간, 해당 블로그에서 같은 주제의 다른 포스팅의 열람 패턴 등의 요소를 훨씬 더 비중 있게 반영하는 것으로 판단됩니다. 다만 현재 블로그 검색노출 알고리즘이 C-Rank만 적용되고 있지는 않으므로 댓글, 공감, 스크랩은 여전히 간과할 수 없는 요소입니다.

참고로 필자가 이 책에서 'C-Rank를 잡았다'라고 표현한 것은 '블로그가 특정 분야에 있어 C-Rank로부터 좋은 점수를 받고 검색순위에서 상대적으로 상단을 차지했다'의 의미로 이해하면 됩니다.

(2) 포스팅 몇 개를 작성해야 C-Rank가 잡히는가

이에 대해서는 블로거들의 의견이 서로 엇갈리고, 사실 마땅한 기준도 없는 상태입니다. 일부 온라인 마케팅 업계에서는 어떤 분야에 대해 C-Rank를 잡으려면 해당 분야 포스팅 개수가 100개 이상은 되어야 한다고 하는데, 여기에는 여러 가지 변수가 있고 분야별로도 차이가 있는 것으로 보입니다.

과거 LIVE 검색에서 상단노출되었던 콘텐츠의 경우, 상단노출된 시점이 해당 분야의 포스팅 개수가 100개를 훨씬 넘어섰을 때였습니다. 하지만 LIVE 검색 영역이 사라지고 C-Rank가 블로그에 도입된 지금의 상황은 이와 좀 다릅니다. 다른 블로그를 이용해서 똑같은 분야로 포스팅을 쌓아갔는데 100개에 훨씬 못 미치는 개수에서도 C-Rank가 잡혀 메인 키워드 검색 시 모바일 통합검색 1위로 올라와서 유지되는 모습을 보였습니다. 따라서 정확하게 몇 개를 포스팅해야 C-Rank가 잡힌다는 공식 같은 것은 없습니다.

다만 분야에 따라 다르지만 적어도 몇 개월간은 성실하게 포스팅해야 한다고는 말할 수 있습니다. 또한 C-Rank 알고리즘은 세부적으로 끊임없이 변화하고 개선되고 있는 만큼 이러한 부분은 대단히 유동적이라고 할 수 있습니다.

(3) 얼마나 전문적인 내용을 작성해야 하나

필자는 지금까지 C-Rank를 잡았던 주제에 대해 절대 전문가적 지식을 가지고 있지 않습니다. 현재 몸담고 있는 마케팅 분야나 과거 직업으로 삼았던 컴퓨터 프로그래밍이라면 전문지식을 작성할 수 있겠지만, C-Rank를 잡았던 주제는 이런 분야와는 전혀 관계가 없었습니다. 따라서 거기에 일반인들이 모르는 전문적이고 해박한 지식은 담겨 있지 않았습니다.

다만 그 주제에 대해서 흥미를 가지고 있기는 했습니다. 그래서 직접 촬영한 사진을 포함하여 해당 주제에 대해 느낀 점이나 경험한 일을 자세하게 작성한 체험기를 올린 것이지요. 그러니 그 안에 담긴 정보나 지식이라고 해보아야 누구나 같은 체험을 해보면 알 수 있는 수준이었습니다. 하지만 이런 수준의 글만으로도 해당 분야에 대해 궁금한 사람에게는 충분히 도움이 되었을 것이고, 이것이 C-Rank 점수로 자연스럽게 연결되지 않았을까 하고 생각합니다. 따라서 여러분이 남들이 모르는 전문적인 지식을 가지고 있지 않다고 해서 걱정할 필요는 없습니다. 특정 주제에 대해 여러분이 직접 체험하고 느낀 점을 솔직하고 자세하게 작성하면 되는 것입니다.

(4) 하나의 블로그에 하나의 주제밖에 쓸 수 없는가

C-Rank의 특징 중 하나는 블로그가 어떤 주제에 얼마나 집중하고 있느냐를 평가한다는 것입니다. 그러면 C-Rank를 잡기 위해서는 하나의 블로그에서 반드시 하나의 주제에만 집중해야 할까요?

그렇지 않습니다. 네이버에서도 밝히고 있듯이 꼭 하나의 주제만을 다룰 필요는 없습니다. 몇 가지 주제에 대해서 다룬다 해도 각각의 주제에 대해 품질 높은 포스팅을 지속적으로 작성한다면 모두 높은 C-Rank 점수를 받을 수 있습니다. 실제로 필자의 블로그도 2~3가지 주제에 대해 동시에 C-Rank가 잡히는 것을 경험했습니다. 다만 가능하면 다루는 주제를 너무 많이 늘리지 않는 것이 전반적인 블로그 운영 측면에서 좋다고 생각합니다.

(5) C-Rank는 개별 키워드별로 따로 잡힐까

인터넷에 떠도는 소문에 의하면 C-Rank가 마치 하나하나의 개별 키워드별로 잡히는 것처럼 언급되는 경우가 있습니다. 같은 분야라도 A라는 키워드의 C-Rank 점수가 따로 있고, B라는 키워드의 점수가 따로 있어서 둘 모두 C-Rank를 잡으려면 두 키워드를 각각 사용해서 오랜 기간 포스팅을 해야 한다는 것입니다.

하지만 이는 약간의 오해에서 비롯된 의견으로 보입니다. 필자의 경우 특정 분야에서 C-Rank가 잡힌 후부터는 같은 분야의 키워드 중 처음 사용하는 키워드라도 바로 모바일 통합검색 최상단에 노출되는 경우가 있었습니다. 다만 같은 주제라고 해서 모두 같은 C-Rank 점수가 반영되지는 않았고, 같은 주제 내에서도 C-Rank 점수가 비슷하게 적용되는 소분류가 존재하는 듯합니다.

각 포스팅은 네이버에서 제공하는 주제 분류 중 하나를 선택할 수 있게 되어 있는데, 이들 중에는 분명 같은 주제지만 유난히 C-Rank 점수가 높아서 계속 모바일 최상단을 차지하는 분야가 있는가 하면 상대적으로 순위가 낮은 분야도 있는 것을 경험했습니다. 하지만 지금까지 어떤 주제에 대해 개별 키워드 하나만 C-Rank가 잡힌 경우는 보지 못했습니다.

(6) 주제를 선택하면 C-Rank에서 유리한가

위에서도 언급했듯이 포스팅을 작성할 때는 네이버에서 제공하는 주제 분류를 선택하게 되어 있습니다. 이렇게 선택한 주제는 C-Rank상에서 해당 포스팅의 점수를 계산하는 하나의 요소가 되고, 해당 주제와 관련된 검색에서 일종의 가중치를 부여받을 수 있기 때문에 당연히 주제를 선택하는 것이 좋습니다.

물론 주제를 선택하지 않아도 네이버의 딥러닝 기술에 의해 자동으로 주제가 분류되기는 합니다. 하지만 소재에 따라서 분류를 나누기가 애매해서 정확히 분류되지 못할 수도 있기 때문에 주제를 명시적으로 선택해주는 것이 좋습니다.

(7) C-Rank는 어떤 분야에 적용되어 있나

C-Rank는 현재 모든 키워드 분야에 걸쳐 적용되어 있습니다. 다만 그 비중이 각 분야의 특성에 따라서 모두 다르기 때문에, 어떤 분야는 C-Rank의 존재를 크게 느낄 수 없고 어떤 분야는 영향이 크기도 합니다. 하지만 전체적으로 서서히 그

비중이 커지고 있으며 점점 고도화되고 업그레이드되고 있습니다. 주로 검색 이용자들에게 인기가 많고, 개인의 주관적인 해석의 폭이 넓어서 출처의 전문성과 신뢰도가 크게 요구되는 분야에 C-Rank가 높은 비중으로 적용되고 있는 것으로 보입니다. 현재 C-Rank가 높은 비중으로 적용되고 있는 대표적인 분야로는 맛집, 여행, 뷰티 등이 있습니다.

(8) 소규모 사업자에게 더 유리하다

사실 과거에는 어떤 분야에 대해 깊이 없는 정보를 담은 전단지식 일회성 포스팅으로도 조건만 잘 맞추면 상단노출을 차지할 수 있었습니다. 이로 인해 홍보하려는 아이템에 대해 전문적이고 유용한 지식이 없는 마케팅 대행사가 검색결과 상단을 점령하는 것이 가능했지요.

하지만 C-Rank의 도입으로 이러한 판도가 바뀌기 시작했습니다. C-Rank 반영비중이 높아질수록 일회성 전단지식 콘텐츠들의 상단노출은 점점 힘들어지고, 대신 자신의 아이템에 대한 전문지식을 갖추고 그 분야에 대해 꾸준한 정보 제공이 가능한 사업자들의 포스팅들이 상단에 노출되기 쉬운 환경이 조성되었기 때문입니다.

마케팅 대행사에서는 보통 동시에 여러 업체의 마케팅을 수주하여 진행해야 하기 때문에 검색 이용자들에게 유용한 정보를 지속적으로 제공할 수 없으므로 C-Rank 반영비중이 높아질수록 점점 상황이 어려워질 것입니다.

3, C-Rank를 위한 포스팅 작성방법

이제 C-Rank가 무엇이며 어떤 블로그를 선호하는지에 대해 알게 되었을 것입니다. 그렇다면 거기에 맞춰 블로그를 운영해나가야겠는데, 막상 포스팅을 작성하려면 어떻게 해야 좋을지 다소 막막한 느낌이 들 수도 있습니다.

핵심은 사실 C-Rank라기 보다는 '검색으로 유입된 방문자들을 만족시키는 데' 있습니다. 그런 포스팅을 작성하는 방법에 대해서는 수학문제를 풀듯 딱 떨어지는 해답이 없습니다. 하지만 검색 이용자들이 여러분 블로그에 쌓아둔 정보를 좀 더 효과적으로 열람하게 만들 수는 있습니다. 이렇게 함으로써 더 많은 방문자들이 더 많은 포스팅을 열람하고 더 오래 머물게 만들어서 블로그에 작성해놓은 정보를 더 많이 알게 되고 진가를 발견하게 만들어준다면, 그것이 바로 C-Rank와 검색 이용자의 만족 그리고 마케팅 효과를 모두 달성하는 길이 될 것입니다.

① 사람들이 많이 클릭하는 제목을 작성하라

먼저 화면에 검색결과가 나타났을 때 검색 이용자들이 여러분의 블로그로 유입되는 것이 중요합니다. 이것이 달성되지 않으면 여러분의 블로그에 아무리 좋은 정보를 많이 쌓아놓아도 아무런 소용이 없으니까요. 검색 이용자들을 여러분의 블로그로 유입되도록 만든다는 것은 바로 여러분의 포스팅을 클릭하게 만드는 것을 의미합니다. 그럼 검색 이용자들이 검색결과 화면에서 어떤 문서를 클릭할지 결정하는 요소는 무엇일까요?

바로 그 문서의 '제목'입니다. 그밖에 대표 사진과 제목 밑에 표시된 본문의 일부 텍스트 정도가 하나의 결정요소가 될 수 있지만, 역시 클릭을 좌우하는 가장 큰 요소는 제목입니다. 네이버에서는 제목을 작성할 때 내용을 대표할 수 있으며 명확하고 간결하게 작성하라고 권고하고 있습니다. 물론 이것은 제목이 기본적으로 갖추어야 할 방향이기도 합니다.

하지만 블로그에 열심히 쌓아놓은 콘텐츠를 효과적으로 어필하기 위해서 여러분은 여기서 한걸음 더 나가야 합니다. 바로 다른 문서들보다 더 많은 클릭을 이끌어내는 제목을 작성해야 하는 것이지요. 그럼 제목을 어떻게 작성해야 다른 포스팅보다 많은 클릭을 받을 수 있을까요?

핵심은 바로 '호기심'입니다. 보는 사람이 호기심이 생기도록 제목을 작성한다면 그것을 클릭하게 만들 수 있습니다. 여기에 대해서는 알아야 할 내용이 많으므로 별도의 구성을 통해서 자세하게 설명하겠습니다. '상단노출을 위한 포스팅 작성방법' 편(130쪽)에서 키워드 중심으로 간결하게 제목을 작성하는 기본기를 다지고, '기가 막힌 제목을 만드는 방법' 편(268쪽)을 통해서 사람들이 너도나도 클릭하는 제목을 어떻게 작성할 수 있는지 살펴보기 바랍니다.

② 연재형식으로 작성하라

제목을 클릭하게 만들었다면 이제 블로그에 방문자를 유입시키는 데는 성공했습니다. 하지만 여기서 멈춘다면 그동안 애써 블로그에 쌓아온 정보를 방문자에게 알려주기가 힘듭니다. 한 번 방문자를 유입시켰으면 그 방문자가 관련된 다른 포스팅을 연속으로 계속해서 열람하게 만들어야 합니다. 이렇게 되면 자연적 방문자가 블로그에 머무는 체류시간도 길어지게 됩니다. 바로 이 과정에서 C-Rank 점수가 올라가고 마케팅 효과가 나오며 블로그가 저품질에서 멀어지는 것입니다.

관련된 포스팅을 연속으로 계속 열람하게 만드는 데 있어서 가장 좋은 방법은 바로 포스팅을 '시리즈(연재) 형식'으로 작성하는 것입니다. 필자도 이러한 연재 형식으로 포스팅을 작성했기 때문에 방문자 한 사람이 때로는 30개 이상의 포스팅을 열람하도록 만들 수 있었고, C-Rank 점수에서도 우위를 점할 수 있었습니다.

이렇게 연재 형식을 취할 때는 매 편마다 반드시 이전 편의 짤막한 소개와 함께 그 포스팅으로 이동하는 링크를 넣어주는 것이 좋습니다. 이런 링크를 통해서 다른 포스팅까지 연쇄적으로 열람하게 되기 때문입니다.

③ 자연스러운 내부 링크

연재 형식으로 포스팅을 작성하는 방법도 좋지만, 이와 비슷한 방법이 하나 더 있습니다. 바로 포스팅 본문 중에 관련된 다른 포스팅으로 이동하는 링크를 제시하는 방법입니다. 이렇게 하면 포스팅 중간에 자연스럽게 링크가 등장하고, 내용이 관련되어 있으므로 포스팅을 열람하던 방문자가 그 링크를 클릭해서 다른 포스팅도 보게 될 확률이 높아지는 것입니다.

이것을 바로 '내부 링크'라고 부르는데, 이 내부 링크를 이용해 각 포스팅들이 거미줄처럼 연결되도록 구성하면 효과가 좋습니다. 다만 이러한 링크를 너무 과도하게 제시하면 방문자들에게 좋은 반응을 얻을 수 없으므로 본문의 흐름을 깨지 않을 정도로 적당히 제시해야 합니다.

이렇게 방문자를 한번 유입시켰으면 여러분의 블로그 내에서 끊임없이 돌도록 만드는 것이 중요합니다. 이것 또한 중요한 내용이므로 '좀 더 강력한 블로그를 만드는 방법' 편(96쪽)을 통해 예제와 함께 자세하게 설명해놓았습니다.

④ 정보성 콘텐츠 형식을 취하라

네이버에서 밝힌 '블로그 노출순위 결정을 위해 C-Rank가 참고하는 데이터'를 분석해보면 일반적인 웹사이트가 구글이나 야후와 같은 검색엔진에 원활하게 노출되도록 하기 위해서 갖추어야 할 조건인 검색엔진최적화(SEO)와 비슷한 항목이 눈에 띕니다. 그 중 하나가 바로 '체인 스코어(Chain Score)'입니다.

체인 스코어는 앞서 설명한 것처럼 웹문서, 웹사이트, 뉴스 등 외부의 다양한 곳에서 여러분의 블로그 내용을 얼마나 인용하고 있으며, 블로그로 유입되는 링크가 얼마나 많이 분포하고 있는가를 주요 평가요소로 삼고 있습니다. 구글 검색엔진최적화에서도 용어만 다를 뿐 이와 비슷한 내용이 있으므로, 많은 전문가들은 이미 예전부터 네이버도 이와 같은 항목을 문서평가에 활용할 것이라는 예상을 해오고 있었습니다.

그렇다면 도대체 어떻게 해야 외부의 웹페이지에서 여러분의 블로그를 많이 언급하고 링크를 게시해줄까요? 물론 유용하고 전문적인 정보를 제공해야 한다는 사실은 여러분도 잘 알고 있습니다. 그런데 그 이상의 노하우는 없을까요?

이와 관련해 평소 인터넷상에서 많이 인용되고 추천받는 웹페이지를 관찰하다 보면 한 가지 공통적인 특징을 발견할 수 있습니다. 바로 그 콘텐츠의 형식 자체가 정보성 콘텐츠의 형태를 띠고 있다는 것입니다.

즉, 다음 쪽 그림처럼 같은 정보를 제공하더라도 산문형식으로 글을 쭉 풀어서 쓰기보다는 해당 정보에 소제목을 붙이고 그 밑으로 각 항목별 리스트를 만들어서 일목요연하게 쭉 나열하면 훨씬 더 눈에 잘 들어오고 누군가 인용하거나 스크랩하기가 훨씬 더 용이합니다.

또 리스트를 만들 수 없는 간단한 팁 같은 경우 173쪽 그림과 같이 네이버 스마트 에디터 3.0에서 제공하는 '인용구'기능을 이용하여 깔끔하게 틀을 만들고 그 안에 한줄 팁의 형식으로 작성해줄 수도 있습니다. 이러한 정보성 콘텐츠 형식을 취하고 그 주변에 관련된 사진을 함께 넣어준다면 보는 사람에게 더욱더 유용한 정보가 될 수 있습니다.

보통 방문자들이 포스팅을 열람할 때는 글은 읽지 않고 사진만 보면서 스크롤

• 산문 형태로 쭉 풀어서 작성한 포
  스팅

이탈리안 디너 코스에서는 파스타를 메인요리로 먹는게
아니고 전채요리를 먹은 후, 메인 요리인 스테이크가 나오기
전에 먹는 이를테면 중간 결차적인 요리입니다. 파스타는
이런 위치에 있는 음식이기 때문에 그 자체로서 양이 많거나
화려하지 않고 아주 단순하고 가볍습니다. 그리고 고급 리스
토란테가 아닌 캐주얼한 식당에서는 이러한 프리모 피아토,
세콘도 피아토를 간편하게 한 접시에 담아서 스테이크 옆에
사이드 형식으로 파스타를 곁들여 먹는 경우도 많습니다.
오늘날 한국에서 메인 요리로서만 발전한 화려하고 양이 많은
파스타와는 대조적인 모습이지요. 정통 이탈리안 파스타의
모습을 보면 소스가 많거나 흥건하게 담겨 있지 않습니다.
소스는 그저 파스타에 묻어 있는게 거의 전부입니다. 세콘도
피아토인 스테이크 등의 메인디쉬가 나오기 전에 먹는 코스이
기 때문에 한국의 파스타처럼 화려한 토핑도 찾아볼 수 없고
그 자체로만 보면 단순하고 소박하기 이를데 없습니다.

→ 유용한 정보를 담고 있지만, 정보를 제공하는
형태가 산문 형식으로 길게 풀어져서 여기저기
흩어져 있으므로 외부에서 인용이 활발하게 이루
어지기 어렵습니다.

• 노하우에 소타이틀과 번호를 매겨서
  일목요연하게 작성한 포스팅

○정통 이탈리안 디너의 구성과 순서

①안티파스토, 아페리티보(전채요리, 음료)
②프리모 피아토(첫번째 접시 - 주로 파스타)
③세콘도 피아토(두번째 접시 - 스테이크, 생선 등)
④돌체(디저트)

이탈리안 디너 코스에서는 파스타를 메인요리로 먹는게
아니고 전채요리를 먹은 후, 메인 요리인 스테이크가 나오기
전에 먹는 이를테면 중간 결차적인 요리입니다.
(중간생략)

○이탈리안 디너에서 파스타의 의미와 특성

①파스타는 주로 프리모 피아토로 먹는다.
②메인요리가 아니기 때문에 단출하고 양이 적다.
③소스는 파스타에 겨우 묻을 정도의 양이다.
④토핑이 없고 전체적으로 매우 단순하다.
⑤캐주얼한 식당에서는 메인요리 한쪽에
   사이드로 곁들여 먹기도 한다.

정통 이탈리안 파스타의 모습을 보면 소스가 많거나
흥건하게 담겨 있지 않습니다. 소스는 그저 파스타에
묻어 있는게 거의 전부입니다. (중간생략)

→ 정보가 한눈에 들어오도록 본문 중간 중간에
리스트 형식으로 정리되어 있습니다. 이렇게 구
성하면 외부에서 인용이 활발하게 이루어지므로
체인 스코어(Chain Score)가 높아집니다.

을 쭉쭉 내리는 경우가 많습니다. 그런데 본문 중에 이런 정보가 나오면 잠시 스크
롤을 멈추고 읽어보게 되는 효과도 얻을 수 있습니다. 스크롤을 멈추고 무언가를
읽게 만든다는 것은 방문자들의 반응이 좋아진다는 사실을 의미합니다. 이와 같이
똑같은 정보를 제공하더라도 중간 중간에 내용을 노하우 목록이나 한줄 팁으로 정
리해주는 것만으로도 외부의 인용을 촉진시키고 문서의 품질을 높일 수 있습니다.

→ 목록을 만들 수 없다면 한줄 팁과 같은 형식으로 제공합니다.

⑤ 포스팅 첫머리가 중요한 이유

포스팅에 유입된 방문자들은 대부분 포스팅에 작성된 텍스트까지 자세하게 읽어볼 의지가 없는 경우가 많습니다. 그저 사진만 보고 자기가 필요로 하는 내용이 혹시 있나 하고 빠른 속도로 눈으로 스캔하면서 스크롤을 쭉쭉 내려갈 뿐입니다. 이런 양상은 PC보다 콘텐츠 열람환경이 열악한 모바일기기일수록 두드러지게 나타납니다.

만약 여러분의 블로그에서 이렇게 스크롤을 쭉쭉 내리다가 방문자가 나가버리는 패턴만 계속된다면 그런 행동을 면밀하게 주시하고 있는 네이버 알고리즘으로부터 좋은 점수를 받을 수 없고, 저품질에 점점 가까워집니다. 그렇다면 어떻게 해서든 방문자가 스크롤을 멈추고 무언가를 읽으면서 가능한 한 오랜 시간을 머물게 만들어야 합니다.

　이렇게 하기 위해서는 포스팅의 첫머리부터 눈길을 끄는 화두를 던지는 것이 좋습니다. 이런 강력한 화두는 주로 의문문의 형태를 취하고 있습니다. 따라서 가능하다면 핵심이나 결론을 궁금하게 만드는 질문을 던지는 식으로 포스팅 첫머리를 시작하는 것이 좋습니다. 포스팅을 대충 보는 사람이라도 가장 첫머리에 큰 글씨로 나오는 타이틀 형식의 텍스트는 읽어보기 마련입니다. 만약 그 타이틀로 주의를 끄는 데 성공한다면 방문자들이 좀 더 관심 있게 내용을 읽어볼 것이고, 주의를 끄는 데 실패한다면 방문자들이 거의 탐색모드가 되어서 스크롤을 쭉쭉 내리게 될 것입니다. 이와 함께 포스팅 중간에도 눈길을 끄는 소타이틀로 계속 주의를 환기시키는 것이 좋습니다.

- 첫머리에 소제목 없이 밋밋하게 글만 풀어서 쓴 모습

- 첫머리에 소제목으로 강력한 화두를 던지는 모습

프리 스쿼트 vs 스미스머신

피트니스 센터에서 스쿼트를 할 때 흔히 스미스머신을 이용합니다.
이 스미스머신으로 스쿼트를 실시할 때는
바벨만으로 프리 스쿼트를 하는 것과 비교해서 몇가지 차이점이 있습니다.
프리스쿼트는 오로지 자기의 몸을 이용해서 바벨 전체의 중량을 지지해야 하므로
다리근육은 물론이고 거의 전신의 근육을 골고루 사용합니다.
하지만 스미스머신을 이용해 스쿼트를 하게 되면
다리 앞면에 위치한 대퇴사두근의 네 갈래 중 어느 하나만 발달될 수 있는데
이것이 바로 문제를 야기시킬 수 있는 것이지요.
이 네 갈래의 근육 중 가장 안쪽에 있는 근육이 다른 근육에 비해 자극을 받지 못해서
발달을 하지 못하면 무릎의 슬개골이 비정상적으로
한쪽으로 당겨지게 되고 결국 무릎 통증을 호소하게 됩니다.
이런 슬개건동통증후군 환자들을 보면 주로 스미스머신으로 인한 잘못된 자세로
스쿼트를 하다가 병원을 찾게 되는 경우가 많습니다.

프리 스쿼트 vs 스미스머신

" 스미스머신이 몸을 망치는 이유는? "

피트니스 센터에서 스쿼트를 할 때 흔히 스미스머신을 이용합니다.
이 스미스머신으로 스쿼트를 실시할 때는
바벨만으로 프리 스쿼트를 하는 것과 비교해서 몇가지 차이점이 있습니다.
프리스쿼트는 오로지 자기의 몸을 이용해서 바벨 전체의 중량을 지지해야 하므로
다리근육은 물론이고 거의 전신의 근육을 골고루 사용합니다.
하지만 스미스머신을 이용해 스쿼트를 하게 되면
다리 앞면에 위치한 대퇴사두근의 네 갈래 중 어느 하나만 발달될 수 있는데
이것이 바로 문제를 야기시킬 수 있는 것이지요.
이 네 갈래의 근육 중 가장 안쪽에 있는 근육이 다른 근육에 비해 자극을 받지 못해서
발달을 하지 못하면 무릎의 슬개골이 비정상적으로
한쪽으로 당겨지게 되고 결국 무릎 통증을 호소하게 됩니다.
이런 슬개건동통증후군 환자들을 보면 주로 스미스머신으로 인한 잘못된 자세로
스쿼트를 하다가 병원을 찾게 되는 경우가 많습니다.

→ 본문 내용까지 읽게 만들 계기가 부족합니다.

→ 포스팅 첫머리부터 눈길을 끄는 타이틀을 배치함으로써 방문자가 본문 내용까지 읽게 만드는 계기를 만들어줍니다.

참고로 이와 같이 방문자들이 포스팅을 보는 내내 주기적으로 주의를 환기시키는 방법은 영화나 드라마 같은 매체에서는 이미 오래전부터 사용되어온 일종의 법칙입니다. 영화들이 대부분 박진감 있는 장면으로 요란하게 시작하고 중간 중간에 관객들이 지루하지 않도록 긴장감을 고조시키는 장면을 배치한다는 사실을 상기하면 이해가 될 것입니다. 포스팅도 이와 같이 지루할 틈이 없도록 구성해야 합니다.

⑥ 네이버 DB를 적극적으로 활용하라

C-Rank가 여러분의 블로그를 평가할 때는 때때로 네이버 DB에 구축된 자료를 참고합니다. 앞서도 설명했지만 이 DB는 일종의 온라인 백과사전과 비슷합니다. 여기에는 인물, 영화, 음악, TV방송, 서적 등 여러 가지 분야의 정보가 구축되어 있는데, 만약 여러분의 포스팅이 이와 관련된 주제를 다루고 있다면 C-Rank 알고리즘은 DB에 구축된 자료를 이용해 포스팅의 품질을 평가하는 데 일부 활용합니다.

따라서 여러분이 다루는 주제가 네이버 DB에 구축되어 있는 분야라면 관련 서비스에서 제공하는 소재나 정보들을 포스팅에 풍부하게 활용하는 것이 좋습니다. 예를 들어 여러분이 영화에 대한 포스팅을 작성한다면 여기에 대한 네이버 DB인 네이버 영화 서비스(http://movie.naver.com)를 활용하는 식입니다. 여러분의 포스팅을 여기서 제공하는 내용과 서로 유기적으로 얽히도록 작성해서 좀 더 유용한 정보가 되도록 해주면 됩니다.

다음은 이와 관련한 몇 가지 예시입니다. 이러한 예를 적당히 응용하고 확장해 보기 바랍니다.

① 기본적으로 포스팅 작성 화면에서 글감 첨부 기능을 이용하여 해당 영화의 기본 정보를 삽입합니다.
② 네이버 영화 서비스에서 소개하는 해당 영화의 제목, 감독 이름, 등장인물 이름, 배우 이름, 배역 등의 키워드를 본문 중에 자연스럽고 풍부하게 언급하며 포스팅을 작성합니다. 다만 이런 키워드를 억지로 끼워 넣거나 생각 없이 단순 나열하는 방법은 바람직하지 못합니다. 이 키워드들에 대해서 정보를 좀 더 수집하고 여기에 대한 여러분만의 의견이나 평가를 곁들임으로써 자연스럽게 문장 속에 키워드가 포함되도록 작성한다면 이것만으로도 그 포스팅은 훨씬 더 유용한 정보가 될 것입니다.
③ 네이버 영화 서비스에서는 감독이나 배우의 필모그래피 정보도 제공하므로, 필요하다면 이러한 정보들도 본문에 넣거나 해당 페이지로 이동하는 링크를 제공합니다.
④ 네이버 영화 서비스에 소개된 영화 동영상을 포스팅에 삽입하고 이에 대한 솔직한 평가를 덧붙입니다.

위와 같이 네이버 DB에서 제공하는 정보를 좀 더 적극적으로 이용하여 같은 내용이라도 검색 이용자를 더욱 만족시키는 방향으로 포스팅을 작성한다면 신뢰도 평가에서 유리한 점수를 얻을 것입니다. 다만 영화 스토리와 같은 텍스트 정보를 그대로 베끼거나 복사해서 붙여넣기 하는 방법은 독창성이 떨어지고 유사도가 올라가는 악영향을 주므로 피해야 합니다.

⑦ 공식 블로그
최근 블로그 서비스 개편과 관련하여 파워블로그 제도 폐지와 함께 또 한 가지 주목해야 할 사항은 바로 공식 블로그 제도가 새로 생겼다는 점입니다. 공식 블로그로 지정되면 그 공신력 및 신뢰도를 인정하여 해당 분야의 검색노출에 있어 가산점을 부여하는데, 현재 검색노출 현황을 관찰해보면 일반 블로그보다 대단히 유리해보입니다. 따라서 여러분이 공식 블로그 자격조건을 충족한다면 반드시 신청

하는 것이 좋습니다. 공식 블로그로 지정받기 위한 자격조건 및 절차 등은 네이버 공식 블로그 페이지(http://section.blog.naver.com/OfficialBlog.nhn?currentPage=1)에서 확인할 수 있습니다.

10

소문의 진실,
네이버가 밝힌 내용

    이 책의 초판이 출판될 때까지만 해도 네이버에서는 인터넷상에서 떠도는 수많은 블로그 관련 소문들에 대해 구체적인 답변이나 해명을 거의 내놓지 않았습니다. 블로그, 카페, 지식인 등의 막강한 자체 콘텐츠는 오늘날의 네이버가 가진 지배적 영향력의 핵심 기반이라고 할 수 있는데, 이러한 콘텐츠를 생산하는 주체인 이용자들과 거의 소통을 하지 않은 것이지요.

    그러던 네이버가 2016년부터 돌연 네이버 검색 공식 블로그(http://searchblog.naver.com)를 통해 그동안 인터넷상에서 떠돌던 블로그 검색에 관한 여러 가지 소문에 대한 해명을 하기 시작했습니다. 여기에는 구체적인 소문의 종류와 그에 대한 진위 여부 그리고 나름의 설명이 포함되어 있습니다. 한편으로는 어느 정도 진실이 밝혀진 부분도 있고 다른 한편으로는 실제 블로거들이 겪어왔던 여러 가지 경험적 사실과 의문의 현상들에 대해 다소 한계가 있는 답변에 그쳐 아쉬운 부분도 있습니다. 또한 이렇게 밝힌 사실들은 네이버가 추구하는 방향을 기준으로 작성되었기 때문에 마케팅을 목적으로 블로그를 운영하는 여러분들이 이를 받아들이는 데 있어서 다소의 해석이 필요해보입니다.

그렇다면 네이버에서 어떤 사실을 밝혔으며, 효과적인 블로그 마케팅을 진행하고자 하는 여러분은 이를 어떻게 받아들여야 할지에 대한 해석을 함께 정리해보겠습니다.

(1) IP때문에 블로그가 저품질되나?

인터넷을 떠도는 소문에 의하면 홍보성 포스팅을 작성할 때는 제재이력이 없는 깨끗한 IP를 이용해서 포스팅해야 한다는 말이 있습니다. 필자는 이 소문을 있는 그대로 받아들이지는 않지만, 이 책에서도 과거에 블로그, 카페, 지식인 활동을 하다가 제재를 받은 IP를 사용하면 분명 위험하다고 경고한 바 있습니다.

이에 대해 네이버가 밝힌 답변에 따르면, IP를 스팸 판독에 이용하는 것은 맞지만, IP만으로 무조건적인 제재를 가하지는 않는다고 합니다. 블로그를 처음 만드는 과정부터 운영방식까지 모두 종합해보았을 때 다른 여러 가지 스팸성 특징이 함께 나타나는 경우에만 제재를 가한다는 것이지요. 다만 비슷한 IP에서 과도하게 많은 아이디를 이용해서 여러 가지 패턴의 포스팅이 작성된다면 이는 IP만으로도 스팸문서로 판별될 수 있다고 덧붙이고 있습니다.

하지만 여러분이 작성하는 포스팅이 스팸성을 가지고 있지 않더라도 무언가를 마케팅하기 위해 블로그를 운영하다보면 의도치 않게 스팸문서의 패턴과 유사한 특징이 나타날 수 있습니다. 이런 상황에서 만약 여러분이 사용한 IP가 제재이력까지 있다면 결국 스팸 필터에 의해 제재를 받을 가능성이 있는 것입니다. 따라서 가능하다면 제재이력이 없는 IP를 선택하는 것이 더 안전하다 할 수 있습니다.

참고로 필자의 경우 어차피 블로그를 다량으로 운영하지 않으며, 홍보성보다는 정보성 콘텐츠로 채우기 때문에 IP는 사실상 신경 쓰지 않고 있으며 그로 인한 문제도 발생한 적이 없습니다.

(2) 포스팅 수정, 과연 괜찮은가?

흔히 블로거들 사이에서는 이미 작성한 포스팅을 수정하면 좋지 않다는 소문이 있습니다. 이와 관련해 네이버에서 밝힌 바에 따르면 이미 작성한 포스팅을 수정하는 것은 아무런 문제가 없다고 합니다.

하지만 이에 대해서는 좀 더 설명이 필요합니다. 포스팅을 수정하면 네이버 시스템 내부적으로는 글을 다시 작성한 것과 비슷한 처리과정을 거치게 됩니다. 만약 여러분이 그동안 작성해온 수많은 포스팅에 들어간 여러분의 상호명을 수정해야 한다거나, 제품의 모델명이나 스펙에 오류가 있어서 이를 바로잡아야 한다거나, 혹은 더 이상 공개하면 곤란한 정보가 있어서 수많은 포스팅을 한꺼번에 수정한다고 가정해보겠습니다.

이런 경우 글 하나를 수정하는 데 걸리는 시간은 그리 길지 않으므로 짧은 시간에 많은 포스팅을 수정하게 될 것입니다. 이는 결국 네이버 시스템상으로는 짧은 시간에 과도한 포스팅을 발행한 것과 비슷한 처리과정을 거치게 되는데, 여기서 문제가 발생할 수 있습니다. 해당 아이디로 작성된 포스팅이 검색결과에서 모두 사라지는 저품질 혹은 스팸 필터링에 의한 검색누락 현상이 일어나는 것입니다.

과거 필자는 이와 같은 문제를 경험했으며, 결국 해당 아이디를 포기할 수밖에 없었습니다. 이렇듯 한꺼번에 다량으로 이루어지는 수정은 제재 혹은 스팸 필터링으로 이어질 수 있기 때문에 자세한 설명 없이 단순히 '수정을 해도 괜찮다'고 하는 것은 다소 부족한 결론입니다.

반면에 다량이 아닌 개별적으로 이루어지는 수정은 일반적으로 문제를 발생시키지 않습니다. 다만 수정 시 검색노출 순위가 변동될 가능성이 있는 만큼, 상단노출이 되고 있는 상황이라면 노출순위가 떨어지는 상황을 막기 위해 수정을 자제하는 것이 좋기는 합니다.

(3) 일상 포스팅은 정말로 매일 해야 하나?

네이버에서는 홍보목적이 있는 블로그는 일상 소재의 글을 매일 올려야 한다는 소문에 대해서도 해명했습니다. (다른 블로그와 다르게) 홍보목적이 있는 블로그는 일상 포스팅을 매일 올려야 한다는 소문은 사실과 다르며, 네이버에서는 이런 블로그를 다른 블로그와 차별하지 않는다고 밝히고 있습니다.

이 책에서도 포스팅은 매일하는 것이 좋다고 소개하고 있지만, 이 '매일'에 어떤 법칙이 있어서 하루를 건너뛴다고 해서 불이익이 생기지는 않습니다. 다만 블로그의 활동성 또한 품질평가에 영향을 미치게 되므로 블로그 활성화를 위해서는 신규 발행되는 포스팅의 양이 어느 정도 확보되어야 합니다. 필자가 매일 포스팅을 하라고 한 것도 바로 이 '어느 정도'에 대한 구체적인 기준을 제시하는 것일 뿐입니다. 다시 말해 대략적으로 하루 평균 1~2개꼴로 포스팅을 작성하면 블로그 활성화에 필요한 기본적인 콘텐츠 생산량을 충족한다고 볼 수 있다는 것이지요.

하지만 일부 인터넷상의 소문은 이와 다르게 하루라도 건너뛰면 임무달성을 못했으므로 마치 수학공식처럼 블로그 활성화가 안 된다는 식으로 설명하고 있는데, 네이버에서는 이런 점을 사실과 다르다고 지적한 것으로 보입니다. 여기에 대해서는 필자도 같은 생각입니다.

(4) 복사해서 붙여넣기로 포스팅해도 괜찮을까?

포스팅을 복사해서 붙여넣기 식으로 작성하는 방법이 좋지 않다는 것은 블로거들 사이에서 널리 알려진 사실입니다. 네이버의 답변에 따르면 어쩌다 1~2개 정도의 포스팅을 복사+붙여넣기로 작성하는 것은 아무런 문제가 없다고 합니다. 하지만 이러한 포스팅이 다량으로 계속 반복된다면 사람이 아닌 기계가 자동으로 작성한 스팸문서로 간주하여 검색결과에서 제외시키고 있다고 합니다. 따라서 복사+붙여넣기를 이용하여 포스팅하더라도 어쩌다 한 번씩만 이용하는 것이 좋으며, 자주 이용하는 것은 위험할 수도 있습니다.

(5) 댓글, 공감, 스크랩은 검색결과 순위에 영향을 미치는가?

네이버가 밝힌 답변 중에서 블로거들이 가장 이해할 수 없는 부분이 바로 흔히 스댓공이라 부르는 댓글, 공감, 스크랩에 대한 사항입니다. 네이버에서는 댓글, 공감, 스크랩이 검색노출 순위에 직접적인 영향을 주지 않는다고 밝히고 있습니다. 하지만 블로거들은 오랫동안 겪어온 공통적인 경험에 의해 댓글, 공감, 스크랩이 이루어지면 그렇지 않은 경우보다 검색노출 순위가 올라간다는 사실을 알고 있습니다. 다만 C-Rank가 도입되면서 이러한 영향이 다소 줄어들었을 수는 있지만 여전히 관계가 있다는 것이 많은 블로거들과 필자의 공통적인 견해입니다.

다만 C-Rank 점수를 계산하는 데 있어서는 스댓공이 큰 영향을 주지 않는 것으로 보입니다. 이와 관련해서는 'C-Rank 분석결과 공개' 편(161쪽)에서 자세하게 다루고 있습니다.

(6) 저품질 블로그와 이웃하면 내 블로그도 저품질되나?

이 역시 블로거들 사이에서 널리 퍼져있는 소문입니다. 내 이웃 중에 저품질 블로그가 많으면 내 블로그도 저품질에 빠질 가능성이 높아진다는 것이지요. 네이버에서는 당연히 이런 현상은 없으니 안심하고 이웃활동을 하라고 답변하고 있습니다. 필자는 이러한 네이버의 답변에 공감합니다.

단순히 저품질 이웃이 많다고 해서 여러분의 블로그까지 저품질이 되지는 않습니다. 다만 이웃들 중 다수가 한꺼번에 엮여 저품질에 빠질 때는 여러분의 블로그도 위험할 수 있습니다. 한때 블로거들끼리 서로 짜고 일부러 댓글, 공감, 스크랩을 해주는 이른바 '품앗이'가 유행했던 적이 있습니다. 이 품앗이가 너무 기승을 부리자 네이버에서는 품앗이를 진행하는 블로그들을 자동으로 색출해서 해당 품앗이 그룹을 함께 엮어 한꺼번에 제재를 가하게 되었습니다.

그런데 이런 경우 알고리즘의 허점 때문에 엉뚱한 블로그가 피해를 볼 수 있습니다. 예를 들어 A라는 블로그가 활발하게 교류하는 이웃 중에 상당수가 서로 품앗이를 진행할 경우 A라는 블로그는 품앗이에 참여하지 않았지만 그 그룹과 왕래가 잦고 서로 댓글을 많이 주고받았다는 이유로 엉뚱하게 함께 엮여서 저품질에 빠지게 되는 것입니다. 물론 이렇게 피해를 입는 경우는 그리 많지 않으니 너무 걱정할 필요는 없습니다. 하지만 만약 여러분의 이웃들 중에 상당수가 이런 품앗이를 서로 주고받는 것을 발견하면 만약을 위해서라도 그들과는 왕래를 하지 않는 것이 좋다고 조언하고 싶습니다.

(7) 좋은 글을 스크랩해오면 내 블로그가 검색결과에 잘 노출된다?

좋은 글을 내 블로그로 많이 스크랩해와서 내 블로그로 유입된 방문자들의 체류시간을 늘리는 등 만족도를 높이면 내 블로그가 검색결과에 잘 노출된다는 소문이 있는 듯합니다. 하지만 다른 출처에서 내 블로그로 스크랩해 온 글은 자동으로 검색결과에서 노출되지 않도록 되어 있기 때문에 이런 포스팅으로 방문자들의 만족도를 늘리기란 사실상 힘듭니다.

네이버에서는 이런 활동은 검색순위에 도움이 되지 않는다고 답변하고 있고, 필자의 생각도 같습니다.

(8) 저품질에 빠지면 블로그를 포기해야 하나?

오랜 시간 동안 검색결과에 정상적으로 노출되며 잘 운영되던 블로그가 어느 날 갑자기 검색결과에서 사라지고 방문자수도 곤두박질치는 저품질에 빠지면 어떻게 해야 할까요? 이 저품질은 사실 하나의 용어로 부르기 어려울 정도로 다양한 증상을 보이는데, 저품질에 빠졌다가도 금방 다시 복구되기도 하고 대단히 오래 걸리거나 아예 불가능한 경우도 있습니다.

네이버에서는 이런 경우 굳이 블로그를 바꾸거나 초기화시킬 필요는 없다는 답변을 내놓고 있습니다. 하지만 많은 블로거들은 이러한 답변에 불만을 보이고 있으며 필자도 공감하기 힘듭니다. 저품질에서 빠른 시간 내에 복구된다면 가장 좋겠지만 만약 한 달 이상 노력해도 나아지지 않는다면 차라리 그 블로그는 과감히 포기하고 새로운 블로그를 개설해서 운영하는 편이 더 효율적이고 정신건강에도 좋습니다.

다만 여러분의 블로그가 저품질에 빠지게 된 원인에 대해서는 어느 정도 파악해두는 것이 좋습니다. 그래야 똑같은 이유로 다시 저품질에 빠지는 일이 없을 테니까요. 만약 여러분의 블로그가 저품질에 빠졌다면 '블로그를 저품질에 빠뜨리는 구체적인 원인들' 편(217쪽)을 참고하여 원인을 찾아보기 바랍니다.

(9) 네이버 블로그 정기점검일에 검색 로직이 변경되나?

블로그 서비스가 정기점검을 하면 검색 로직에 변화가 생긴다는 소문이 있습니다. 이에 대해 네이버에서는 정기점검과 검색 로직 사이에는 직접적인 연관이 없다고 답변하고 있습니다. 그런데 이러한 답변에 대해 많은 블로거들이 의문을 제기하고 있습니다. 분명히 무언가 바뀔 때가 있다는 것이지요.

한편, 필자는 애초에 검색 로직 변화는 아예 신경을 쓰고 있지 않습니다. 검색 로직에 민감한 것은 상단노출 법칙을 필요 이상으로 파고들어 끊임없이 그것을 좇는 사람들에게 국한된 문제일 뿐입니다. 블로그가 유용한 정보를 제공하고 검색 이용자들을 만족시키는 포스팅으로 채워져 있다면 아무리 로직이 변해도 방문자 유입은 크게 변하지 않으며, 마케팅 또한 약간의 완급이 있을 뿐 크게 타격을 받지 않습니다. 반면에 블로그를 전단지식 홍보로 채운 다음 상단노출 법칙에만 매달린다면 검색 로직 변화가 두려울 것입니다.

필자는 검색 로직이 바뀌는 데 한 번도 신경 써본 일이 없고, 이 책을 보는 여러분도 마찬가지일 것이라고 생각합니다.

(10) 네이버 블로그가 티스토리 블로그보다 검색결과에 더 잘 노출되는가?

블로그 서비스는 네이버뿐만 아니라 다음이나 티스토리 등 많은 플랫폼에서 제공하고 있습니다. 하지만 네이버 검색에는 자사의 블로그인 네이버 블로그가 가장 검색노출이 잘 된다는 것이 정설입니다. 이것은 여러분이 평소 네이버에서 여러 분야에 걸쳐 검색을 두루 해보았다면 경험적으로 알 수 있는 사실입니다. 일부 키워드 분야에서는 네이버 블로그 외에 외부 블로그가 상단에 보이기도 하지만 그 외에는 모두 네이버 블로그가 검색결과 상단을 채우고 있습니다. 또한 검색량이 많은 키워드는 대부분 외부 블로그가 상단에 노출되기 힘든 반면, 상대적으로 포스팅 발행량이 적거나 검색량이 적은 세부 키워드에서 외부 블로그가 상단까지 올라오곤 합니다.

검색노출에 있어서 자사와 외부 블로그 간에 차별을 두지 않는다는 네이버의 답변에 필자는 공감도 반대도 하지 않습니다. 다만 검색결과에 나타나는 현상으로 보았을 때 결코 동등한 수준은 아닙니다.

11

저작권 무시하면 고소당하고 합의금 뜯긴다

이 내용을 다루기에 앞서 필자는 법률전문가가 아니며, 따라서 여기에 기술된 법률적 조언은 필자의 개인적 견해일 뿐, 법적인 타당성이 보장되는 것은 아니라는 전제를 둘 수밖에 없음을 양해해주기 바랍니다. 법률에 관련된 부분은 반드시 법률전문가에게 상담하기 바라며, 그러지 않아서 발생하는 피해는 필자나 출판사가 책임질 수 없습니다. 또한 아래에 기술하는 사례들은 일부 업체와 법무법인에만 해당하는 내용임을 미리 밝힙니다.

인터넷에서 구한 사진이나 폰트 등을 사용할 때는 저작권에 각별한 주의를 기울여야 합니다. 블로그나 카페, 쇼핑몰을 운영하다 보면 흔히 '이미지'라고 표현하는 사진과 폰트는 항상 필요한 존재일 수밖에 없습니다.

기본적으로 이미지(사진)는 직접 촬영한 것을 사용하는 것이 좋습니다. 만일 직접 촬영한 이미지가 없어서 유료 이미지를 구매해야 한다면, 같은 유료 이미지라도 사용기간이나 사용범위 등의 조건이 다를 수 있으므로 이런 조건들을 면밀하게 살펴보고 그 조건에 맞춰 사용해야 합니다. 그렇지 않으면 형사상 저작권법 위반이나 민사상 손해배상 청구대상이 될 수도 있습니다.

폰트는 유료폰트 여부를 확인해보고 유료라면 반드시 판매처를 찾아 정당한 대가를 지불하고 사용해야 합니다. 또한 무료폰트라고 하더라도 영리목적 여부, 인쇄 여부, CI 혹은 BI 사용 가능 여부 등, 무료 '사용범위'가 정해져 있는 경우가 있으므로 반드시 이를 확인하고 사용해야 합니다.

사실 이런 정도의 정보는 여러분도 이미 다 알고 있을 것입니다. 그런데도 필자가 군이 이렇게 고지식하게 강조하고 있는 이유는 무엇일까요? 언제부터인가 이미지나 폰트와 관련해 어이없이 공갈협박을 당하고 합의금을 뜯기는 피해사례가 많아졌기 때문입니다.

여러분도 알다시피 웹상에 돌아다니는 연예인 사진이나 그 밖의 이미지 혹은 폰트 등은 그냥 무단으로 웹에서 캡처하거나 다운로드한 것들이 많습니다. 이런 관행을 악용해 자사에서 판매하고 있는 이미지나 폰트를 사용하는 쇼핑몰이나 블로그, 카페를 찾아내 불법사용 여부도 확인해보지 않고 마구잡이로 내용증명과 고소를 남발해서 법적인 처벌을 빌미삼아 대상자들을 협박해 터무니없는 합의금을 뜯어 챙기는 악덕업체와 법무법인이 기승을 부리고 있습니다. 물론 이것은 전체가 아닌 일부 업체와 법무법인에 국한된 얘기이므로 오해가 없기를 바랍니다.

이들은 주로 자동으로 이미지나 폰트를 색출해주는 프로그램을 돌려서 자신들이 판매하는 이미지나 폰트를 사용하고 있는 사이트, 블로그, 카페 등을 찾아 리스트를 뽑습니다. 그리고 해당 업체와 연결된 법무법인에서는 미리 준비된 문서파일을 열어 익숙한 솜씨로 내용증명을 작성해서 리스트에 나와있는 대상자들에게 발송합니다. 대개 '귀하는 저작권법을 위반하여 범죄를 저지른 천인공노할 죄인이며, 형사처벌 대상으로써 5년 이하의 징역 혹은 5천만 원 이하의 벌금에 처해질 것'이라는 등의 협박을 서슴지 않지요.

법을 잘 모르는 일반인 입장에서는 이런 내용증명을 받았을 때 합리적으로 대응하기가 쉽지 않습니다. 이들은 이렇게 내용증명을 받은 상대가 잔뜩 겁을 먹은 상황에서 슬슬 속내를 드러냅니다. 마치 애써 자비를 베푸는 양 '합의'를 요구하는 것이지요. 그나마 합의조건이 가벼우면 천만다행이지만, 악덕업체와 법무법인도 매달 사무실 임대료를 내야 하고 직원들에게 꼬박꼬박 적지 않은 월급을 주어야 하므로 돈이 많이 필요합니다. 이런 상황에서 이들이 주로 요구하는 합의조건이 바로 평생 라이선스나 필요도 없는 여러 상품이 한데 묶여 있는 '종합 패키지' 등을 구매하라는 것입니다. 이러한 상품들에 말도 안 되는 엄청난 금액을 매겨 놓고 합의의 대가로 구매하라고 강요하는 것이지요. 사실 이런 황당한 패키지상품들은 처음부터 순수한 판매를 위해서가 아니라 법에 무지한 희생양이 걸려들면 형사처벌 운운하며 겁을 준 뒤 강매하기 위해 구성한 것들입니다. 때로는 상품 강매 대신 말도 안 되는 합의금을 요구하는 경우도 많습니다.

물론 많은 소프트웨어 개발·판매업체들이 이용자들의 지적재산권에 대한 이해 부족으로 인한 불법복제 때문에 피해를 보고 경영에 어려움을 겪고 있는 것은 사실입니다. 필자 역시 프로그램 개발자 출신이라서 이런 현실을 잘 알고 있습니다. 하지만 그렇더라도 불법사용 여부조차 확인해보지 않고 마구잡이로 내용증명을 남발하며 상대방의 무지와 약점을 이용해 우월적 지위를 점하고 거짓말과 협박으로 터무니없는 가격의 상품을 강매하거나 지나치게 많은 액수의 합의금을 뜯어내는 것은 옳지 못한 행동입니다. 이 책을 보는 독자들은 부디 저작권 관련법을 제대로 알고 준수해 이런 악덕업체와 법무법인의 어이없는 희생양이 되지 않기를 바랍니다. 이를 위해 저작권에 관해서 꼭 알아야 할 사실들을 하나씩 살펴보겠습니다.

1/ 사실 폰트는 아무나 막 쓸 수 있다. 그러나…

앞에서 유료폰트를 무단으로 사용하면 법적인 처벌을 받을 수 있다고 얘기했지만, 이 부분에 대해 좀 더 정확하게 알고 있어야 할 사항이 있습니다. 사실 글자의 모양인 폰트의 도안 자체는 법적인 보호를 받지 못합니다. 즉, 누군가 만든 폰트 자체는 아무나 막 써도 도의적인 문제가 있을 뿐, 적어도 법적인 문제는 없다는 것이지요.

그럼 도대체 뭐가 문제일까요? 바로 폰트를 담고 있는 '파일'입니다. 이 파일은 하나의 소프트웨어로 인정되므로 폰트파일을 무단으로 복제·전송(다운로드 포함)해 사용하는 경우 소프트웨어 불법복제에 해당되어 법적인 처벌을 받을 수 있습니다. 한마디로 폰트 자체는 문제가 없고, 그 폰트가 담긴 파일이 문제라는 것이지요. 따라서 만약 여러분이 디자인 외주업체에서 불법 복제한 폰트파일을 이용해 디자인한 쇼핑몰을 넘겨받을 때 폰트파일을 제외하고 작업결과물인 쇼핑몰만 넘겨받아 운용했다면 적어도 여러분은 저작권을 침해하지 않은 것이므로 법적인 책임을 질 필요가 없습니다. 이때 저작권 침해 당사자는 폰트파일을 불법복제해 사용한 디자인 외주업체입니다. 그런데 대부분의 사람이 이런 사실을 모르기 때문에 일부 법무법인에서 이러한 상황을 악용하는 사례가 많은 것입니다. 이런 사람들을 대상으로 '당신의 쇼핑몰에 이러이러한 폰트가 사용되었는데 폰트파일을 보유하고 있는지를 입증하지 않으면 저작권침해로 고소하겠다'는 내용을 담아 제법 공신력 있고, 마치 법원에서 발행한 고소장 내지는 판결문인 양 내용증명을 보내는 것이지요. 공신력은 개뿔, 내용증명은 워드만 다룰 줄 알고 우체국에서 등기만 보낼 줄 알면 누구나 써 보낼 수 있는 것입니다.

때로는 내용증명에 고소장이라고 써서 겁을 주는 경우도 있습니다. 이런 우편물을 받았다면 일단 그것이 어디에서 발송되었는지 잘 살펴보십시오. 만일 발송처가 법원이 아니라 법무법인이라면 그 내용증명은 아무런 법적인 효력이 없는 종이쪼 가리일 뿐입니다. 여러분이 이런 내용증명을 받더라도 그들이 지적한 불법복제된 폰트파일을 가지고 있지 않다면 아무런 법적인 문제가 없으므로 결코 고소니 형사 처벌이니 하는 말에 겁을 먹거나 합의금을 내놓을 이유가 없습니다.

그렇다면 만일 여러분이 정말로 불법복제된 폰트파일을 가지고 있다면 어떻게 해야 할까요? 이런 경우에도 여러분이 불법복제된 폰트파일을 보유하고 있다는 사실을 입증해야 하는 주체는 여러분이 아니라 바로 악덕업체나 법무법인입니다. 그런데도 그들은 교묘하게 문서를 꾸며서 마치 그것을 여러분이 증명해야 한다는 듯이 속이는 것입니다. 만약 여기에 속아 불법 폰트파일을 가지고 있음을 자백하는 경우 이들은 이것을 모두 녹취해 물증으로 확보함으로써 드디어 법적인 절차에 들어갈 준비를 모두 갖추게 됩니다. 그들은 이런 식으로 먹잇감을 낚아 수도 없이 고소를 남발하고 있습니다. 반면에 여러분이 폰트파일을 가지고 있음을 자백하지 않는 등 아무런 대응을 하지 않으면 법무법인에서도 이를 입증하기가 어려우니 그냥 흐지부지 포기하고 손쉽게 속아주는 다른 희생양을 찾아 내용증명을 계속 뿌려 댑니다.

이런 일이 오죽 기승을 부리면, 경미한 사안으로 저작권 침해사범이 계속 양산되는 것을 막기 위해 '저작권 교육조건부 기소유예제'라는 제도가 생기기까지 했습니다. 이것은 실제 저작권법을 위반했더라도 담당검사가 사안이 경미하다고 판단될 경우 일정 기간 저작권 관련 교육만 받으면 기소를 유예해서 형사처벌을 면하게 해주는 제도를 말합니다. 다만 형사처벌과는 별개로 민사상 손해배상 청구는 여전히 가능하다는 점에 유의해야 합니다. 또한 실제 법적인 절차에 들어가더라도 법무법인에서 과도하게 요구하는 합의금을 다 줄 필요가 없습니다. 분쟁조정제도를 이용해 얼마든지 적정한 선에서 합의금 조정이 가능하기 때문이지요. 이와 관련해서는 한국저작권위원회 심의조정팀에 문의하면 됩니다.

2/ 스팸메일처럼 뿌려대는 협박성 내용증명

사실 자신도 모르게 유료 이미지나 폰트를 무단으로 사용하는 업체나 개인이 많습니다. 특히 폰트 같은 경우 유료로 구매하기 보다는 인터넷에서 수백 개의 폰트가 압축되어 있는 파일을 다운받아 사용하는 경우가 많다 보니 어느 폰트가 불법으로 사용되고 있는지조차 인지하지 못하는 경우가 많습니다. 또한 소프트웨어를 설치할 때 자동으로 설치되는 폰트도 사용범위가 제한되어 있다는 점에 유의해야 합니다. 이런 경우 해당 소프트웨어에서 사용하는 것은 괜찮지만 같은 컴퓨터의 다른 소프트웨어에서 그 폰트를 사용하면 이용약관 위반이 되며, 그 폰트를 복제해 다른 컴퓨터에서 사용하면 저작권 위반이 됩니다.

고소 운운하며 협박해서 합의금을 뜯어내는 임무를 맡은 법무법인에서는 바로 이러한 상황을 악용해 내용증명을 수많은 업체에 남발합니다. 심지어 내용증명 발송 대상자 혹은 업체가 합법적으로 이미지나 폰트를 구매한 것인지도 확인해보지 않고 마치 스팸메일처럼 미친 듯이 내용증명을 뿌려대는 경우도 있습니다.

3/ 전화하는 순간 함정에 빠진다

일부 법무법인이 이미지나 폰트에 대한 합법사용 여부도 모르고 물증도 확보하지 못한 상태에서 무차별적으로 내용증명을 뿌려대며 가장 원하는 상황은 내용증명을 받은 당사자가 스스로 불법사용 여부를 '자백'하는 것입니다. 보통 법무법인으로부터 고소가 어떻고 법적인 처벌이 어떻고 하는 내용증명을 받게 되면 걱정이되어 피해자가 먼저 법무법인 측에 전화를 거는 경우가 많습니다. 이때 전화로 합의 또는 무단으로 다운받은 폰트를 가지고 있다는 취지의 말을 하게 되면 이것이바로 '자백'이 되어 버립니다. 그러면 처음부터 그러한 자백을 받기 위해 통화내용을 녹취하고 있던 법무법인 담당자에게 결정적인 물증을 제공하는 셈이 되어 그들의 잠재타깃을 넘어 본격적인 사냥감 리스트에 이름이 오르게 됩니다.

반면 앞서 설명했듯이 내용증명을 받은 당사자가 아무런 대응을 하지 않으면불법사용 여부를 법무법인에서 직접 밝혀야 하는데, 이것이 결코 만만한 일이 아닙니다. 일도 많고 절차도 까다로우며 결정적으로 불법 사실을 증명해서 승소한다하더라도 얻어 낼 수 있는 손해배상금은 일주일치 밥값 정도 밖에 안 되는 경우가많습니다. 이것이 바로 법무법인들이 재판에서의 승소가 아니라 협박 등을 통해말도 안 되는 금액의 합의금을 뜯어내거나 미친 금액의 패키지 상품 강매를 노리는 진짜 이유입니다.

만일 여러분이 어느 날 이런 우편물을 받는다면 먼저 어디에서 발송된 것인지를 잘 살펴보십시오. 만일 법무법인에서 보낸 것이라면 절대 아무런 대응을 하지말고 그냥 무시하면 됩니다. 반면에 법원에서 발송된 것이라면 이미 사건이 법원에 접수된 경우이므로 억울한 일을 당하지 않으려면 정해진 기간 내에 대응해야합니다. 이런 경우 가급적 신속하게 한국저작권위원회에서 법률상담을 받고 법적으로 대응해야 합니다.

4/ 출처를 밝히면 괜찮을까

　이미지 사용과 관련해 가장 많이 오해하고 있는 사례가 바로 출처를 밝히면 괜찮다는 생각입니다. 하지만 저작권이 있는 이미지를 사용했다면 아무리 출처를 밝히더라도 법에 위배되기는 마찬가지입니다. 사용자가 저작물의 출처를 밝혔다고 해서 저작권자의 저작권이 소멸되거나 사용자에게 권리가 생기지는 않기 때문이지요. 단지 굳이 법적으로 문제 삼을 의도가 없는 경우 '예의'상 출처를 밝히는 선에서 서로 문제 삼지 않겠다고 암묵적인 합의를 하는 관례 정도가 있을 뿐입니다. 이와 관련해 간혹 다음 그림과 같이 이미지에 저작권자가 CCL 표기를 해놓은 경우가 있습니다. CCL(Creative Commons License)이란 저작권자가 자신의 저작물에 대해 일정 조건의 범위 내에서 다른 사람이 자유롭게 이용할 수 있도록 허락하는 내용의 자유이용 라이선스를 의미합니다. 따라서 이미지에 CCL 표기가 붙어 있다면 출처를 표시하는 조건 하에 누구나 사용할 수 있습니다.

　CCL 표기에 기본적으로 포함되어 있는 사람 모양의 저작자 표시 아이콘이 바로 '출처를 구체적으로 표시하면 이용이 가능하다'는 의미입니다. 그리고 저작권자의 선택에 따라 '비영리 아이콘'을 붙이는 경우도 있는데, 이는 영리목적으로는 이용할 수 없다는 의미입니다. 이와 관련해 저작권법에는 다음과 같이 '저작재산권자는 다른 사람에게 그 저작물의 이용을 허락할 수 있고, 이용허락을 받은 자는 허락 받은 이용방법 및 조건의 범위 안에서 저작물을 이용할 수 있다'는 조항이 명기되어 있습니다.

제46조(저작물의 이용허락)
① 저작재산권자는 다른 사람에게 그 저작물의 이용을 허락할 수 있다.
② 제1항의 규정에 따라 허락을 받은 자는 허락받은 이용방법 및 조건의 범위 안에서 그 저작물을 이용할 수 있다.
③ 제1항의 규정에 따른 허락에 의하여 저작물을 이용할 수 있는 권리는 저작재산권자의 동의 없이 제3자에게 이를 양도할 수 없다.

한편, CCL과 관련해서는 몇 가지 표준이용 조건이 더 있으므로 아래 사이트에 접속해 확인해보기 바랍니다.

• https://creativecommons.org/licenses/

하지만 CCL 표기가 있다고 해서 마냥 안심하고 사용할 수는 없습니다. 이미지의 사용권은 저작권자 스스로 CCL 표기를 하거나 CCL 표기를 하는 데 명시적으로 동의를 해야만 효력이 생깁니다. 그런데 구글에서 이미지 고급검색 기능을 이용해 CCL 표기가 있는(재사용 가능) 이미지를 찾았다고 해도 CCL 표기를 저작권자 스스로 한 게 아니라 의도치 않게 붙은 경우도 있습니다. 구글은 여러 사이트에 흩어져서 게시된 이미지를 모아서 보여주기 때문에 이런 문제가 생길 수 있습니다.

반면에 플리커(flickr)는 대부분 저작권자, 즉 이미지를 촬영하거나 만든 사람이 직접 업로드하고, 이 과정에서 CCL 표기에 대한 동의가 이루어지기 때문에 상대적으로 CCL 표기에 대한 보장성이 강하다고 할 수 있습니다. 하지만 플리커에서도 저작권자가 아닌 엉뚱한 사람이 사진을 올리면서 CCL 표기를 한다면 해당 이미지를 사용한 사람이 법적 책임을 피할 수 없게 된다는 점에 주의해야 합니다.

5/ 영리목적으로 이용하지 않으면 괜찮을까

출처 표기에 대한 사항 다음으로 많이 하는 오해가 영리목적으로 사용하지 않으면 문제가 없지 않느냐는 것입니다.

컴퓨터 프로그램 저작물의 경우 가정과 같은 한정된 장소에서 비영리적이고 개인적으로만 이용하는 경우 저작권자의 허락 없이도 이용할 수 있으나, 이것은 어디까지나 저작권자의 이익을 부당하게 해치지 않는 범위 안에서만 그렇습니다. 반면에 폰트파일의 경우 비영리적으로 혼자만 사용하는 경우에도 저작권자의 이익을 부당하게 해친다고 판단하기 때문에 사용해서는 안 됩니다. 이미지도 마찬가지로 원칙적으로 비영리적인 목적이라 하더라도 블로그 등 웹상에 게시할 수 없도록 되어 있습니다. 다만 최근에는 경미한 사안으로 합의금을 뜯어내기 위한 악의적인 고소가 남발하자, 이런 사례에 한해 재판부에서 소송을 기각해버리는 경우도 많습니다.

6/ 유료로 구매했다고 안심하지 마라

앞서 설명한 것처럼 이미지나 폰트가 무료든 유료든 '사용범위'와 '사용기간'이 정해져 있는 경우가 많습니다. 따라서 이러한 사용범위를 벗어나 사용하거나, 사용기간 만료 후에 사용할 경우 형사상 저작권법 위반에는 해당되지 않더라도 이용약관 위반으로 민사상 손해배상이 청구될 수는 있습니다. 다만 이런 경우에 간혹 마치 형사처벌 대상인 양 꾸며대고 협박하는 법무법인이 있는데, 이런 파렴치한 거짓말에 절대 속지 말기를 바랍니다. 이용약관 위반행위는 어디까지나 돈으로 해결할 수 있는 민사상 손해배상 청구대상일 뿐, 소위 빨간 줄 긋는다고 표현하는 형사처벌 대상이 아닙니다.

그러면 일반인들이 민사상 손해배상 책임을 지게 되는 흔한 사례 하나를 살펴보겠습니다. 예를 들어 여러분이 이미지 판매 사이트에서 사용기간이 1개월인 이미지를 유료로 구매했다고 가정해보겠습니다. 이런 경우 여러분은 그 이미지를 해당 사용기간 중에 블로그 포스팅에 사용했으므로 영원히 문제가 없을 것이라고 생각하기 쉽습니다. 그러나 해당 사진이 포스팅에 삽입된 채로 사용기간이 만료되면 그 사진은 더 이상 웹상에 게시되어 있어서는 안 됩니다. '이미지를 사용한다'는 것은 포스팅에 삽입하는 행위는 물론, 포스팅에 이미 게시되어 유지되는 상태까지 모두 포괄하는 개념이기 때문입니다. 일부 이미지 판매업체에서 이런 점을 악용해 구매자들에게서 돈을 뜯어내는 경우가 있으니 각별히 유의하기를 바랍니다.

그렇다면 이런 경우 이미지 사용기간이 경과하면 블로그에서 사진을 삭제해야 하는데, 이미 한 번 게시해놓은 포스팅에 있는 사진을 삭제하기는 현실적으로 번거로운 일일 뿐 아니라, 포스팅을 너무 자주 수정하면 저품질에 빠질 위험도 있으므로 가능하면 피하는 것이 좋습니다. 따라서 블로그 포스팅 용도로 유료 이미지를 구매할 때는 사용기간에 별도의 제약이 없는 이미지를 구매해 사용해야 합니다.

참고로 이미지와 관련한 이러한 약관위반 사례는 주로 사용기한, 영리목적 여부, 웹용과 인쇄용 등으로 사용범위가 구분되는 데서 발생하는 경우가 많습니다. 또한 폰트는 영리목적 여부, CI 및 BI 사용 여부, 기기탑재 여부, 인쇄 여부 등에서 많이 문제가 됩니다.

7/ 동의를 받고 사용하면 괜찮을까

그럼 저작권자에게서 동의를 받고 이미지나 폰트를 사용하면 괜찮을까요? 앞서 설명한 것처럼 저작권법 제46조에 따르면 저작재산권자는 다른 사람에게 그 저작물의 이용을 허락할 수 있고, 이용허락을 받은 자는 허락 받은 이용방법 및 조건의 범위 안에서 저작물을 이용할 수 있게 되어 있습니다. 따라서 저작권자에게서 동의를 받았다면 원칙적으로는 사용이 가능합니다. 하지만 동의를 받을 때 서로의 인감이 날인된 명시적인 서면계약서를 작성해 확실한 물증을 남겨두어야 합니다. 이러한 물증 없이 단순히 구두로 동의를 받은 경우에는 이용허락을 받았음을 입증하기가 쉽지 않기 때문입니다. 예를 들어 기업이나 기관 등의 조직의 담당자에게서 문제 삼지 않을 테니 사용하라는 동의를 받고 이미지 등을 사용했는데, 만일 담당자가 바뀌면 어떻게 될까요? 과연 바뀐 담당자가 이처럼 사소한 부분까지 전임자에게서 인수인계 받아 확인해줄까요? 현실적으로 그렇지 않을 가능성이 높습니다. 따라서 저작권자에게서 저작물의 사용동의를 받을 때는 반드시 명시적인 서면계약서를 작성하는 것이 바람직합니다.

8/ 기자들이 그냥 퍼다 쓰니까 나도 한 번 써본다?

간혹 언론사의 기자들이 사진이나 이미지 자료 등을 원저작권자의 동의 없이 기사에 삽입하는 경우를 볼 수 있습니다. 기자들이 이럴 수 있는 이유는 다음과 같은 저작권법 조항이 있기 때문입니다.

> 제26조
> 방송·신문 그 밖의 방법에 의하여 시사보도를 하는 경우에 그 과정에서 보이거나 들리는 저작물은 보도를 위한 정당한 범위 안에서 복제·배포·공연 또는 공중송신할 수 있다.

하지만 이 조항은 일반인들에게는 적용되지 않으므로 기자들이 사용하니까 나도 괜찮겠지 하는 생각으로 해당 이미지 등을 동의 없이 사용해서는 절대 안 됩니다.

9/ 연예인 사진을 블로그에 써도 될까?

인터넷상에서 수없이 많이 떠도는 연예인 사진을 블로그 포스팅에 사용해도 괜찮을까요? 어떤 사람들은 해당 연예인 소속사에서 초상권으로 소송을 걸면 꼼짝없이 당할 수밖에 없다고 말하기도 합니다. 하지만 의외로 실제 판례를 보면, 연예인의 경우 초상권에 대해서는 권리인정을 받기가 힘듭니다. 연예인 자체가 누군가에게 사진을 찍히거나 그림으로 그려질 수 있는 특성을 가진 직업에 해당하기 때문에 초상권 침해가 되는 경우에도 초상권의 권리행사를 인정하지 않기 때문입니다.

그러면 연예인 사진을 사용해도 아무 문제가 없는 것일까요? 그렇지 않습니다. '초상권'과는 별개로 '저작권'과 '퍼블리시티권'이라는 2가지 권리가 존재하기 때문이지요.

첫째, '저작권'이란 해당 연예인 사진을 촬영한 저작권자가 갖는 권리를 말합니다. 즉, 모든 사진에는 사진을 찍은 사람의 저작권이 있으므로 그 사진을 블로그 등에 함부로 게시해서는 안 된다는 것입니다. 다만 최근에는 언론사 사진기자들이 찍은 연예인 사진을 블로그에 올리는 너무나 경미한 사안을 대상으로 합의금을 뜯어내기 위한 고소가 남발하자, 이런 사진은 저작물로서 권리를 보호할 명분이 약하다는 이유로 저작권침해 소송이 기각되는 판례가 많습니다.

둘째, 퍼블리시티권이란 연예인처럼 유명인이 쌓아온 유명성, 즉 이미지나 네임밸류에 대한 권리를 말합니다. 사실 이것은 현행 우리나라 법률에는 문자로써 명시되어 있지는 않습니다. 다만 유명인에 대한 퍼블리시티권을 인정하는 세계적인 추세에 따라 국내 판결에서도 널리 인정이 되는 권리입니다. 예를 들어 동네 치킨집에서 마치 자기 가게의 모델인 양 유명 개그맨의 사진을 허가 없이 매장에 붙여놓거나 전단지에 넣어 배포하는 경우를 생각해볼 수 있습니다. 이런 경우 그 치킨집은 유명 개그맨이 그동안 쌓아온 '유명성'을 무단으로 이용해 상업적인 이익을 취한 것입니다. 반면에 해당 개그맨은 이에 대한 대가를 전혀 받지 못했으므로 해당 치킨집이 자신의 이미지에 기대어 얻은 수익만큼 손해를 본 것으로 간주됩니다. 이에 따라 해당 개그맨이 치킨집을 상대로 퍼블리시티권 침해에 대한 민사상 손해배상 청구를 할 수 있게 되는 것이지요.

이런 사례는 온라인 쇼핑몰에서도 발생할 수 있습니다. 예를 들어 액세서리를 판매하는 온라인 쇼핑몰에서 자신들이 판매하는 것과 비슷한 제품을 착용한 연예인이 TV에 나온 것을 보고 해당 장면을 캡처해서 쇼핑몰에 게시했다면 이 또한 퍼블리시티권 침해에 해당될 수 있습니다.

그렇다면 블로그에 단순히 연예인 사진이나 연예인에 관련된 기사 등을 올린 경우에는 어떨까요? 실제로 이런 경우가 상당히 많아서 연예인이 소속된 연예기획사에서도 블로거들에게 내용증명을 마구 남발해대곤 합니다. 퍼블리시티권 침해라는 것이지요. 하지만 필자의 개인적인 견해로는, 블로거가 영리적 목적으로 이러한 포스팅을 해서 수익을 올렸다면 당연히 퍼블리시티권 침해에 따른 손해배상 청구대상이 될 수 있지만, 순수히 개인적인 포스팅이라면 연예기획사 측에서 금전적인 손해를 봤다고 입증할 만한 근거가 미약할 것입니다.

다만 이런 경우 법적으로 2가지 판단이 나올 수 있습니다. 만일 재판부에서 해당 포스팅에 게시된 연예인 사진이 상업적인 이득과는 관련이 없다고 판단하면 퍼블리시티권 침해를 인정하지 않을 것입니다. 반면에 해당 포스팅 자체는 상업성을 띠고 있지 않지만, 그 포스팅이 블로그 활성화에 상당 부분 기여함으로써 블로거가 그 블로그에 있는 다른 상업적인 포스팅을 통해 간접적으로 추가적인 이득을 취했다고 판단된다면 퍼블리시티권 침해를 인정할 수 있습니다.

하지만 그렇더라도 연예기획사 측에서 얼마 안 되는 푼돈을 얻자고 블로그의 상업성과 부당이익금의 액수를 법리적으로 증명해내기는 여간 어려운 일이 아닙니다. 즉, 내용증명을 남발하는 연예기획사도 실은 재판에서 이길 자신은 없으므로 겁을 줘서 합의금을 뜯어내는 데 목적을 두는 경우가 많습니다. 그래서 소송을 걸기 전에 합의금 몇 천만 원을 내라는 등의 허세를 부리는 것이지요. 이런 경우 내용증명을 받은 사람이 법리적으로 조목조목 대응하면 연예기획사에서 우물쭈물하다가 결국 소취하를 하는 경우가 많습니다.

10 / 수많은 피해자들의 아우성

앞서 몇 차례 언급했듯이 지난 몇 년 간 일부 소프트웨어 제작업체, 이미지 판매업체, 연예기획사, 법무법인 등에서 합의금 등을 목적으로 내용증명을 남발하다

보니, 이로 인해 피해를 보거나 연루된 사람들이 모여 정보를 공유하고 도움을 주고받는 커뮤니티가 생겼습니다. 그 대표적인 커뮤니티의 주소는 다음과 같으며, 해당 카페에 방문하면 여러 가지 피해사례와 재판결과, 법적인 해결방법 등을 찾아볼 수 있습니다.

• 네이버 카페 '저작권, 이미지, 퍼블리시티권 등의 고소 협박에 대응하는 모임'
  http://cafe.naver.com/nottoworryabouttrash

지금까지 설명한 것처럼 저작권은 아무리 사소한 글이나 사진, 소프트웨어라도 사람이 만들거나 작성한 모든 것에 자동으로 부여되는 권리입니다. 따라서 저작권에 대해 명확히 이해하고 있어야만 자신도 모르게 저작권을 위반해 법을 '핑계'로 부당한 협박을 당하는 일이 생기지 않습니다. 이미지나 폰트에 대한 보다 자세한 사항은 아래 두 사이트를 참조하기를 바랍니다.

• 문화체육관광부에서 고시한 '폰트파일에 대한 저작권 바로 알기' 보도자료
  http://www.mcst.go.kr/web/s_notice/press/pressView.jsp?pSeq=12626

• 한국저작권위원회 홈페이지
  https://www.copyright.or.kr

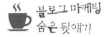

통합검색 결과에 블로그 영역이 안 나오는 경우

간혹 마케팅 강의나 컨설팅을 하다 보면 '네이버에서 검색을 하면 통합검색 결과 첫 페이지에 블로그 영역이 안 나오는데 과연 블로그 마케팅이 효과가 있겠냐'는 질문을 심심치 않게 받게 됩니다. 실제로 몇 년 전부터 네이버에서는 키워드광고가 활발한 일부 주요 키워드의 경우 블로그 검색노출이 검색광고 수익을 떨어뜨리는 것을 막기 위해 통합검색 결과 첫 페이지에 블로그 영역이 아예 나오지 않게 제외해버렸습니다. 이런 조치 이후 블로그 검색노출 효과가 이전보다 다소 줄어들기는 했지만, 그렇다고 크게 우려할 수준은 아닙니다. 그 이유는 다음과 같습니다.

① 첫 페이지 노출 제외는 PC상의 검색에서만 해당되고, 모바일에서는 블로그와 카페 글들이 통합검색 첫 페이지에 계속 노출되고 있습니다. 더구나 '모바일 상단노출' 부분(139쪽)에서 설명했듯이 최근에는 대부분의 키워드 검색이 PC보다 모바일에서 더 많이 이루어지고 있습니다.

② 첫 페이지 노출 제외대상은 키워드 검색광고가 활발한 일부 주요 키워드에 해당될 뿐이며, 나머지 키워드들은 여전히 첫 페이지에 노출되고 있습니다. 꼭 이 이유가 아니더라도 앞서 여러 차례 강조했듯이 블로그 마케팅은 몇 개의 주요 키워드보다는 구매율이 높은, 수많은 세부 키워드들을 활용하는 것이 좋습니다. 실제로 필자가 마케팅을 진행했던 아이템들도 대부분 주요 키

워드로 검색하면 첫 페이지에 블로그 영역이 제외되는 것들이었습니다. 하지만 그런 상황에서 주요 키워드는 물론이고 200개가 넘는 세부 키워드들까지 이 잡듯이 모두 발굴해서 10개월 가까운 시간에 걸쳐 차곡차곡 포스팅함으로써 검색노출을 시켰습니다. 이로 인해 블로그를 통한 유입 및 구매가 활발하게 일어나서 블로그 유입자만으로도 꽤 훌륭한 매출을 기록할 수 있었습니다.

③ 어떤 제품의 사용기나 후기 등의 정보를 얻고 싶을 때 가장 좋은 채널은 역시 블로그와 카페입니다. 비록 블로그가 검색결과 첫 페이지에서는 제외되었더라도 검색결과 화면 상단의 '블로그 탭'을 클릭하면 여전히 블로그 검색결과가 제공되고 있습니다. 따라서 정보가 필요한 사람들이 이러한 경로를 통해 여전히 활발하게 블로그로 유입되고 있습니다. 즉, 네이버 블로그의 점유율이 살아있는 한 블로그 검색노출에 의한 마케팅도 얼마든지 가능하다는 얘기입니다. 만약 네이버가 검색광고 수익을 보전하기 위해 자사의 블로그 점유율을 아예 죽여 버린다면 이는 배 고프다고 자기 살을 떼어 먹는 것과 다를 바가 없습니다. 네이버 역시 이러한 사실을 알기에, 다소 견제를 할 뿐 결코 블로그의 점유율을 떨어뜨리는 어리석은 일은 하지 않는 것입니다.

12

통계를 보면
블로그가 보인다

블로그를 제대로 운영하려면 블로그에 표시되는 방문자수 외에도 여러 가지 자료를 참고하는 것이 좋습니다. 네이버 시스템은 블로그에 관한 여러 가지 자료를 통계 열람 페이지를 통해 그래프와 함께 제공하고 있습니다. 이러한 자료를 보면 여러 가지 통계지표를 객관적인 수치로 확인할 수 있는데, 이를 통해 현재 여러분이 운영하는 블로그의 상태에 대해 좀 더 자세하게 파악할 수 있습니다. 즉, 여러분의 블로그에서 현재 어떤 부분이 부족하며 어떤 부분이 뛰어난지를 판단할 수 있고, 이러한 판단을 기준으로 앞으로 블로그를 어떻게 운영해나가야 할지를 가늠할 수 있게 됩니다.

과거에는 당일의 통계를 볼 수 없었지만, 최근 통계 열람 페이지가 전면 개편되면서 당일의 통계지표를 실시간으로 열람할 수 있게 되었습니다.

다음 그림과 같이 여러분의 블로그에서 프로필 사진 아래쪽을 보면 통계 열람 페이지로 이동할 수 있는 버튼이 있습니다.

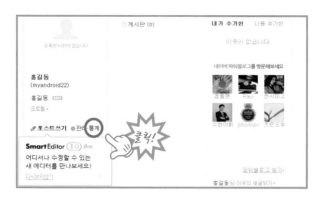

(1) 일간현황

통계 열람 페이지로 들어가면 다음 그림과 같이 초기화면에 '일간현황'이 표시됩니다. 일간현황에는 해당 날짜의 블로그 전체 조회수, 공감수, 댓글수, 이웃 증감수와 같은 주요지표는 물론이고 방문횟수, 조회수 순위, 유입경로, 성별 및 연령별 분포를 편리하게 열람할 수 있도록 구성되어 있습니다.

여기서 눈여겨볼 점은 '조회수'와 '방문횟수' 데이터가 각각 별도로 제공된다는 점입니다. 얼핏 보면 비슷한 것 같은 이 두 데이터를 왜 각각 따로 제공하고 있을까요? 이 두 데이터를 비교해보면 1회 방문당 평균적으로 몇 개 포스팅이 열람되었는지를 알 수 있기 때문입니다.

'C-Rank를 위한 포스팅 작성방법' 편(168쪽)에서 설명한 것처럼 검색으로 유입된 방문자가 하나의 포스팅만 보고 나가는 것보다는 관련된 주제의 포스팅을 가급적 많이 열람하고 나갈 때 블로그 콘텐츠의 품질이 우수하다고 평가됩니다. 따라서 여러분의 블로그가 '방문횟수'에 비해 '조회수'가 높다면, 이는 어떤 방문자가 한 번 방문해서 여러 개의 포스팅을 열람하고 나갔다는 의미이므로 콘텐츠 품질이 그만큼 높다고 추측해볼 수 있습니다.

반면에 '방문횟수'와 '조회수'가 비슷하다면, 이는 대부분의 방문자들이 포스팅을 하나만 보고 바로 나갔다는 의미이므로 콘텐츠 품질이나 구성을 개선해야 하는 상황입니다. 콘텐츠 품질과 구조를 개선하는 방법에 대해서는 'C-Rank를 위한 포스팅 작성방법' 편(168쪽)을 참고하기 바랍니다.

(2) 조회수

통계화면 좌측에는 열람 가능한 여러 가지 통계지표들이 나와 있는데, 그중에서 '방문분석'은 다음 그림과 같이 주로 조회수와 방문자수에 관련된 지표들이 속해 있습니다. 여기서 '조회수'는 말 그대로 방문자들이 총 '몇 개'의 포스팅을 열람했는지를 나타내며, '순방문자수'는 방문자가 '몇 명'인지를 나타내고, '방문횟수'는

'몇 회' 방문이 이루어졌는지를 나타냅니다.

이런 지표들은 비슷한 것 같지만 잘 보면 서로 약간의 차이가 있습니다. 이러한 차이를 이해하고 비교해보면 앞서 설명했듯이 블로그의 콘텐츠 품질이 얼마나 좋은 반응을 얻고 있는지를 가늠해볼 수 있습니다.

(3) 유입분석

통계화면 좌측의 '사용자 분석'에는 다음 그림과 같이 유입자들이 어떤 경로를 통해 블로그를 방문했으며, 어떤 구성으로 되어 있는지를 보여주는 지표들이 마련되어 있습니다. 특히 '유입분석'을 클릭해보면 여러분의 블로그에 방문한 사람들이 검색을 통해 유입되었는지, 아니면 '이웃새글'과 같은 경로를 통해 유입되었는지를 알 수 있습니다. 또한 '검색유입'을 통해 어떤 검색어를 검색해서 유입되었으며 검색영역이 통합검색인지 블로그 검색인지 여부까지 알 수 있습니다. 이를 통해 여러분이 작성한 포스팅들이 어떤 검색어로, 어디에 노출되고 있는지를 확인할 수 있습니다.

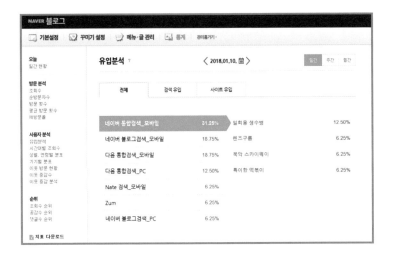

(4) 기기별 분포

'사용자 분석'에서는 다음 그림과 같이 방문자들의 기기별 분포도 열람할 수 있습니다. 이를 통해 여러분의 블로그에 유입된 방문자들이 모바일로 유입되었는지, PC로 유입되었는지를 알 수 있습니다.

(5) 조회수 순위

통계화면 좌측에 있는 통계지표에서는 다음 그림과 같이 조회수, 공감수, 댓글수에 대한 순위도 열람해볼 수 있습니다.

어떤 포스팅이 방문자들에게 몇 번이나 열람되었고, 어떤 포스팅이 공감이나 댓글을 많이 받았는지를 지켜보는 것은 블로그 운영자 입장에서는 상당히 흥미로운 일입니다. 그런데 이러한 흥미로움에 앞서 이들 순위지표에서 여러분이 반드시 눈여겨보아야 할 부분이 있습니다. 바로 '조회수' 지표에서 간혹 찾아볼 수 있는 저품질의 원인이 되는 패턴이 그것입니다.

혹시 여러분의 블로그에서 1~2개의 포스팅이 다른 포스팅보다 유독 조회수가 지나치게 높은지 평소에 유심히 살펴보십시오. '블로그 저품질, 애써 키운 블로그 한 방에 훅간다' 편(212쪽)에서도 언급하겠지만, 이렇게 소수의 포스팅에 지나치게 조회수가 편중되는 현상은 좋지 않습니다. 다만 다른 포스팅에 비해 조회수 차이가 크지 않거나, 차이가 크다 해도 며칠 동안만 지속되는 일시적인 현상이라면 큰 문제는 없습니다. 하지만 1~2개의 포스팅이 다른 포스팅들보다 대략 5배 혹은 그 이상의 조회수를 나타내는 현상이 일주일에서 한 달 이상 지속된다면 블로그의 상황에 따라서 저품질에 빠질 위험이 있습니다.

왜 이런 현상이 블로그를 저품질에 빠뜨리는지에 대해서는 누구도 정확한 사실을 알지 못합니다. 하지만 많은 블로거들은 이렇게 소수의 포스팅에 과도하게 유입자가 편중되는 현상이 오래 지속되면 블로그가 저품질에 빠진다는 사실을 경험적으로 알고 있습니다. 해당 블로그가 평소에 쌓아놓은 품질수준에 따라 이런 현상을 얼마나 견딜 수 있느냐에 차이가 있을 뿐이지요.

필자의 견해로는 소수의 포스팅에 방문자가 편중되는 현상이 오랫동안 이어지면 네이버 알고리즘의 특성상 그 기간 동안 검색 이용자의 만족도 평가점수가 조금씩 계속 떨어지는 것으로 추측됩니다. 소수의 포스팅이 과도한 조회수를 점유하고 있다는 사실은 방문자들이 다양한 포스팅을 열람하지 않고 대부분 하나의 포스팅만 보고 바로 나가버린다는 것을 의미하는데, 이런 사실 또한 만족도 평가가 떨어지는 원인의 하나가 될 것입니다. 이렇게 계속 만족도가 떨어지다가 일정선 아래로 내려가면 이것이 결국 저품질로 이어지게 되는 것이지요.

다행스러운 점은 구체적인 원인이 무엇이든 이런 현상을 미리 발견하면 예방 조치를 취할 수 있다는 것입니다. 만약 여러분의 블로그에서 1~2개의 포스팅이 과도한 조회수를 기록하는 현상이 오래 지속되는 것을 발견하면 과감하게 해당 포스팅은 삭제하거나 비공개로 전환하기 바랍니다. 이렇게 하면 블로그의 방문자수가 일시적으로 내려가겠지만 블로그 자체가 날아가는 저품질 현상을 막기 위해서는 어쩔 수 없는 선택입니다.

13

블로그 저품질, 애써 키운 블로그 한방에 훅 간다

1/ 블로그 저품질이란?

필자는 지금까지 이 책에서 수차례에 걸쳐 '저품질'에 대해 언급했습니다. 이렇듯 여러분에게 저품질을 강조하는 이유는 무엇일까요?

지금 이 순간에도 수많은 사업자들이 블로그를 통해 무언가를 홍보하고 있습니다. 그들이 1차적으로 원하는 것은 단 하나, 바로 '상단노출'입니다. 사람들이 네이버 검색창에 무언가를 입력했을 때 자신이 작성한 포스팅이 검색결과 가장 상단에 나오기를 바라는 것이지요. 이를 위해 너무나 많은 업체에서 너무나 많은 홍보성 포스팅이 쏟아져 나오고 있으며, 이들은 어느 정도 상단노출에 대한 스킬을 가지고 있기 때문에 상업적 키워드에 대한 블로그 검색결과는 이러한 홍보성 포스팅으로 도배되고 있습니다.

반면에 사람들은 블로그를 통해 그런 홍보성 정보가 아니라 순수한 관점에서 작성된 정보들을 얻기를 바랍니다. 예를 들어 제품이라면 실제 소비자가 사용해보고 순수하게 작성한 사용기, 맛집이라면 실제 손님이 가서 먹어보고 솔직하게 쓴 후기 등 솔직한 경험담이나 평가, 객관적인 정보를 원한다는 것이지요. 따라서 검색하는 사람 입장에서는 자신이 검색한 결과의 블로그 영역이 온통 전단지식 홍보성 포스팅으로 도배되어 있다면 당연히 만족하지 못할 것입니다. 결과적으로 이러한 불만족은 네이버에 대한 불신으로 이어지고, 네이버의 점유율은 그만큼 타격을 받게 됩니다.

따라서 네이버 입장에서는 이러한 검색품질 저하로 인한 신뢰도 및 점유율의 하락을 절대로 그냥 두고 보지 않습니다. 사활을 걸고 검색품질 저하를 막아야만 하는 운명인 것이지요. 그래서 네이버 검색노출 순위 계산 알고리즘은 이렇게 검색 이용자의 만족도가 낮은 포스팅들의 검색순위를 떨어뜨리게 되어 있습니다. 그런데 이렇게 개별 포스팅의 검색순위가 다소 떨어지는 현상이 아닌, 한순간에 해당 블로그 전체가 아예 검색결과에서 찾기 힘들 정도로 뒤로 밀리는 어처구니없는 현상이 발생하기도 하는데, 이러한 현상을 일반적으로 '저품질'이라고 부릅니다. 이것은 홍보성 포스팅을 많이 작성하는 블로그가 '품질이 낮은 블로그'로 분류되어 '제재를 받게 된다'고 언급되는 데서 기인한 용어입니다.

블로그가 한 번 저품질에 빠지면 상단에 잘 노출되던 포스팅들이 늦가을 바람에 낙엽 떨어지듯 우수수 떨어지기 시작합니다. 검색순위에서 저만치 뒤로 밀리게 되는 것이지요. 검색결과 화면 3페이지로 밀리는 경우도 있고, 심하게는 아예 찾기가 불가능할 정도로 뒤로 밀리는 경우도 있는데, 두 경우 모두 일반적으로 '안드로메다로 간다'라고 표현합니다. 그 이후에 작성하는 포스팅도 안드로메다로 가기는 마찬가지입니다. 저품질에 빠지기 전에는 작성만 하면 바로바로 최상단에 꽂혔지만, 저품질에 빠진 뒤로는 아무리 정성들여 포스팅을 작성해도 3페이지 혹은 보이지도 않을 만큼 뒤로 밀리게 됩니다. 이렇게 되면 자연스럽게 포스팅은 사람들에게 노출이 안 되고 홍보효과도 거의 사라져버리며, 방문자수도 급감해서 이 블로그가 하루에 방문자가 몇 천, 몇 만 명씩 들어오던 그 블로그가 맞나 싶은 생각이 들 정도입니다.

2/ 블로그 저품질 들여다보기

블로그 하나를 키우는 데는 많은 시간과 노력이 들어갑니다. 마케팅 대행업체가 아닌 이상, 대부분의 블로거들이 순수한 취미용이든 홍보용이든 1~2개의 블로그에 정성을 쏟으면서 애지중지 키워왔을 것입니다. 그런데 블로그가 저품질에 빠지면 그처럼 오랜 시간 들인 정성과 노력이 한순간에 와르르 무너지고 맙니다. 이것이 블로그 저품질을 겪은 사람들이 멘붕에 빠지는 이유이지요. 블로그 마케팅이 절대적으로 필요한 여러분은 결코 이렇듯 허무하게 저품질에 빠져서는 안 됩니다. 이를 위해서는 다음과 같은 저품질에 대한 내용을 좀 더 정확히 파악하고 있어야 합니다.

(1) 네이버에서 밝힌 저품질의 존재

최근 네이버에서는 '네이버 검색 공식 블로그(http://searchblog.naver.com)'를 통해 저품질의 존재에 대한 나름대로의 해명을 밝혔습니다. 이에 따르면 '수많은 요소를 종합적으로 판단해 검색랭킹을 결정하는 랭킹 모델(ranking model)에 의해 발생하는 현상으로, 수많은 검색결과를 일렬로 줄 세울 때 일종의 구간을 적용한 결과라 할 수 있습니다'라고 합니다. 또한 블로거들이 흔히 저품질이라는 용어로 통칭하는 여러 가지 현상이 모두 위와 같은 이유로 나타나는 현상은 아니라는 설명도 덧붙이고 있습니다.

물론 위와 같은 네이버의 해명이 저품질 현상이 왜 일어나는지에 대해서 어느 정도 설명해준 것은 맞습니다. 수많은 포스팅들을 일종의 품질점수에 따라서 쭉 일렬로 세우다보면 아주 미세한 점수차이로 인해 순위가 크게 뒤바뀌는 경우가 많을 것입니다. 즉, 아주 조금만 점수가 하락해도 화면상에서 나타나는 검색순위가 몇 페이지씩 밀릴 수도 있는 것이지요. 이런 원인과 함께 네이버의 해명에서 언급되었듯이 '일종의 구간을 적용'했기 때문에 검색순위가 최상단에서 한순간에 3페이지 혹은 그 밑으로 떨어져버리는 현상이 발생하는 것으로 추측됩니다.

하지만 이러한 해명만으로는 수많은 블로거들이 저품질과 관련해 겪었던 '비합리적인 현상'을 합리적이라고 바라볼 수는 없습니다. 더욱이 '수많은 블로그를 줄세우고 이들에게 구간을 적용하다보니 어쩔 수 없이 그렇게 된 것이다'라는 네이버의 입장은 명확한 방지책이나 해결책을 제시했다기 보다는, 단지 블로그를 올바르게 운영하는 기본적인 지침들을 제공하면서 이렇게 운영하면 흔히 저품질이라 부르는 현상은 없을 것이라는 점을 설명하고 있을 뿐입니다.

(2) 저품질 여부는 사람이 판단하지 않는다

네이버의 모든 시스템이 그렇듯이 저품질 역시 네이버 직원이 여러분의 블로그를 들여다보고 '음… 내가 보니까 이 분 블로그는 저품질이시네' 하고 판정을 내리고 제재를 가하는 것이 아닙니다. 네이버에서 운영되는 블로그가 너무나 많은 만큼 이와 관련한 모든 것은 미리 만들어진 프로그램에 의해 판단되고, 이 판단에 따른 조치가 검색순위에 적용되는 과정에서 저품질 현상이 발생하게 됩니다.

(3) 순수한 블로그도 저품질에 빠질 수 있다

이렇듯 기계적인 프로그램에 의해 저품질 현상이 발생하다보니 홍보성이 아닌 순수한 블로그가 저품질에 빠지는 불상사가 일어나기도 합니다. 대부분의 사람들이 이렇게 블로그가 저품질에 빠져서 모든 포스팅이 검색결과에서 자취를 감추고 방문자수가 곤두박질을 치면 그제야 부랴부랴 왜 자신의 블로그가 저품질에 빠졌는지를 이리저리 알아보지만 문제를 명확하게 파악하지 못하는 경우가 많습니다. 아무리 검색을 해봐도 단편적인 지식만 얻을 수 있을 뿐, 저품질에 빠지는 체계적인 이유를 알려주는 곳은 없기 때문이지요. 결국 그러다 대부분 운영하던 블로그를 접고 새로 블로그를 개설해서 운영하곤 합니다. 실제로도 2개월 이내에 저품질에서 빠져나오지 못한다면 운영하던 블로그를 포기하고 새로운 블로그를 개설하는 것이 가장 확실하고 빠른 대책입니다.

(4) 저품질 판정은 점수제와 비슷하다

다음 내용에서 자세히 설명하겠지만, 블로그가 저품질에 빠지는 구체적인 원인은 상당히 많습니다. 그 중 어느 하나에 해당된다고 해서 무조건 저품질에 빠지는 것도 아니고, 어느 하나를 피해간다고 해서 저품질에 빠지지 않는 것도 아닙니다. 필자 역시 네이버 직원은 아니므로 저품질 판정의 시스템 내부처리 과정에 대해서 정확히 알 수는 없지만, 이를테면 블로그에 일종의 점수를 매기고 그 점수로써 저품질 판정이 내려진다고 볼 수 있습니다. 즉, 여러분의 블로그에서 바람직한 요소와 바람직하지 못한 요소들을 모두 추출한 후 각각 플러스 점수, 마이너스 점수를 부여해서 산출된 결과점수가 저품질에 해당된다면 저품질에 빠지는 것이고, 그렇지 않다면 빠지지 않는 것이지요. 이 결과점수는 개개의 블로그에 따라 모두 다를 것이고, 저품질 가능성과 저품질 상황 또한 각각 다릅니다. 즉, 어떤 블로그는 저품질에 빠지기 직전의 점수이고, 어떤 블로그는 결과점수상 저품질과는 거리가 먼 튼튼한 블로그일 수 있다는 것입니다. 간혹 이와 관련해 사람들이 '이렇게 했더니 저품질에 빠지더라' 혹은 '이렇게 해도 저품질에 안 빠지더라' 하고 말하는 경우가 있는데, 이러한 말들은 대부분 해당 블로그에 매겨진 내부적인 점수를 고려치 않은 단순한 판단일 가능성이 높으므로 신중하게 받아들일 필요가 있습니다.

3/ 블로그를 저품질에 빠뜨리는 구체적인 원인들

저품질을 피해가려면 먼저 저품질의 구체적인 원인을 파악해야 합니다. 저품질에 빠지는 원인은 매우 많지만, 대부분 공통적인 요인을 포함하고 있습니다. 바로 '상단노출만을 목적으로 부자연스럽고 정성을 들이지 않은 포스팅을 하는 것'입니다. 즉, 블로그의 포스팅 내용이 전체적으로 유용한 정보를 제공한다는 본연의 기능에서 벗어나 무언가 다른 의도로 작성되거나, 자연스럽지 못하거나, 시간과 노력을 들이지 않고 날림으로 작성된 경우 네이버 시스템은 이를 검색 만족도를 떨어뜨리는 불량 블로그라고 판단해 상단노출에서 제외하고 뒤로 밀어버리게 됩니다. 이처럼 네이버에서 불량 블로그로 판단하는 구체적인 원인들을 간단하게 표로 정리하면 다음과 같습니다.

원인	설명
과도한 상단노출 시도	상단노출을 과도하게 시도하는 포스팅이 많은 블로그
키워드 도배	동일하거나 비슷한 키워드를 사용한 포스팅이 너무 자주 작성되는 블로그

원인	설명
동일한 텍스트나 이미지의 반복 사용	포스팅 본문에 동일한 텍스트(키워드 포함)나 이미지를 과도하게 반복 사용하는 경우
어뷰징(abusing)	상단노출에 영향을 미치는 요소들에 인위적인 조작을 가하는 활동
악성 스크립트 삽입	납치 태그나 악성 스크립트 등을 삽입하는 활동
불법·악성 키워드 사용	불법, 스팸, 성인 등의 키워드를 이용해 지속적으로 포스팅하는 활동
협업, 품앗이	그룹을 짜서 서로 스댓공을 해주는 협업활동(품앗이라고도 부름)
과도한 스댓공(스크랩·댓글·공감), 자작 스댓공	비정상적으로 많은 스댓공이 작성되거나, 혹은 과도한 자작 스댓공을 하는 활동. 네이버에서는 동일인 여부를 ID, IP, 주민번호 등으로 체크함
스팸성 댓글	다른 블로그들을 돌아다니면서 스팸성 댓글을 작성하는 활동
마케팅 프로그램 사용	댓글, 공감, 방문 등을 자동으로 해주는 마케팅 프로그램을 사용하는 경우
실시간·인기·이슈 키워드의 과도한 사용	방문자 유입을 늘리기 위해 실시간·인기·이슈 키워드를 과도하게 사용해 포스팅하는 블로그
과도한 방문자 지속	특정 포스팅에 편중된 방문자가 과도하게 유입되는 현상이 오랫동안 지속되는 경우
너무 짧은 작성시간	작성시간이 너무 짧은 포스팅만 계속되는 경우
과도한 포스팅 개수	하루에 3개 이상 지나치게 많은 포스팅을 지속적으로 올리는 경우
복사 + 붙여넣기	직접 타이핑하지 않고 복사 + 붙여넣기식 포스팅을 과도하게 시도하는 경우
과도한 유사문서	다른 블로그 등의 내용과 똑같거나 비슷한 포스팅이 지속되는 경우
잦은 외부링크 달기	포스팅 본문에 네이버 외부로 연결되는 링크가 지나치게 자주 삽입되는 경우
과도한 이미지 중복	이미지를 과도하게 중복사용하는 경우
짧은 시간에 많은 포스팅 수정	짧은 시간에 많은 포스팅을 수정하여 스팸 발행으로 판별되는 경우
잦은 포스팅 삭제	써놓은 포스팅을 삭제하는 일이 너무 잦은 경우

원인	설명
과도한 비공개 포스팅	포스팅의 대부분이 비공개인 블로그
짧은 체류시간	방문자의 블로그 체류시간이 너무 짧은 경우
낮은 페이지뷰	페이지뷰 수치가 낮은 상태가 지속되는 블로그
특정 유입처 쏠림현상	특정 URL을 통해 방문하는 방문자가 지나치게 많은 경우
VPN IP 사용	여러 개의 다른 IP를 사용하기 위해 VPN IP를 사용하는 경우
비정상적으로 생성된 아이디 사용	중국 등에서 대량으로 생성된 아이디를 구매해 사용하는 경우
너무 많은 블로그 운영	같은 IP·ID·주민번호 등을 이용해 3개가 넘는 블로그를 운영하는 경우
제재이력이 있는 IP, ID 등 사용	기존에 블로그 혹은 지식인 마케팅을 하다가 제재를 당한 일이 있는 IP, ID, 주민번호 등을 사용하는 경우
여러 IP에서 접속	지나치게 많은 IP에서 접속하는 경우. 동시접속도 위험하고 동시가 아니라도 위험

표에서 보듯이 저품질의 원인은 상당히 많습니다. 일부 이 표에 정리되지 못한 원인이 있을 수도 있지만, 대부분의 원인은 모두 정리되어 있으므로 이 정도만 숙지한다면 저품질을 예방하는 데 충분한 도움을 얻을 수 있을 것입니다. 지금부터 위와 같은 원인들에 대한 좀 더 구체적인 내용을 살펴보겠습니다.

① 과도한 상단노출 시도

누군가 상단노출을 의도적으로 유도하는 포스팅만 올린다면 결국 네이버 검색 결과는 이런 포스팅만으로 가득 차는 광고판이 되고 말겠지요. 당연히 네이버에서 이런 상황을 그냥 지켜볼 리 없습니다. 따라서 상단노출을 의도적으로 유도하는 포스팅만 지속되는 블로그는 저품질위험이 높아지게 됩니다. 물론 이렇게 의도적으로 상단노출 기법을 이용해 포스팅을 작성하면 상단노출은 잘 됩니다. 그러다 보면 방문자가 많아지고 뭔가 인기 블로그가 된 것 같은 느낌이 들기도 합니다. 하지만 그에 비례해 저품질위험도 높아진다는 사실을 명심해야 합니다.

이쯤 되면 효과적인 마케팅을 위해 상단노출을 하라는 건지 말라는 건지 혼란스러울 것입니다. 이에 대한 해답은 '저품질에 빠지지 않고 블로그 마케팅 성공하기' 편(237쪽)에서 자세히 살펴보겠습니다.

② 키워드 도배

키워드 도배란 동일한 키워드를 사용해 작성되는 포스팅이 너무 자주 반복되는 것을 의미합니다. 예를 들어 여러분이 라인캐릭터 인형을 판매한다고 했을 때, '라인캐릭터 인형'이라는 키워드 하나만으로 계속 포스팅을 하면 저품질위험이 높아진다는 것이지요. 따라서 가능한 한 많은 키워드를 선정해서 리스트를 만들어놓고 그것들을 골고루 사용하는 것이 좋습니다. 또한 동일한 키워드로 다시 포스팅할 때는 충분한 기간이 지난 후 사용하는 요령이 필요합니다.

③ 동일한 텍스트나 이미지의 반복

포스팅 본문에 동일한 텍스트나 이미지를 과도하게 반복사용하는 경우에도 저품질위험에 빠질 수 있습니다. 이때 동일한 텍스트에는 키워드와 URL도 포함됩니다. 또한 여러 개의 포스팅에서 똑같은 텍스트를 반복해서 사용하는 것도 좋지 않습니다. 이런 경우 네이버 시스템은 정성들여 작성한 유용한 문서가 아닌 무언가 다른 의도가 있는 포스팅이라고 판단하기 때문입니다.

④ 어뷰징

어뷰징(Abusing)이란 특별한 목적, 즉 상단노출 등을 위해 시스템의 특징을 비정상적인 방법으로 악용하는 활동을 말합니다. 쉽게 말해 상단노출에 영향을 미치는 요소들을 인위적으로 조작하는 것이지요.

어뷰징의 종류는 매우 다양합니다. 블로그 마케팅 대행사 등에서는 흔히 포스팅의 댓글, 공감, 스크랩과 같은 방문자의 반응을 인위적으로 만들어내곤 합니다.

대행사뿐만 아니라 일반 블로거들도 어뷰징의 유혹에 빠져드는 경우가 종종 있는데, 그 대표적인 행위가 '키워드 나열하기'입니다. 이것은 본문 중 특정 키워드가 많이 들어가면 상단노출에 유리하다는 점을 이용해, 포스팅 본문 중 정상적으로 들어간 분량 외에 처음이나 마지막 부분에 눈에 잘 띄지 않도록 배경색인 흰색이나 흰색에 가까운 색으로 키워드를 나열하는 것을 말합니다. 눈에 띄는 색상으로 키워드를 나열하면 방문자들이 보기에 좋지 않고 부자연스러울 수 있으므로 쉽게 인지하기 어려운 색으로 키워드를 많이 나열함으로써 상단노출을 노리는 것입니다.

또 포스팅 본문 중 일부를 접고 펴는 기능을 이용해 그 안에 키워드를 잔뜩 나열한다든지, HTML 태그 중 DIV 태그를 이용해 검색노출을 노리는 키워드를 잔뜩 써놓고 속성은 'display:none'으로 줌으로써 실제 화면에는 안 나오게 감추는 방법 등도 모두 어뷰징에 해당합니다.

네이버 시스템은 이런 활동을 하는 것을 결코 모르지 않습니다. 몇 번 정도야 이상이 없겠지만 조용히 손가락에 힘을 더해가다가 어느 순간이 되면 저품질의 방아쇠가 당겨집니다.

⑤ 악성 스크립트 삽입

블로그에 방문자가 방문했을 때 어떤 방식으로든 악성 코드가 실행되도록 해놓으면 당연히 블로그 접근제한이나 저품질 등의 제재조치 1순위가 됩니다. 방문자가 의도하지 않게 다른 웹페이지로 이동되게 하거나, 팝업창이 뜨게 하는 코드 등이 모두 여기에 해당됩니다.

⑥ 불법·악성 키워드 사용

네이버에서 게시를 금지하고 있는 불법 키워드나 스팸성 키워드, 성인 키워드 등을 이용해 지속적으로 포스팅을 할 경우 제재를 받게 됩니다. 또한 네이버에서 문제가 되는 포스팅을 방문자들이 볼 수 없도록 블라인드 처리하는 경우도 있습니다.

⑦ 품앗이 혹은 협업

한때 소위 '협업'이라는 활동이 블로그를 키우는 방법으로 널리 유행했던 적이 있습니다. 이것을 다른 말로 '품앗이'라고도 부릅니다. 협업 또는 품앗이란 적게는 몇 명, 많게는 몇 십 명씩 그룹을 만들어서 서로의 블로그에 매일 방문해서 댓글과 공감, 스크랩을 해주는 활동을 말합니다. 블로그를 활성화시키거나 포스팅을 상단 노출시키기 위해서는 스댓공(스크랩, 댓글, 공감)이 반드시 필요하기 때문에, 블로거들끼리 서로 짜고 인위적으로 스댓공을 늘려주는 것이지요. 하지만 네이버에서는 이렇게 짜고 치는 협업이 기승을 부리자 이런 활동을 하는 블로그도 모두 자동으로 색출되도록 해서 제재조치를 가하고 있습니다.

⑧ 과도한 스댓공이나 자작 스댓공

포스팅에 짧은 기간 동안 과도한 양의 댓글, 공감, 스크랩이 몰리는 일이 자주 있는 경우 저품질위험이 높아집니다. 이런 일이 가끔 발생하면 큰 문제가 없지만 상습적으로 발생하면 문제가 될 수 있습니다. 특히 댓글, 공감, 스크랩을 하는 IP가 몇몇 IP로 한정된다면 더욱 위험합니다. 또 자신의 블로그를 활성화시키기 위해 자기 블로그에 자신이 직접 스댓공을 하는 경우가 있는데, 이것 역시 당연히 정상적이지 못한 활동으로 간주되는 저품질 단골 메뉴입니다.

⑨ 스팸성 댓글

수많은 블로그를 돌아다니며 복사+붙여넣기 등의 방법으로 스팸성 댓글을 작성하는 블로그도 제재를 받을 수 있습니다. 특히 마케팅 프로그램 등을 이용해 자동으로 댓글을 작성하는 IP는 거의 100% 제재대상이라고 보면 됩니다.

⑩ 마케팅 프로그램 사용

블로그 방문이나 댓글, 공감, 스크랩 달기 등의 단순한 활동을 사람이 직접 하지 않고 마케팅 프로그램을 이용해 자동으로 수행하는 경우에도 제재를 받을 수 있습니다.

⑪ 실시간·인기·이슈 키워드

실시간 급상승 검색어나 인기 키워드, 이슈 키워드 등 검색량이 매우 많은 키워드를 이용해서 포스팅하는 활동을 말합니다. 이것은 블로그 방문자를 폭발적으로 늘리기 위해 너도나도 많이 사용하던 방법이기도 합니다. 이런 키워드로 상단노출에 성공하면 블로그로 엄청난 방문자가 쏟아져 들어오고, 적당히 몇 페이지 안에만 노출시켜도 무시 못할 정도로 많은 유입자가 생기기 때문이지요.

하지만 이렇게 갑자기 엄청난 방문자들이 쏟아져 들어오는 일이 상습적으로 반복되는 상황에서 블로그지수가 이를 감당할 만큼 받쳐주지 못할 경우 저품질 가능성이 높아집니다. 즉, 마케팅 효과 측면에서는 위험성은 높은 반면 효율은 거의 없는 방법이라고 할 수 있습니다. 이러한 인기 키워드를 검색해서 유입된 방문자들은 대부분 여러분의 타깃층과는 거리가 멀 뿐 아니라, 타깃층에 속하더라도 이런 유입자들에게 상품을 판매하거나 서비스를 홍보하는 방식은 매우 효율이 떨어지기 때문입니다. 오히려 키워드를 이용한 낚시성 광고로 인식되어 블로그 이미지만 훼손될 뿐입니다.

종종 직접적인 마케팅 목적이 아닌, 단순히 블로그 방문자를 늘려 블로그지수를 높이려는 목적으로 이러한 키워드를 이용하는 경우도 있습니다. 하지만 이 또한 자주 지속되면 저품질위험이 커진다는 점에서 결코 바람직한 방법이라고 할 수 없습니다.

⑫ 지속적으로 과도한 방문자가 유입되는 경우

어느 특정 포스팅에 방문자가 과도하게 쏠리는 현상이 상습적으로 지속되는 경우입니다. 블로그를 운영하다 보면 하루에 갑자기 몇 만 명 혹은 그 이상의 방문자가 몰리는 일이 가끔 생깁니다. 오픈캐스트를 발행했는데 네이버 메인에 소개되었다든지, 포스팅에 사용한 키워드가 우연히 TV에서 방영하는 내용과 일치해서 TV를 본 사람들이 검색을 통해 갑자기 유입된다든지 하는 일들이지요.

물론 어쩌다 한 번씩 이런 일이 생기는 것은 큰 문제가 되지 않습니다. 하지만 이미 저품질위험도가 매우 높은 상태에 있는 블로그나, 이런 일이 상습적으로 발생하는 블로그인 경우 방문자의 구성에 따라 저품질요인으로 작용할 수 있습니다. 따라서 의도적으로 이런 현상을 만드는 활동은 결코 바람직하지 않습니다.

⑬ 너무 짧은 작성시간

상업성이 없는 순수한 블로그가 어느 날 저품질에 빠지는 경우가 있습니다. 이와 관련해 여러 가지 요인이 있을 수 있지만, 가장 단골 요인으로는 '포스팅 작성시간이 너무 짧다'는 것을 들 수 있습니다. 몇 번 정도야 아무 문제가 되지 않지만, 블로그에 작성되는 포스팅 중 상당수가 지나치게 짧은 시간에 작성된 경우에는 네이버 시스템이 유용하지 않은 블로그라고 판단해서 저품질 조치를 취하게 됩니다.

⑭ 과도한 포스팅 개수

지나치게 의욕에 넘쳐서 지속적으로 하루에 3개 이상의 포스팅을 작성하는 것도 결코 바람직하지 않습니다. 이런 경우에도 네이버 시스템이 정상적으로 운영되는 블로그로 판단하지 않을 수 있기 때문이지요. 따라서 포스팅은 하루 1~2개로 유지하는 것이 좋습니다.

⑮ 복사＋붙여넣기

앞서 여러 차례 강조했듯이 포스팅은 반드시 손으로 직접 타이핑을 해서 작성해야 합니다. 복사해서 붙여넣기로 포스팅을 작성하는 것 자체는 큰 문제가 없습니다. 하지만 포스팅의 전체 분량 대비 작성시간이 너무 짧은 경우에는 제재대상이 될 수 있습니다. 어쩌다 한두 번 정도는 이상이 없을지 몰라도 이런 비정상적인 작성 패턴이 계속 지속된다면 저품질 위험이 높아지게 됩니다.

⑯ 과도한 유사문서

네이버에서는 '소나(SONAR)'라고 부르는 자체 알고리즘을 이용해 웹상에 있는 수많은 동일문서 혹은 유사문서 중에서 원본문서만을 가려내어 보여주고 있습니다. 거의 비슷한 문서를 검색결과로 보여주는 것은 낭비라고 판단해, 그중에서 가장 가치 있는 원본문서만을 검색결과에 나타나게 하는 것이지요. 또한 만일 어떤 블로그가 이처럼 검색결과에서 제외되는 유사문서로만 채워져 있다면 네이버 시스템은 그 블로그를 독자적인 정보를 생산하지 않고 어딘가에 있는 다른 문서 퍼오기만을 일삼는 블로그라고 판단할 것입니다. 당연히 이런 블로그는 저품질위험이 높아지게 됩니다.

⑰ 잦은 외부링크 달기

포스팅 분문 중에 네이버 외부로 빠져나가는 링크가 지나치게 자주 삽입되는 것도 좋지 않습니다. 이처럼 외부링크 삽입이 잦은 경우 네이버 시스템은 해당 블로그가 자체적으로 유용한 정보를 제공하지 못하는 홍보성 블로그라고 판단하기 때문이지요. 또한 이것은 네이버 방문자를 가능한 한 외부로 유출시키지 않으려는 네이버의 정책과도 어느 정도 맞닿아 있다고 생각할 수 있습니다. 이런 까닭에 네이버 블로그나 카페, 지식인, 지식쇼핑 등 네이버 테두리 내에서 이동시키는 링크는 크게 문제가 되지 않습니다. 다만 네이버 내부링크라도 똑같은 URL이 과도하게 반복된다면 결코 좋지 않을 것입니다.

⑱ 과도한 이미지 중복

지금까지 설명한 요인들을 살펴보면 블로그에서 무엇이든 계속 똑같은 활동을 중복하는 것은 좋지 않다는 사실을 알 수 있습니다. 이미지도 예외가 아니지요. 어쩌다 중복 사용하는 것은 문제가 없지만, 상습적으로 이미지를 중복 사용하면 결코 좋은 정보를 생산하는 블로그라는 평가를 받을 수 없습니다. 따라서 사진은 꾸준히 촬영해서 언제나 새로운 것을 사용하는 것이 좋습니다.

⑲ 짧은 시간에 많은 포스팅 수정

네이버에서 내놓은 해명에 따르면 포스팅 수정은 아무 문제가 없으니 얼마든지 해도 좋다고 합니다. 물론 한 번에 포스팅 수정이 한두 개씩 이루어지는 경우에는 일반적으로 무슨 문제를 발생시키지는 않습니다. 하지만 블로그를 운영하다보면 간혹 여러 개의 포스팅을 한꺼번에 수정해야 하는 경우가 생기는데, 이런 경우 블로그 전체가 검색노출에서 불이익을 받을 수 있으므로 주의해야 합니다. 이에 대해서는 '소문의 진실, 네이버가 밝힌 내용' 편 중 '포스팅 수정, 과연 괜찮은가?(180쪽)'에 자세히 설명되어 있습니다.

⑳ 잦은 포스팅 삭제 및 과도한 비공개 포스팅

이미 작성한 포스팅을 자주 삭제하거나, 비공개 포스팅이 지나치게 많을 경우 저품질위험이 높아집니다. 따라서 포스팅을 삭제할 때는 신중해야 하고, 비공개 포스팅 작성 및 전환은 꼭 필요한 경우에만 해야 합니다.

㉑ 짧은 방문자 체류시간

유용한 블로그들의 공통점 중 하나는 방문자들이 머무르는 시간, 즉 체류시간이 길다는 것입니다. 이것은 블로그 내에 유용한 정보가 많아서 방문자들이 그것을 보느라 시간이 오래 걸린다는 사실을 의미합니다. 반면 유용하지 못한 블로그들은 대부분 방문자들이 휙 들어왔다가 금방 휙 나가버리는 경향이 강합니다. 이런 이유로 블로그 방문자들의 체류시간이 짧을 경우 저품질 블로그로 판단될 가능성이 높습니다. 따라서 여러분의 블로그에 꾸준히 유용한 포스팅을 작성함으로써 방문자들의 체류시간이 가능한 한 길어지도록 유도하는 것이 좋습니다.

㉒ 낮은 페이지뷰

유용한 블로그들의 또 다른 공통점은 바로 방문자들이 하나의 포스팅만 보고 나가지 않고, 여러 개의 포스팅을 두루 살펴본다는 것입니다. 블로그의 내용이 유용하니 그럴 수밖에 없는 것이지요. 이런 블로그들은 페이지뷰 수치가 올라갑니다. 반면에 페이지뷰 수치가 낮은 블로그는 유용한 정보를 제공하지 못한다고 판단되기 때문에 저품질위험이 높아질 수 있습니다. 따라서 오랫동안 안정적으로 마케팅 효과를 누릴 수 있는 블로그를 만들기 위해서는 페이지뷰를 가능한 한 높여야 합니다. 페이지뷰를 높이는 방법에 대해서는 앞서 설명한 '좀 더 강력한 블로그를 만드는 방법' 편(96쪽)을 참조하기 바랍니다.

㉓ 특정 유입처 쏠림현상

어느 한 URL을 통해 갑자기 방문자가 우르르 쏟아져 들어오는 일이 상습적으로 반복되면, 이 역시 부자연스러운 블로그 운영으로 판단됩니다. 또한 방문자수가 급격하게 늘었다 줄었다 하는 현상이 반복되는 것도 결코 좋지 않습니다. 어떤 경우든 블로그 통계 그래프는 자연스러운 곡선을 타는 형태가 좋습니다.

㉔ VPN IP 사용

한 사람 혹은 한 업체가 3개 이상의 많은 블로그를 운영하거나, 블로거가 직접 자신의 블로그에 댓글, 공감, 스크랩, 이웃활동을 하는 등, 홍보를 위해 블로그를 비정상적으로 운영하려면 반드시 수많은 IP가 필요합니다. 그래야만 혼자서 여러 명의 행세를 할 수 있기 때문이지요. 이처럼 많은 IP를 제공해주는 대표적인 서비스가 바로 'VPN'입니다. VPN 서비스를 통해 IP를 세탁한 홍보성 블로그들이 기승을 부리자, 네이버에서 VPN IP를 사용하는 블로그에 대해 저품질 제재조치를 가하는 일이 늘어나고 있습니다.

㉕ 비정상적으로 생성된 아이디 사용

중국 등지에서 실제 네이버 사용자가 아닌 타인의 명의로 생성된 아이디 혹은 기타의 방법으로 대량 생성된 아이디를 구매해 사용하는 경우에도 당연히 제재대상이 됩니다.

㉖ 너무 많은 블로그 운영

한 사람의 주민등록번호로 본인인증을 받을 수 있는 네이버 아이디는 최대 3개입니다. 따라서 블로그도 한 사람이 3개까지는 운영해도 별 문제가 없습니다. 하지만 3개 이상의 많은 블로그를 운영하는 경우에는 홍보를 위해 다수의 블로그를 키우는 것이라고 판단될 수도 있기 때문에 저품질의 요인이 됩니다.

㉗ 제재받은 일이 있는 IP, ID 등 사용

과거에 지식인, 블로그, 카페활동 등을 하다가 저품질 등의 제재조치를 받은 적이 있는 IP, ID, 주민등록번호를 사용하면 저품질위험이 높아집니다. 물론 1~2번 경미한 저품질 조치를 받은 경우에는 이런 위험이 생기지 않지만, 상습적으로 저품질 조치를 받았거나, 악성 어뷰징, 지식인을 이용한 마케팅을 하다가 제재를 받은 IP와 ID를 사용하면 저품질위험이 높아지므로 사용하지 않는 것이 좋습니다.

㉘ 여러 IP에서 접속

지나치게 많은 IP에서 동시에 같은 ID로 로그인하거나, 동시접속이 아니라도 과도하게 많은 IP를 사용해 블로그 활동을 하는 경우에도 제재대상이 될 수 있습니다. 다만 집과 직장의 PC, 스마트폰으로 번갈아가며 블로그 활동을 하는 정도는 전혀 문제가 되지 않으므로 걱정할 필요가 없습니다. 하지만 의도적으로 수많은 IP를 구해서 사용하는 경우에는 저품질위험이 높아집니다.

4/ 저품질 자가 진단법

그렇다면 여러분의 블로그가 저품질에 빠졌는지 여부는 어떻게 판단할 수 있을 까요? 저품질에 빠졌을 때 나타나는 가장 확실한 증상은 바로 '검색노출에서 불이 익을 받는다'는 것입니다. 블로그 검색결과에서 3페이지에 노출되는 이른바 '3페이지 저품질'이 대표적이고, 혹은 검색결과 위치가 그보다 훨씬 더 뒤로 처지는 경우도 있습니다. 저품질 여부를 좀 더 정확히 판단하려면 다음과 같이 크게 2가지 경우로 나누어서 살펴봐야 합니다.

(1) 기존에 활성화된 블로그인 경우

여러분의 블로그가 활성화되어 있어서 평소 원활하게 검색 상단노출이 이루어지고 있었던 경우입니다. 저품질 제재조치가 생긴 근본원인을 생각해보면 당연한 일이지만, 대부분 이렇게 블로그가 활성화된 상황에서 저품질에 빠지게 됩니다. 이런 상황에서 저품질에 빠지면 다음과 같이 즉각 피부로 느껴지는 중대한 변화가 생깁니다.

① 단 며칠 사이에 블로그 하루 방문자수가 3분의 1 이하로 급감한다.
② 기존에는 블로그 포스팅들이 대부분 상단노출되어 있었는데 며칠 사이에 모

두 자취를 감추고, 노출위치가 3페이지 혹은 그 뒤로 밀린다.

③ 평소대로라면 상단에 노출되었을 신규 포스팅들이 3페이지 혹은 그 뒤에 노출되거나, 아예 검색결과에서 찾을 수 없을 정도로 뒤에 나타난다.

위의 증상들을 한마디로 표현하면 결국 평소 검색결과에 잘 노출되던 포스팅이 갑자기 안 나오게 된다는 것입니다. 잘 운영되던 블로그에 이러한 변화가 생기고 일주일이 지나도록 복구되지 않는다면, 그것이 바로 저품질에 빠진 것입니다.

(2) 활성화되지 못한 블로그인 경우

위에서 설명했듯이 대부분의 저품질현상은 활성화된 블로그에서 나타납니다. 하지만 처음부터 너무나 잘못된 방법으로 블로그를 운영하면 활성화되지 못한 상태에서도 저품질에 빠질 수 있습니다. 특히 이런 경우 원래부터 검색노출이 잘 안 되었었기 때문에 저품질 여부를 판단하기가 상당히 애매합니다.

칼로 무 자르듯 정확히 판단할 수는 없지만, '이것이 블로그의 기본이다' 편(87쪽)에서 설명한 방법대로 성실하게 3개월 동안 꾸준히 포스팅을 진행한 뒤 상단노출 방법을 적용해 포스팅했을 때, 검색결과 3페이지 안에 노출되는 포스팅이 거의 없다면 저품질에 빠졌다고 조심스레 예측해볼 수 있습니다. 다만 이때 사용하는 키워드는 PC와 모바일을 합쳐서 월간 검색량 1만 건 이상으로 너무 많거나, 반대로 500건 이하로 너무 적은 키워드는 피하고, 그 중간범위 내에 있는 것들을 선택해야 합니다. 검색량이 너무 많은 키워드는 경쟁이 치열해서 원래부터 상단노출이 힘들고, 반대로 검색량이 너무 적은 키워드는 경쟁자가 없어서 블로그가 저품질에 빠졌더라도 상단노출되는 경우가 많기 때문이지요. 이와 관련해 각 키워드의 월간 검색량을 조회하는 방법은 '블로그 상단노출 방법' 편의 '키워드 찾는 방법' 부분

(119쪽)을 참조하면 됩니다.

한편, 이처럼 블로그가 활성화되기도 전에 저품질이 의심될 때는 지금까지 블로그를 어떻게 운영해왔는지를 돌아볼 필요가 있습니다. 이에 대해 자신의 블로그가 앞서 '블로그를 저품질에 빠뜨리는 구체적인 원인들' 부분(217쪽)에서 설명한 저품질요인에 얼마나 해당되는지를 확인해보되, 특히 다음과 같은 요인들을 중점적으로 체크해봐야 합니다.

- 키워드 도배 / 동일한 텍스트나 이미지의 반복 사용 / 어뷰징(abusing) / 악성 스크립트 삽입 / 불법·악성 키워드 사용 / 과도한 스댓공(스크랩, 댓글, 공감), 자작 스댓공 / 마케팅 프로그램 사용 / 잦은 수정 / VPN IP 사용 / 비정상적으로 생성된 아이디 사용 / 너무 많은 블로그 운영 / 제재이력이 있는 IP, ID 등 사용 / 여러 IP에서 접속

3개월 이상 성실하게 포스팅을 했는데도 검색노출이 원활하지 않고, 평소 블로그를 위와 같은 방법들을 사용해 운영했다면 저품질에 빠졌을 가능성이 높습니다. 또한 설사 저품질에 빠지지 않았더라도 해당 블로그는 잘못된 운영으로 인해 활성화시키기가 어려운 상황입니다. 이런 경우에는 과감하게 그 블로그를 포기하고 새로운 IP와 ID를 이용해 블로그를 새로 개설해서 운영하는 것이 좋습니다.

(3) 이런 경우는 저품질이 아니다

간혹 저품질이 아닌데도 다음과 같은 요인들 때문에 저품질과 비슷한 현상이 생기는 경우가 있습니다.

① 네이버 블로그 시스템 불안정

가끔 네이버 블로그 시스템이 불안정해 블로그의 검색노출 순위가 평소와 다르게 완전히 뒤바뀌거나, 포스팅을 해도 그 포스팅이 검색에 반영되지 않는 경우가 있습니다. 이러한 상황이 의심된다면 여러분의 블로그 외의 다른 블로그들을 유심히 관찰해보십시오. 만약 다른 다수의 블로그에도 비슷한 변화가 생겼다면 네이버 블로그 시스템이 잠시 불안정한 상황일 가능성이 높습니다. 이럴 때는 며칠만 기다리면 다시 원상복구가 됩니다. 반면에 다른 블로그들은 괜찮은데 유독 여러분의 블로그에만 변화가 생기고 일주일 이상 복구가 안 된다면 안타깝지만 저품질에 빠졌을 가능성이 높습니다.

② 자연스러운 노출순위 밀림

사용된 키워드에 따라 시간상의 차이는 있지만, 대부분의 포스팅은 시간이 지날수록 최초 검색노출 순위에서 서서히 밀리기 마련입니다. 검색노출 순위가 밀리면 블로그에 유입되는 방문자수도 자연스럽게 줄어들 수밖에 없겠지요. 특히 방문자들이 단 몇 개의 포스팅에 심하게 편중되어 유입된 경우에는 해당 포스팅들의 노출순위가 밀리면서 방문자수가 급감할 수도 있습니다. 하지만 이러한 상황은 저품질에 빠져서 생기는 것은 아닙니다. 만일 저품질에 빠졌다면 일부가 아닌 블로그 내의 거의 대부분의 포스팅이 며칠 사이에 검색노출 상단에서 사라져버립니다.

5 / 저품질에서 빠져나오는 방법

저품질은 늪과 같아서 한 번 빠지면 좀처럼 헤어나기 어렵습니다. 하지만 저품질 초기에는 빠져나올 수 있는 가능성이 어느 정도 열려 있습니다. 그 해답은 간단합니다. 바로 네이버가 원하는 방향으로 블로그를 운영하면 됩니다.

먼저 그동안 작성한 포스팅 중에서 문제가 되었을 만한 포스팅을 모두 삭제하고, 앞서 소개한 저품질 요인을 피해서 포스팅 작성을 계속 충실하게 해나갑니다. 이때 'C-Rank의 분석과 해법' 편(153쪽)을 참조하여 검색 이용자의 만족도가 높은 콘텐츠 위주로 블로그를 채워나가는 것이 무엇보다 중요합니다.

저품질 초기라면 보통 위와 같은 활동을 2~3주 동안 열심히 하면 빠져나올 수 있습니다. 다만 그동안 블로그가 얼마나 저품질요인을 많이 가지고 있었는가에 따라 빠져나오는 데 몇 개월 정도 더 걸릴 수는 있습니다. 하지만 그 기간이 지나서도 저품질상태가 지속된다면 과감하게 해당 블로그를 접고 새로운 블로그를 개설하는 것이 좋습니다.

6/ 참을 수 없는 달콤한 유혹, 블로그 방문자수

블로그를 운영하다 보면 은근히 자존심을 건드리는 요소가 있습니다. 바로 '하루 방문자수'입니다. 물론 이것을 설정에 따라 감출 수도 있지만, 마치 블로그의 성적표인 양 표시되는 공개지표인 데다 사람들이 일반적으로 이 방문자수가 블로거의 영향력이나 인기를 반영한다고 생각하기 때문에 신경이 쓰일 수밖에 없는 것이지요. 이밖에 블로그 체험단을 주로 운영하는 블로거들이 체험단에 당첨되기 위해서 블로그 방문자수를 애써 키우려는 경우도 있습니다.

하지만 블로그의 방문자수란 블로거에게 마치 입에는 달콤하지만 건강에는 안 좋은 사탕과 같다는 점에 주의해야 합니다. 실제로 대부분의 블로거가 방문자수가 늘어나면 인기도 있고 좋은 줄로만 알지, 방문자수가 늘어나다 보면 저품질위험이 커질 수 있다는 사실은 모릅니다.

방문자수에 대한 유혹이 저품질 가능성을 높이는 이유는 이렇습니다. 블로그를 운영하다 보면 전문가가 아니더라도 누구나 제목과 본문에 검색 키워드를 삽입하는 정도의 기본적인 상단노출 방법은 알 수 있게 됩니다. 그래서 많은 블로거들이 방문자수가 늘어나기를 바라는 마음에 이렇게 기본적으로나마 상단노출 기법을 사용해 포스팅을 하게 되지요. 그런데 이러한 포스팅을 오랫동안 지속하다 보면 블로그와 관련된 여러 통계지표 중 방문자수만 나 홀로 높아질 가능성이 높은데, 바로 이것이 문제입니다. 일반적으로 방문자수가 늘어나면 이웃활동, 재방문수, 페이지뷰 등도 같은 비율 혹은 그 이상으로 늘어나야 합니다.

물론 방문자수 자체도 블로그지수에 영향을 미치기 때문에 소홀히 할 수는 없습니다. 하지만 블로그지수를 높이는 데 있어서 그보다 훨씬 중요한 요소가 바로 검색 이용자들의 높은 검색 만족도라는 점을 잊어서는 안 됩니다. 만약 이러한 밑바탕 없이 방문자수만 나 홀로 독주하는 현상을 보인다면 상단노출을 적당히 억제해야 할 필요가 있습니다. '상단노출을 하지 말고 오히려 억제하라'는 말이 얼핏 이상하게 들릴지 모르지만, 현재의 블로그 환경에서 블로그를 오랫동안 유지하면서 꾸준하게 마케팅 효과를 누리기 위해서는 이러한 '완급조절'이 필요합니다. 상단노출을 회피하는 방법에 대해서는 '저품질에 빠지지 않고 블로그 마케팅 성공하기' 편(237쪽)에서 자세히 살펴보겠습니다.

7／ 저품질에 빠지는 또 하나의 함정, 블로그 임대 및 포스팅 의뢰

블로그를 열심히 운영하다 보면 어느 날부터 '돈을 지불하고 블로그를 임대하고 싶다', '사진과 글을 보내줄 테니 그대로 포스팅 해달라' 등 포스팅을 의뢰하는 쪽지가 들어오는 경우가 있습니다. 앞에서도 잠시 언급했지만, 이런 쪽지들은 대부분 항상 많은 블로그가 필요한 블로그 마케팅 대행사들이 보내고 있습니다. 그들이 사용하는 블로그가 끊임없이 저품질에 빠지기도 하고, 가능한 한 저품질에 빠지는 것을 막으려면 홍보 포스팅을 여러 블로그에 분산시킬 필요가 있기 때문이지요. 하지만 여러분이 자신의 블로그를 아낀다면 이런 의뢰는 받아들이지 않는 것이 좋습니다. 의뢰를 받아들이면 여러분의 블로그에는 홍보성이 매우 강한 포스팅이 상단노출 기법을 사용해 등록되고, 그 포스팅에 인위적인 스댓공이 쏟아지며, 때로는 마케팅 프로그램에 의한 온갖 어뷰징이 가해집니다. 당연히 저품질위험이 그만큼 높아지게 되지요.

14

저품질에 빠지지 않고 블로그 마케팅 성공하기

지금까지 상단노출 방법과 그로 인해 야기될 수 있는 저품질현상에 대해 살펴봤습니다. 지금쯤 여러분은 한 가지 의문이 들 수도 있습니다. 상단노출이 그렇게 위험하면 도대체 상단노출을 하라는 건지 말라는 건지, 또 마케팅은 어떻게 하라는 건지 말이지요. 하지만 힘 조절만 잘 하면 얼마든지 블로그를 오랫동안 튼튼하게 유지할 수 있으므로 너무 걱정할 필요가 없습니다. 더욱이 이런 식으로 블로그를 운영하면 시간이 지날수록 더욱 여유로움을 느낄 수 있습니다. 그럼 지금부터 저품질에 빠지지 않고 블로그를 이용해 오랫동안 마케팅 효과를 누릴 수 있는 방법들을 하나씩 살펴보겠습니다.

1, 오로지 블로그지수를 높여라

어떤 블로그는 조금만 잘못 운영해도 저품질에 빠지고, 어떤 블로그는 웬만큼 저품질요인이 있는데도 신기하게 잘 굴러갑니다. 왜 그럴까요? 그 이유는 앞서 설명했듯이 저품질 판정은 일종의 점수합산에 의해서 이루어지기 때문입니다. 즉, 블로그지수가 높아지면 플러스점수가 되어서 그만큼 저품질위험에서 멀어질 수 있다는 것이지요. 그래서 똑같이 상단노출을 시도하는 블로그라도 어떤 블로그는 저품질에 빠지고 어떤 블로그는 무사한 것입니다. 따라서 블로그를 마케팅에 이용하면서도 튼튼하게 유지하려면 블로그지수를 높이는 것이 가장 근본적이고 효과적인 방법이 됩니다. 이를 위해 앞서 'C-Rank의 분석과 해법' 편(153쪽)에서 설명한 검색 이용자의 만족도를 높이는 방법을 다시 한 번 꼼꼼히 살펴보고 여러분의 블로그 체력을 튼튼하게 키우는 데 활용하기를 바랍니다.

2, 상단노출 주기를 조절하라

상단노출을 너무 자주 시도하거나 상단노출되어 있는 포스팅이 너무 많으면 저품질 위험도 점점 높아지게 됩니다. 상단노출을 자주 시도하면 삽입되는 키워드의 반복 사용 등 스팸 패턴이 나타날 수 있고, 상단노출된 포스팅이 너무 많아서 블로그 방문자수가 지나치게 늘어나면서 일반적으로 방문자들의 검색 만족도가 떨어지는 경향을 보이기 때문입니다. 따라서 상단노출 시도는 그 주기를 적절하게 조절하는 것이 좋습니다. 운영기간 1년 이하의 블로그라면 대략 일주일에 한 번 정도가 안정적인 수준입니다. 운영기간이 1년이 지나고 블로그지수가 높게 쌓였다고 판단되면 그 주기를 조금 높일 수 있습니다.

물론 일주일에 겨우 하나 정도의 포스팅만으로는 효과적인 마케팅을 진행하기 어렵습니다. 따라서 필자의 경우 이러한 어려움을 극복하기 위해 블로그를 2개 운영하고 있습니다. 물론 자체적으로 블로그 마케팅을 진행하는 사업자 중에는 블로그를 10개 이상 운영하는 경우도 있으므로, 필자가 운영하는 블로그 개수는 매우 적은 편에 속합니다. 하지만 필자의 경험상 한 사람이 양질의 포스팅을 매일 끊임없이 작성하려면 블로그 2개까지가 거의 한계선에 해당합니다. 그 이상으로 블로그를 운영하면 아무래도 포스팅의 질이 점점 떨어지기 때문이지요.

필자의 경우 굳이 네이버의 정책을 거슬러가며 다량의 블로그를 운영하지 않습니다. 지금껏 다량의 블로그로 마케팅을 진행해온 사람들은 이런 이야기를 들으면 고개를 갸우뚱하기도 합니다. 그런데 현실적으로 블로그를 2개 운영할 경우 블로그 운영 초기에는 한 달에 8~9개의 안전한 상단노출 포스팅이 가능하고, 블로그 운영기간이 쌓이면 한 달에 20개 정도가 가능하므로, 이 정도면 소규모 사업체의 마케팅용으로는 충분하다고 볼 수 있습니다. 이보다 많은 포스팅이 필요하다면 블로그 운영인원과 IP, ID를 늘리면 되겠지만, 필자의 경험상 연매출 20억 원 이하 수준의 소규모 기업체의 마케팅을 진행하는 데는 블로그 2개면 충분했습니다.

필자의 경우 네이버의 눈을 피해 여러 개의 IP를 쓰는 등의 행위는 아예 고려하지도 않습니다. 그런데도 어느 날 마케팅을 의뢰한 업체 사장님께서 생산량이 감당이 안 되니 잠깐 마케팅을 중단하자고 부탁했을 정도입니다. 따라서 2개 이상의 블로그가 필요하다고 판단될 때는 다시 한 번 다음과 같은 사항들을 점검해볼 필요가 있습니다.

여러분이 현재 포스팅에 사용하고 있는 제목들은 고객들 입장에서 정말 다른 포스팅들보다 더 클릭하고 싶은 제목인가요? 혹시 포스팅을 본 고객들이 최종적으로 상품을 구매하는 구매율이 지나치게 낮지는 않은가요? 이렇게 효율은 떨어지면서 포스팅 개수나 상단노출에만 매달리고 있지는 않습니까?

많은 사람에게 포스팅을 노출시키는 것도 중요하지만, 포스팅을 본 사람들을 얼마나 많이 카페나 쇼핑몰로 유입시키고 구매하게 만드는지도 똑같이 중요합니다. 하수들은 오로지 그물을 많이 치기에만 바쁘고, 상수들은 그물을 촘촘하게 다듬는 데 치중한다는 사실을 명심해야 합니다.

방문자를 원하는 곳으로 유입시키고 구매를 일으키는 방법에 대해서는 실전 2단계(블로그 방문자를 쇼핑몰로 유입시키기)와 실전 3단계(카페, 쇼핑몰로 매출 일으키기)에서 자세히 살펴보겠습니다.

3/ 포스팅을 홍보용 전단지로 만들지 마라

이제 블로그에 포스팅을 채워나가는 데 있어서 어떻게 완급을 조절해야 할지 감이 잡혔을 것입니다. 특히 이렇다 할 내용이나 정보 없이 광고만을 위해서 작성된 전단지식 포스팅은 C-Rank 환경에서 더욱더 저품질을 가속화시킬 뿐입니다. 물론 판매하는 아이템의 특성에 따라 차이가 있을 수 있지만, 일반적으로 포스팅을 오로지 홍보성 내용으로만 일관하기 보다는 유용한 정보를 전달하는 콘텐츠 형식으로 작성하는 것이 여러모로 좋습니다. 그래야 저품질위험에서도 한걸음 멀어질 수 있으며, 방문자의 충성도를 높여 유입률과 구매율을 높일 수 있습니다.

4/ 다수의 세부 키워드를 차례로 공략하라

상단노출 경쟁이 치열한 몇 개의 주요 키워드에만 매달리면 저품질위험은 높아지고 피만 마릅니다. 이런 키워드가 상단에 노출되지 않았다면 적당한 위치에 노출된 상황에 만족하는 것이 좋습니다. 또한 비록 노출순위가 떨어지더라도 여러분보다 상단에 노출되어 있는 경쟁업체들의 포스팅보다 제목을 더 잘 쓴다면 더 많은 클릭을 받을 수도 있습니다. 이처럼 클릭을 많이 받을 수 있는 제목을 쓰는 방법에 대해서는 '기가 막힌 제목을 만드는 방법' 편(268쪽)에서 자세히 설명하겠습니다.

아울러 앞서 강조했듯이 주요 키워드 외에 노출경쟁이 낮으면서도 구매율이 높은 세부 키워드를 발굴하는 작업을 게을리 해서는 안 됩니다. 이런 수많은 세부 키워드를 하나씩 차근차근 쌓아나갈수록 여러분의 마케팅은 탄탄대로를 걷게 됩니다. 세부 키워드는 경쟁이 낮아 상단노출이 쉽고, 한 번 상단에 노출되면 오래 유지되며, 웬만큼 상단노출이 되더라도 저품질위험이 낮습니다. 모바일 상단노출도 한번 상단에 노출되면 오랫동안 유지되는 경향이 강하니 반드시 노려봐야 합니다.

5 / 상단노출 회피하기

'블로그 저품질, 애써 키운 블로그 한방에 훅 간다' 편(212쪽)에서 설명했듯이, 블로그가 처한 상황에 따라서는 상단노출과 방문자수 증가를 억제해야 하는 경우도 있습니다. 이런 경우에는 상단노출을 의도적으로 피하는 것도 하나의 방법이 될 수 있습니다. 상단노출을 회피하는 방법은 간단합니다. 다음과 같이 상단노출 핵심기법을 이리저리 모두 피해가면 됩니다.

① 키워드 띄어쓰기
평소 사람들이 많이 포스팅하는 키워드는 중간에 띄어쓰기만 해도 노출순위가 많이 떨어집니다. 다만 사람들이 흔하게 띄어쓰는 곳은 띄어쓰기를 해도 소용이 없으므로, 다음 사례와 같이 뜬금없는 곳을 띄어쓰기해주는 것이 좋습니다.

예) 북유럽접시 → 북유럽 접시(×)

　　북유럽접시 → 북유럽접 시(○)

　　북유럽접시 → 북 유럽접시(○)

② 외국어 키워드

외국어로 된 키워드는 일반적으로 검색량이 낮기 때문에 한글 키워드보다 상대적으로 안전합니다. 주로 영화제목이나 원래부터 외국어인 키워드일 때 이런 방법을 활용할 수 있습니다.

예) 다크나이트 라이즈 → The Dark Knight Rises

　　수제버거 → Handmade Burger

　　요괴워치 → 요까이왓치(妖怪 ウォッチ)

③ 의도적인 오타

제목을 자연스럽게 썼는데 어떤 키워드가 들어가서 상단노출이 우려될 때는 다음 사례와 같이 의도적으로 오타를 내는 방법을 활용할 수 있습니다.

예) 새벽4시 신당동 떡볶이 먹방투어 → 새벽4시 신당동 떡뽁이 먹방투어

블로그 방문자를 쇼핑몰로 유입시키기

블로그 마케팅 실전 1단계를 충실하게 거친 여러분은 이제 블로그를 어떻게 키워서 상단노출을 할 수 있는지에 대해 이해했을 것입니다. 비로소 원하는 키워드의 상단노출을 통해 방문자를 끌어들일 수 있게 된 것이지요. 더불어 어떻게 하면 블로그 마케팅의 복병이라고 할 수 있는 저품질에 빠지지 않는지도 알게 되었을 것입니다.

그렇다면 이제 블로그 마케팅 실전 2단계로 넘어가 보겠습니다. 실전 2단계는 다음 그림과 같이 블로그로 끌어들인 방문자를 실제 상품판매가 이루어지는 카페나 쇼핑몰로 유입시키는 단계입니다. 이러한 단계를 배우고 활용함으로써 여러분은 끊임없이 고객을 끌어들이는 구조를 완성할 수 있을 것입니다.

01

고객이 몰려오게 만드는 기가 막힌 방법

앞서 예비 1단계(온라인 마케팅의 핵심구조)에서 블로그와 카페, 쇼핑몰을 이용하는 여러 가지 마케팅의 구조에 대해 살펴봤습니다. 이러한 구조 중 블로그에서 직접 판매까지 진행하는 블로그 단독 구조가 아니라면, 블로그로 유입된 잠재고객을 카페나 쇼핑몰 등으로 유입시키는 것이 블로그 마케팅의 2차 과제라고 할 수 있습니다. 이처럼 블로그를 이용해 잠재고객을 많이 끌어들이는 것도 중요하지만, 그 잠재고객들을 실제 판매가 이루어지는 카페나 쇼핑몰로 '유입'시키는 것도 매우 중요합니다. 기껏 블로그로 잠재고객을 100명, 1,000명 모은들 카페나 쇼핑몰로 1명도 유입되지 않는다면 아무런 소용이 없겠지요.

보통 쇼핑몰을 홍보하는 블로그를 보면 포스팅 끝에 쇼핑몰 배너를 배치하는 방식으로 유입을 시도하는 경우가 많습니다. 물론 제품이 좋고 사진도 잘 찍고 상단노출에 성공해서 충성도 있는 잠재고객을 많이 끌어 모은다면 이러한 방식을 통해 어느 정도의 유입은 이루어질 것입니다. 하지만 유입률 측면에서는 결코 효율적인 방법이라고 할 수 없습니다. 방문자들이 포스팅을 끝까지 꼼꼼하게 보지 않는 경우가 많을 뿐 아니라, 끝까지 보더라도 이미 포스팅을 다 보고 난 시점에는 방문자의 관심이 그 배너로 쏠리기 힘들기 때문이지요. 특히 배너가 포스팅 내용과 그리 큰 연관성이 없는 경우 더욱 관심을 끌기 어렵습니다.

또한 포스팅 끝에 쇼핑몰 배너를 달아놓으면 방문자들에게 홍보성 블로그라는 인식을 줄 수 있습니다. 이럴 경우 충성고객층이 아닌 이상 그 블로그와 이웃을 맺고 소통하려고 하지 않는다는 문제가 생길 수 있습니다. 그렇기 때문에 애써 블로그로 방문자를 끌어 모아도 그것이 제대로 매출로 이어지지 않는 것이지요.

따라서 실제 매출효과를 얻으려면 이런 방법보다는 다음과 같이 좀 더 자연스럽고 거부감이 없으며 유입률이 높은 방법을 활용해야 합니다.

1, 미끼를 던져라

블로그를 보는 잠재고객들은 항상 목말라 있습니다. 무엇에 목말라 있을까요? 바로 '정보'입니다. 따라서 그들에게 정보를 슬쩍 던져주면 자연스럽게 그 정보를 따라오게 되어 있습니다. 즉, 블로그 포스팅에서는 그 정보에 대한 간단한 언급만 해놓고, 좀 더 자세한 정보는 여러분이 삽입해놓은 링크를 클릭해야만 볼 수 있도록 해놓는 것입니다. 한마디로 '정보성 콘텐츠'라는 미끼를 잠재고객들에게 던져서 자연스럽게 실제 콘텐츠가 있는 곳으로 쫓아오도록 만드는 방법이지요. 필자역시 이런 방법으로 블로그 방문자를 카페나 쇼핑몰로 유입시키고 있는데, 잠재고객들에게 '진짜로 필요한' 정보를 던져줄수록 유입률이 높아지는 것을 볼 수 있었습니다.

그렇다면 잠재고객들에게 진짜로 필요한 정보가 있어야 한다는 얘긴데, 이런 정보가 무엇인지 어떻게 알 수 있을까요? 그 방법은 '돈 안 들이고 하루 1,000명을 끌어들이는 콘텐츠 구하기' 편(259쪽)에서 자세하게 살펴보도록 하고, 일단 여기에서는 어떻게 포스팅을 해야 고객들을 카페나 쇼핑몰로 유입시킬 수 있는지에 대해서 살펴보겠습니다.

이와 관련해 다음 사례는 '여행용 캐리어'와 관련한 포스팅 내용 중 일부입니다.

캐리어라는 것은 여행에 필요한 모든 것을 수납해야 하는 제품이기 때문에 여행의 질 자체에 영향을 미칠 정도로 중요한 아이템입니다.
여행고수들이 흔히 저가형 캐리어를 샀다가 후회하지 말고 내구성이 튼튼하고 사용하기 편리한 제품으로 선택하라고 충고하는 이유가 여기에 있습니다.
특히 유럽이나 남미 등 국가에서는 절도범에 의한 캐리어 파손사고가 심심치 않게 발생하는데, 굳이 절도범에 의한 고의 파손문제가 아니더라도 한 달 정도의 장기여행이라면 내용물이 대략 20kg에 달할 만큼 무겁기 때문에 캐리어의 내구성이 그만큼 중요합니다.
가장 고장 나기 쉬운 부분이 바로 인출식 손잡이입니다.
아래 링크에 자료를 올려둔 게 있는데 실제로 인출식 손잡이가 고장 난 사례를 보면 기가 차서 말이 안 나옵니다.
깔끔한 해결책도 같이 정리했으니 참고하세요.

잘못 다루면 여행을 망치게 되는 인출식 손잡이 :
http://cafe.naver.com/travelnotrouble/32658

두 번째로 고장 나기 쉬운 부분은 바퀴와 지퍼부분입니다.
흔히 매장에서 캐리어를 고를 때 방향전환이 편하고 부드럽게 굴러가는 것만을 체크하는데, 바퀴의 구조가 복잡할수록 내구성이 떨어진다는 사실도 염두에 두셔야 합니다.

이 사례에서는 포스팅 내용 중간에 '인출식 손잡이'에 대한 링크가 배치되어 있습니다. 그리고 방문자가 이 링크를 클릭하면 다음 그림과 같이 카페나 쇼핑몰에 마련된 콘텐츠 페이지로 곧바로 이동하게 됩니다. 즉, 블로그 포스팅을 하기 전에 미리 카페나 쇼핑몰에 정보성 콘텐츠를 올려둔 후, 이를 미끼로 이용해서 방문자를 유입시키는 방식입니다.

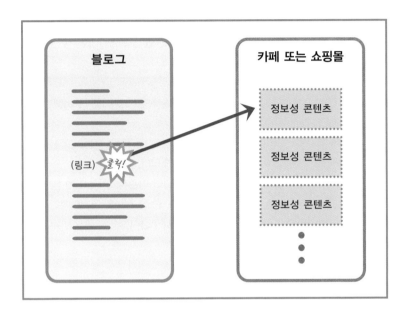

이때 방문자가 링크를 클릭했을 때 카페나 쇼핑몰의 메인 페이지가 나오게 해서는 안 된다는 점에 유의해야 합니다. 그럴 경우 링크를 클릭한 사람들이 자신이 보려고 했던 그 콘텐츠를 찾아서 또 다시 이동해야 하는 번거로움 때문에 그냥 이탈할 확률이 높기 때문입니다. 또 원하는 콘텐츠를 바로 보여주지 않고 메인 페이지가 나오면, 해당 콘텐츠를 보러왔던 사람들이 순간적으로 '낚였다'는 생각밖에 들지 않겠지요. 이렇게 사람들이 '낚였다'는 생각을 하는 순간 여러분의 신뢰도는 추락하고 마케팅은 물 건너가고 맙니다. 따라서 반드시 콘텐츠가 있는 페이지를 곧바로 보여줘야 합니다.

다음 사례는 여성의류에 관한 포스팅입니다. 봄 시즌에 어떤 블라우스를 사야 하나 고민 중인 20대 여성들을 타깃으로 한 패션제안인데, 올 봄에 유행할 패션을 콕 집어서 설명하다가 코디제안으로 링크를 걸어서 카페(혹은 쇼핑몰)로 유입시키고 있습니다. 이런 경우 링크를 클릭하면 별도로 마련된 코디제안 페이지가 뜨도록 해주면 됩니다.

특히 이 소재. 얇고 가벼우면서도 프린팅을 했을 때 고급져 보이는 소재죠?
간혹 어설프게 흉내 낸 블라우스는 소재와 염료가 달라서 이런 느낌이 안 나니 주의하세요.
햇빛에 비춰보시면 금방 알아요.
프린팅이 은은한 느낌이 들어야 하는 거, 센스 있는 분들은 말 안 해도 아시죠.
살짝 시스루와 혼용하면 섹시가 LPG가스 폭발 남친 그날 쓰러져
다만 한 가지 주의할 점이 있으시니 코디를 잘못하면 촌스런 꽃무늬로 보일 수도 있습니다.
플라워 프린팅은 그만큼 스커트나 팬츠, 백의 코디가 중요한데요.
마침 올려둔 자료가 있으니 직접 사진보고 판단해보시길.

플라워 프린팅 코디 성공 vs 실패 :
http://cafe.naver.com/travelnotrouble/32658

봄이 되면 항상 쏟아지는 소식들이 있죠. 바로 주변 사람들의 결혼소식입니다.
결혼식장에서도 칙칙하고 보수적인 무채색보다는 이런 스타일 블라우스로 과감한 포인트를 주는 센스 필요하소서.

---

(1) 방문자들은 이것 때문에 링크를 클릭한다

위와 같은 2가지 사례에서 여러분이 눈여겨봐야 할 점이 있습니다. 바로 '링크를 제시할 때 작성자가 어떤 상황을 조성하고 있느냐'입니다. 물론 두 사례 모두 호기심을 일으켜서 링크를 클릭하게 만들고 있지만, 여기에 한 가지 비밀이 더 숨

겨져 있습니다. 다시 사례로 돌아가서 천천히 잘 읽어보십시오.

자, 링크가 나올 때 방문자를 어떤 상황으로 몰아넣고 있습니까? 그렇죠. 바로 '위기감'을 조성하고 있습니다. 캐리어 포스팅에서는 캐리어를 잘못 선택하면 여행을 망칠 수 있다고 엄포를 놓고 있고, 패션제안 포스팅에서는 옷을 잘못 입으면 촌티패션이 된다고 경고하고 있습니다. 한마디로 방문자가 링크를 클릭해서 그곳에 있는 정보를 얻지 못하면 '뭔가 손해를 볼 수 있다'는 일종의 위기감을 조성하고 있는 것이지요. 포스팅을 보는 사람들은 그 위기에서 탈출할 방법을 찾기 위해 무의식적으로 링크를 클릭하게 됩니다. 다시 말해 위기감을 불러일으키는 동시에 '속 시원한 해결책'을 함께 제시함으로써 클릭을 유도하고 있습니다. 이런 갈등을 조성하지 않으면 방문자가 굳이 링크를 클릭할 이유가 없겠지요.

위기감을 조성하는 방법은 생각보다 간단합니다. 링크로 연결된 곳에 있는 정보를 보지 못했을 때 일어날 수 있는 상황을 구체적으로, 그리고 은근히 과장해서 표현하면 됩니다. 일단 여러분이 타깃으로 정한 잠재고객들의 입장에서 생각해보십시오. 캐리어 포스팅 사례에서 잠재고객은 여행이나 출장을 준비 중인 사람들입니다. 캐리어의 인출식 손잡이가 고장 났을 때 잠재고객들이 두려워할 만한 상황은 뭐가 있을까요? 바로 여행을 망치는 상황입니다.

해외여행을 가본 사람들은 장기 해외여행의 기회가 결코 쉽게 만들어지지 않는다는 사실을 알고 있습니다. 어렵게 돈을 모으고 시간을 내서 겨우 떠나는 해외여행인데, 다른 이유도 아니고 캐리어가 고장 나서 여행을 망친다면 그것처럼 억울한 일도 없겠지요. 잠재고객들은 바로 그처럼 억울한 상황을 피하려고 링크를 클릭하게 되는 것입니다.

패션제안 포스팅 사례에서의 잠재고객은 이번 봄에 입을 옷을 찾고 있거나 봄 패션에 관심이 있는 20대 여성들입니다. 이런 사람들은 어떤 상황을 두려워할까요? 기껏 예쁜 옷을 샀는데 코디를 잘못해서 씨구려 촌티취급을 받는 것만큼 억울한 일도 없겠지요. 패션에 민감한 사람일수록 이런 감정은 더할 것입니다. 잠재고객들은 그런 억울한 상황을 피하기 위해서 링크를 클릭하게 됩니다.

이렇게 강한 동기, 즉 위기감을 조성하고 해결책을 제시함으로써 유입을 유도하는 경우와, 단순히 포스팅 끝에 쇼핑몰 광고배너를 넣어놓는 경우를 비교해보면 유입률과 유입 방문자의 충성도 측면에서 상당한 차이를 확인할 수 있습니다. 또한 앞의 2가지 사례처럼 제공된 링크 자체가 포스팅 내용과 직접적인 연관성이 있고, 위치도 포스팅 중간에 있는 경우 주목도가 훨씬 높아지게 됩니다.

(2) 거부감 없이 방문자들을 유입시키는 노하우

이번에는 패션제안 포스팅 사례에서 링크를 제시하며 던진 다음과 같은 문구를 유심히 살펴보십시오.

플라워 프린팅은 그만큼 스커트나 팬츠, 백의 코디가 중요한데요,

① 자료가 있음을 언급
→ 마침 올려둔 자료가 있으니 직접 사진보고 판단해보시길.

② 호기심 혹은 위기감을 일으키는 타이틀과 함께 링크 제공
→ 플라워 프린팅 코디 성공 vs 실패 :
　　http://cafe.naver.com/travelnotrouble/32658

위의 문구를 보면 포스팅 중간에 관련 자료가 있음을 자연스럽게 언급하고, 2~3줄 정도 빈 줄을 넣은 후 호기심이나 위기감을 불러일으키는 타이틀을 적어주고 그 아래에 URL을 써주는 형태로 작성되었음을 알 수 있습니다. 이런 식으로 링

크를 삽입해주면 방문자들에게 되도록 거부감을 주지 않고 자연스럽게 카페나 쇼핑몰로 유입시킬 수 있습니다.

앞서 설명했듯이 이러한 포스팅은 곧바로 상품구매가 가능한 페이지로 연결되지 않고, 순수한 정보성 콘텐츠로 유입시키는 '간접 유입방식'에 해당합니다. 즉, 잠재고객이 유입된 시점에 구매를 일으키기 보다는 향후 잠재적인 구매를 일으키기 위한 '회원확보'에 중점을 둔 방식이지요.

2/ 미끼전략을 간단하게 구성하는 방법

유입률에 있어서는 위와 같은 간접 유입방식이 가장 자연스럽고 효율적입니다. 그런데 마케팅 강의나 컨설팅을 하다 보면 '취급하는 상품도 많고 이런저런 일로 바쁜데 언제 그런 콘텐츠를 다 작성하느냐'는 질문을 받을 때가 있습니다. 아무래도 간접 유입방식을 활용하면 실제 구매가 일어날 때까지 시간이 오래 걸리고 별도의 콘텐츠를 마련해야 한다는 부담감이 크게 작용한 탓이겠지요. 사실 필자 역시 현업에서 고객사의 마케팅을 진행하다 보면 그런 상황에 놓일 때가 많습니다. 다루는 상품이 1~2종류도 아닌데, 항상 그런 콘텐츠를 마련하기란 참 힘든 일이지요.

그럼 이번에는 미끼전략을 좀 간소화하는 동시에 잠재고객들을 상품 상세(판매) 페이지로 곧바로 유입시켜 구매를 일으키는 '직접 유입방식'으로 바꿔보겠습니다. 즉, 다음 사례처럼 정보성 콘텐츠를 따로 마련하지 않고 상세 페이지 자체에 정보성 콘텐츠가 간략하게 포함되도록 구성하는 방법입니다.

탄산수 제조기는 찾아보시면 알겠지만 가격대에 따라 조금씩 기능이 달라요.
아무래도 가격 대비 성능비가 가장 좋은 모델은 카보하우스에서 나온 COCUP 모델...
10만 원대 가격에 사용이 쉽고 디자인도 전혀 손색이 없더라고요. ^-^
이동할 때 넣을 수 있는 파우치까지 기본제공된다는 점도 좋고요.
다만 손잡이 쪽 내구성은 좀 보완될 필요가 있을 거 같아요.
조심해서 쓰면 별탈은 없지만 좀 신경 쓰이는 부분이더라고요.
이걸로 생수에다가 레몬만 넣어서 건강하고 맛있는 천연탄산음료를 만들 수 있습니다.
천연탄산음료 만드는 과정은 아래 링크에 사진 쭉 나와 있으니 보시면 됩니다.

COCUP으로 천연탄산음료 만드는 방법 :
http://storefarm.naver.com/imcomme/product/2521434110743

이렇게 천연재료로 만들게 되면 시판 중인 탄산음료와 꽤 많은 차이점이 있습니다. 먼저 건강에 해로운 당분을 천연재료로 대체하며 그 양도 마음대로 조절할 수 있다는 점. 또 각종 알레르기와 잠재적으로 건강에 악영향을 줄 수 있는 합성착향료에서 완전히 탈출할 수 있다는 점.

위의 포스팅 사례는 중간에 나와 있는 링크를 클릭하면 상품 상세 페이지로 이동하는 방식으로 작성되어 있습니다. 그리고 해당 상세 페이지 안에 천연탄산음료를 만드는 장면이 사진과 함께 간단하게 소개되어 있는 형태로 구성하면 별도의 콘텐츠를 만들어 올릴 필요가 없어서 간편합니다. 이처럼 간략한 방법을 사용할 때는 상품의 사용장면을 담은 사진이나 동영상 등이 좋은 콘텐츠가 될 수 있습니다. 상품의 정보를 찾는 사람들에게는 해당 상품을 사용하는 장면이 늘 궁금하게 마련이므로 그러한 콘텐츠를 거부감 없이 받아들이기 때문이지요. 이런 경우 위의 사례처럼 포스팅 본문에 '~하는 모습', '~하는 장면', '~하는 방법' 등의 문구를 쓰고 링크를 넣어주면 됩니다. 다만 이러한 문구는 잠재고객들에게 위기감을 조성하는 방식보다는 작성이 쉬운 반면, 그만큼 동기부여가 약해서 유입률이 다소 떨어진다는 점은 감안해야 합니다.

3/ 경쟁력 있는 가격이라면 가격 자체를 이용하라

만약 여러분이 판매하는 상품이 경쟁상품에 비해 가격경쟁력을 가지고 있다면 가격 그 자체로도 유입을 유도할 수 있습니다. 온라인을 돌아다니는 구매자는 언제나 한 푼이라도 저렴한 상품을 찾는다는 점을 이용하는 방법이지요. 먼저 다음 포스팅 사례를 살펴보겠습니다.

헤드폰을 선택할 때는 기본적으로 개방형으로 갈 것이냐, 밀폐형으로 갈 것이냐를 선택해야 합니다.
개방형은 헤드폰에서 나오는 사운드가 바깥으로 퍼져나가는 특성이 있어 맑고 투명한 사운드를 재현하는 데 유리합니다.
따라서 주로 저음보다는 중음역과 고음역대가 중요한 음악장르를 감상할 때 추천합니다.
다만 소리의 일부가 헤드폰 바깥까지 들리므로 공공장소에서 음악감상을 할 때는 주의가 필요합니다.
밀폐형은 사운드를 이어피스 안에 가두어놓기 때문에 주로 저음을 중심으로 한 힘 있고 박진감이 넘치는 음악장르와 잘 어울립니다.
낮게 으르렁거리는 베이스와 귀를 후려갈기는 드럼 사운드가 중요한 록이나 헤비메탈을 주로 감상하시는 분들은 밀폐형을 선택하시면 됩니다.
20만 원대 밀폐형 헤드폰 중 저음 재현력이 뛰어나고 장시간 음악감상에도 귀가 아프지 않은 제품이라면 아무래도 프로테크니카 AT-M1300모델이나 린하이저 HD-36모델을 추천할 만합니다.

AT-M1300모델은 최저가가 277,000원 →

---

http://storefarm.naver.com/headnara1004/product/794725623002

HD-36모델은 최저가가 281,000원 →
http://storefarm.naver.com/headnara1004/product/794725637195

사실 20만 원대 헤드폰을 잘못 선택하면 가성비 좋은 10만 원 이하 헤드폰의 만족도에도 미치지 못하는 경우가 있습니다.
좀 더 정확히 말하면 10만 원 이하 헤드폰에 미치지 못한다기 보다는 자기가 주로 감상하는 음악장르와 헤드폰이 맞지 않는 경우이거나 주로 사용하는 상황을 고려하지 못한 게 원인이죠.

위의 사례에서는 단지 경쟁력 있는 제품가격을 이용해 방문자들을 곧바로 상품 상세 페이지로 유도하고 있습니다. 이런 경우 블로그 포스팅 외에 카페나 쇼핑몰 등에 다른 별도의 콘텐츠를 마련할 필요가 없습니다. 필자의 경험상 가격경쟁력이 있다면 이런 방식으로 링크를 삽입해도 꽤 괜찮은 유입률을 얻을 수 있습니다. 다만 지나친 가격경쟁을 부추길 경우 시장 전체에 악영향을 주게 되어 결국 여러분까지 손해를 볼 수 있습니다. 따라서 이러한 점을 감안해 적절히 완급을 조절해야 합니다.

4/ 이도 저도 어렵다면 단순한 게 정답이다

정보성 콘텐츠를 마련하는 데도 한계가 있고, 그렇다고 포스팅에 가격을 노출하기도 곤란한 경우가 있을 수 있습니다. 아무리 콘텐츠가 중요하더라도 실전에서 일일이 별도의 정보성 콘텐츠 페이지를 작성하기는 매우 힘들기 때문이지요. 그래서 때로는 특별한 정보성 콘텐츠 페이지를 배치하지 않고 블로그 방문자들을 바로 상품 상세 페이지로 유입시키는 방법을 시도할 수도 있습니다. 정보성 콘텐츠를 거치는 방식보다는 다소 유입률이 떨어지지만, 사진을 잘 찍어서 방문자의 마음을 사로잡을 수 있다면 때때로 이 방법도 사용해볼 만합니다. 이러한 단순링크의 사례는 다음과 같습니다.

이럴 때는 스마트폰 미니스피커가 정답...
가방에서 스피커를 꺼내니까 테이블에 앉은 사람들의 시선이 집중!!
그리고 제가 직접 연주한 기타소리를 들려줬어요.
모두들 귀 기울이고 있는 모습 ㅠㅠ
크기도 작고 가벼운 스피커가 이렇게 음질이 좋고 짱짱하다니 이런 상황에서는 정말 기특한 아이템이에요.

요요 예쁜이 미니스피커 궁금하신 분들은 이쪽으로 →
http://storefarm.naver.com/imcomme/product/186737521434

이렇게 기타연주를 들은 사람들에게 박수를 받고 난 뒤부터 자신감이 생겼던 거 같아요!
기타연주라는 게 연습을 거듭해야 겨우 실력이 느는 건데 자신감을 가지게 되니 더 열심히 연습할 수 있었던 거죠.

위의 내용을 보면, 제품의 실제 사용기 형식으로 된 포스팅이 있고 그 중간에 '~ 궁금하신 분들은 이쪽으로 → '와 같은 문구와 함께 상품 상세 페이지로 바로 이동하는 링크를 제공하고 있습니다. 즉, 블로그 포스팅 외에 카페나 쇼핑몰에 별도의 정보성 콘텐츠 페이지를 작성하지 않고, 상품 상세 페이지로 곧바로 유입시키고 있는 것이지요.

이와 비슷하게, 포스팅 본문에 상품 상세 페이지에 기본적으로 포함된 내용을 제시함으로써 유입을 유도하는 방법도 생각해볼 수 있습니다. 예를 들면 상품의 색상이나 옵션이 다양하다는 점을 이용하는 것입니다. 이런 경우 포스팅에는 제품의 한 가지 색상만을 소개하고 전체 색상이 궁금하다면 링크를 클릭하라는 식으로 유도하면 됩니다.

이 밖에도 여러분이 판매하는 상품특성에 따라 다양한 방법으로 응용이 가능합니다. 필자 역시 현실적으로 일일이 콘텐츠 페이지를 만들기가 벅차서 이렇게 단순링크를 삽입하는 방법을 병행하고 있는데, 이런 방법으로도 어느 정도 유입에 성공해 꾸준한 매출을 기록하고 있습니다. 다만 이런 경우 상품이 고객 마음에 들어야 클릭을 유도할 수 있으므로, 상품이 좋을수록, 문구를 자연스럽게 작성해서 거부감을 줄일수록, 포스팅에 나오는 상품사진을 예쁘게 찍을수록 유입률을 높이는 데 유리합니다.

이제 블로그에 방문한 잠재고객들을 어떻게 카페나 쇼핑몰로 유입시켜야 할지 감이 잡혔나요? 앞서 설명한 4가지 방법, 즉 정보성 콘텐츠로 미끼를 던지는 방법, 간소화한 미끼전략, 경쟁력 있는 가격제시, 단순링크 방식은 각각 다소의 유입률 차이가 있습니다. 결과적으로 시간과 노력이 많이 들어갈수록 유입률과 유입된 방문자의 충성도가 높아지고, 반대로 방법이 단순할수록 유입률과 충성도는 떨어질 수밖에 없기 때문이지요. 따라서 가급적 일부 주력상품에 대해서는 정보성 콘텐츠 페이지를 이용한 강력한 유입전략을 사용하고, 나머지 상품들은 좀 더 간단한 방법을 적용하는 것이 효율적입니다.

이 밖에도 블로그에 위젯을 배치해 유입시키거나, 댓글에 달린 질문에 답변을 해주며 링크를 공개함으로써 유입시키는 등의 소소한 방법들이 있으므로 이러한 방법들을 병행해보기 바랍니다.

또한 포스팅 하나에 한 가지 유입방법만 쓰기 보다는, 위에서 설명한 방법들을 복합적으로 사용해서 유입시킨다면 유입률을 좀 더 높일 수 있습니다. 이런 방법들로 고객을 유입시키는 것이 모두 여러분의 매출과 직결되므로 꾸준하게 연습하고 나만의 방법으로 다듬어보기 바랍니다.

지금까지의 내용을 살펴보면 결국 잠재고객 유입의 핵심은 바로 잠재고객들이 진정으로 궁금해 하는 정보성 콘텐츠를 제공하는 것이라는 사실을 알 수 있습니다. 그런데 이것이 많은 사업자들을 걱정에 빠뜨리는 부분이기도 합니다. 잠재고객들이 도대체 어떤 정보를 궁금해 하는지를 어떻게 알 수 있는지 막막하기 때문이지요. 하지만 걱정할 필요 없습니다. 필자는 결코 여러분에게 '한 번 희망을 가지고 열심히 해보라' 따위의 허울 좋은 말만 던지고 끝내지 않습니다. 이 책에서 추구하는 것은 바로 '실전 마케팅'이기 때문이지요. 바로 이어지는 '돈 안 들이고 하루 1,000명을 끌어들이는 콘텐츠 구하기' 편에서 그 실전적인 방법을 살펴보겠습니다.

02

돈 안 들이고 하루 1,000명을 끌어들이는 콘텐츠 구하기

'온라인이라는 가상공간에서 어떻게 고객을 끌어들일 것인가.'

아마도 이것이 모든 온라인 사업자들의 공통적인 고민일 것입니다. 현실을 보면 대부분 이러한 고민을 돈으로 해결하고 있습니다. 즉, 돈으로 광고를 집행해서 그 효율에 따라 유입자가 발생하면, 이를 통해 광고 투자비용과 기타 비용을 합친 금액보다 많은 이윤을 창출함으로써 사업체를 운영하는 방식을 말합니다. 그런데 문제는 항상 광고투자 대비 수익률이 만족스럽게 나오지도 않을 뿐더러, 더욱이 개인이나 소규모 사업자 입장에서는 상품을 사입하거나 제품을 제조할 돈도 모자란 마당에 광고에까지 투자할 돈이 없다는 데 있습니다.

이런 상황에서 돈 없이 고객을 끌어들이는 무기가 바로 잠재고객들이 진정으로 알고 싶어 하는 정보를 제공하는 방법입니다. 그런데 고객들이 진정으로 알고 싶어 하는 정보가 무엇일까요? 의외로 어렵지 않게 구할 수 있습니다.

1/ 사람이 모이는 곳을 잘 보면 '이것'이 있다

사람들이 알고 싶어 하는 정보가 무엇인지는 사람들이 많이 모이는 곳에 가보면 바로 알 수 있습니다. 온라인상에서 사람들이 많이 모이는 곳은 어디일까요? 바로 인터넷 카페나 정보교류 목적의 웹사이트 같은 '커뮤니티'입니다. 이러한 장소를 활용해 정보를 얻는 방법은 다음과 같습니다.

① 아이템과 관련된 커뮤니티를 찾는다

먼저 여러분이 판매하는 아이템과 관련 있는 커뮤니티를 찾습니다. 이때 아이템과 직접적인 연관이 있을수록, 여러분들의 타깃층이 많을수록 좋습니다.

② 아이템과 관련된 게시판을 찾는다

이런 커뮤니티에 방문하면 보통 수많은 게시판이 있는데, 그중에서 여러분의 아이템과 연관된 정보가 많이 오가는 게시판을 찾아서 들어갑니다. 자유게시판도 좋고, 토론게시판, 질문답변 게시판도 좋습니다. 가능한 한 모든 게시판을 폭넓게 돌아다닙니다.

③ 게시물 목록을 훑어본다

게시판에 들어가 보면 먼저 다음 그림과 같이 게시물의 목록이 쭉 나옵니다. 이 게시물 목록만으로도 여러분의 아이템과 관련한 실로 다양한 정보들이 오간다는 사실을 알 수 있습니다.

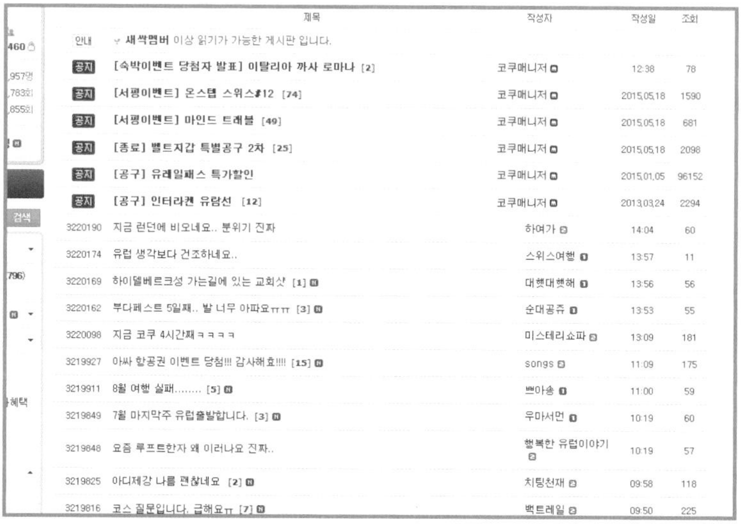

	제목	작성자	작성일	조회
안내	↔ 새 쌕멤버 이상 읽기가 가능한 게시판 입니다.			
공지	[숙박이벤트 당첨자 발표] 이탈리아 까사 로마나 [2]	코쿠매니저	12:38	78
공지	[서렝이벤트] 온스탭 스위스#12 [74]	코쿠매니저	2015.05.18	1590
공지	[서렝이벤트] 마인드 트래블 [49]	코쿠매니저	2015.05.18	681
공지	[종료] 뻗트지갑 특별공구 2차 [25]	코쿠매니저	2015.05.18	2098
공지	[공구] 유레일패스 특가할인	코쿠매니저	2015.01.05	96152
공지	[공구] 인터라켄 유람선 [12]	코쿠매니저	2013.03.24	2294
3220190	지금 런던에 비오네요.. 분위기 진짜	하여가	14:04	60
3220174	유럽 생각보다 건조하네요..	스위스여행	13:57	11
3220169	하이델베르크성 가는길에 있는 교회샷 [1]	대행대햇해	13:56	56
3220162	부다페스트 5일째.. 발 너무 아파요ㅜㅜ [3]	순대공쥬	13:53	55
3220098	지금 코쿠 4시간째 ㅋㅋㅋ	미스테리쇼파	13:09	181
3219927	아싸 항공권 이벤트 당첨!!! 감사해효!!! [15]	songs	11:09	175
3219911	8월 여행 실패........ [5]	쁘아송	11:00	59
3219849	7월 마지막주 유럽 출발합니다. [3]	우마서먼	10:19	60
3219848	요즘 루프트한자 왜 이러나요 진짜..	행복한 유럽이야기	10:19	57
3219825	아디제강 나름 괜찮네요 [2]	치팅천재	09:58	118
3219816	코스 질문입니다. 급해요ㅠ [7]	뻑트레일	09:50	225

④ 유독 높은 조회수를 보이는 게시물을 찾아본다

여기서 여러분은 게시물 오른쪽에 나와 있는 '조회수'에 주목해야 합니다. 조회수란 그 게시물이 열람된 횟수이므로 곧 사람들이 게시물의 제목만 본 상태에서 그 게시물을 몇 번 클릭했는지를 의미한다고 볼 수 있습니다. 그런데 유심히 보면 어떤 게시물은 조회수가 낮은 데 비해 어떤 게시물은 다음 그림에 표시된 것처럼 유독 조회수가 높습니다. 도대체 그 이유가 무엇일까요?

	우마서먼	10:19	60
	행복한 유럽이야기	10:19	57
	치팅천재	09:58	118
	뻑트레일	09:50	225
	유럽가고싶어	09:48	210
화나 진짜 [7]	레오나르도 다빈치	09:45	479
좀 부탁드립니다.	jangbogo90	09:29	394
다.	나오미	09:19	67

그 이유는 그 게시물의 제목이 사람들이 평소에 알고 싶어 했던 정보를 나타내서일 수도 있고, 제목 자체가 호기심을 일으켜서일 수도 있습니다. 이 밖에도 다양한 이유가 있을 수 있지요. 이유야 어떻든 사람들은 유독 그 게시물을 많이 클릭했습니다. 이것은 곧 여러분의 블로그를 방문한 사람들도 이와 비슷한 내용이 보이면 클릭할 확률이 높다는 얘기입니다.

위 사례에서 유독 많은 조회수를 기록한 제목은 다음 그림처럼 '캐리어 때문에 여행을 망쳤다'는 것입니다.

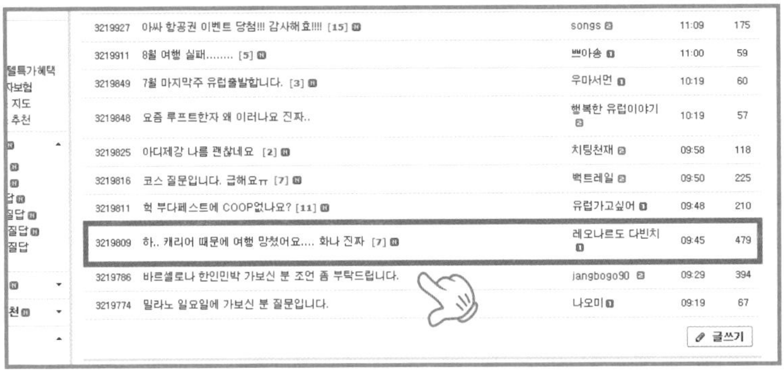

물론 이것은 이 책에서 가상으로 만든 사례이기는 하지만, 이 제목을 클릭해서 들어가보면 '캐리어의 인출식 손잡이가 고장 나서 여행에 상당한 지장을 초래했다' 정도의 내용이 담겨 있을 것입니다. 여기에 착안해서 여러분의 블로그에 캐리어의 인출식 손잡이 때문에 여행을 망칠 수 있다는 내용의 콘텐츠를 작성한다면, 이를 이용해 방문자를 많이 유입시킬 수 있다는 예상을 해볼 수 있습니다. 앞서 '고객이 몰려오게 만드는 기가 막힌 방법' 편에서 사례로 제시했던 캐리어 관련 포스팅(247쪽)이 바로 이런 식으로 구한 소재로 작성된 콘텐츠를 미끼로 활용한 경우입니다. 앞의 내용으로 돌아가서 해당 포스팅에서 링크를 어떻게 제시해서 유입을 유도했는지 다시 한 번 자세히 살펴보기 바랍니다.

⑤ 조회수 높은 제목을 메모해놓는다

위와 같이 유독 조회수가 높은 제목을 발견했다면, 메모장이나 워드 프로그램을 열어 그 게시물 제목을 복사+붙여넣기로 메모해놓습니다. 그리고 그 게시물의 내용과 댓글도 모두 살펴봅니다. 여러분이 얻어야 할 소중한 정보가 그곳에 있을 가능성이 매우 높기 때문입니다. 이런 식으로 그 게시판을 포함해 다른 게시판도 모두 훑어보며 제목을 수집하다 보면 사람들이 알고 싶어 하는 정보가 차곡차곡 쌓이게 됩니다.

⑥ 획득한 정보들을 나만의 콘텐츠로 재탄생시킨다

조회수 높은 제목들과 거기에 관련된 정보들을 어느 정도 모았다면, 이제 그것들을 여러분 나름대로 정리하고 응용하고 살을 붙여서 '나만의 콘텐츠'로 재탄생시켜야 합니다. 그냥 그대로 가져다 쓰는 것은 좋지 않으므로, 반드시 여러분 스스로의 정보로 소화해내는 과정이 필요합니다. 이렇게 만들어진 콘텐츠는 여러분의 잠재고객들에게서 많은 클릭을 유도해낼 수 있고, 그만큼 많은 방문자를 여러분의 카페나 쇼핑몰로 몰아줄 것입니다.

2/ 고객의 마음을 들여다보는 방법

이번에는 여러분의 타깃고객층을 더욱 구체화함으로써 핵심고객들이 알고 싶어 하는 정보를 찾아내는 방법에 대해 살펴보겠습니다.

(1) 먼저 고객이 누구인지를 명확하게 정하라

고객을 원하는 곳으로 이끌려면 먼저 그들의 마음을 관찰해야 합니다. 이를 위해서는 여러분의 '고객'이 어떤 사람이며 어떤 상황에 처해 있는지를 명확하게 알고 있어야 하므로, 타깃고객층을 너무 폭넓게 잡기 보다는 어느 정도 범위를 한정해서 구체화해야 합니다. 그래야만 비로소 고객이 어떤 사람이며, 어떤 욕구를 가지고 있는지가 보이기 때문이지요.

자, 여러분의 고객은 어떤 사람입니까? 만일 타깃고객층을 단순히 '30대 여성' 등으로 지나치게 넓게 잡았다면 욕구를 분석하기가 어려워지므로, 범위를 좀 더 좁혀야 합니다. 여러분의 상품이나 서비스를 이용해줄 고객은 그중에서 누구입니까? 이처럼 타깃고객층의 범위를 좁히고 구체화할 때는 주로 다음과 같은 기준에 따라서 진행하면 됩니다.

- 1단계 : 성별, 연령대
- 2단계 : 직업이나 사회적으로 봤을 때 공통적으로 처한 상황
- 3단계 : 경제적인 여건
- 4단계 : 취향이나 취미
- 5단계 : 그 사람에게 최근에 있었던 사건 혹은 앞두고 있는 사건

만일 타깃고객층을 '30대 여성'으로 정했다면 1단계(고객의 성별과 연령대)는 이미 완료한 것입니다. 그러면 2단계로 넘어가서 사회적으로 혹은 공통적으로 처한 상황에 따라 구체화할 차례입니다. 물론 여러분의 아이템에 따라 각각 다르겠지만, '아이를 키우면서 직장을 다니고 있는 워킹맘' 정도의 상황으로 구체화하면 매우 좋습니다. 그리고 3단계에서는 여러분이 정한 타깃고객층에 따라 다음과 같이 여

러 가지 상황을 생각해볼 수 있습니다.

- 취업준비생
- 퇴직 후를 걱정하는 40대 후반의 부장급 직장인
- 결혼 후 직장을 그만둔 경력단절 여성

여기에 필요에 따라 4단계인 취향이나 취미, 5단계인 최근에 있었던 사건 혹은 앞두고 있는 사건까지 생각해보면 다음과 같이 매우 다양하고 구체적인 상황들이 나올 수 있습니다.

- 한 달짜리 유럽여행을 준비 중인 20대 여성
- 5~10살짜리 자녀의 어린이날 선물을 찾고 있는 30대 아빠
- 소개팅에 입고 갈 옷을 찾고 있는 여대생
- 도무지 여자친구가 안 생기는 20대 후반 남성
- 취미로 스쿠버다이빙을 즐기는 30대 전문직

이런 단계까지 진행해야 비로소 여러분의 고객을 구체화할 수 있습니다. 여러분의 아이템은 각자가 잘 알고 있을 테니 이런 구체화작업이 그리 어렵지는 않겠지요. 이렇게 타깃고객층의 범위를 좁혀서 '구체화'하는 작업이 끝났다면 다음 단계로 넘어갑니다.

(2) 고객의 필요와 욕구를 세분화하라

위와 같이 여러분의 고객을 구체화했다면 이제 그들이 가지고 있는 욕구가 슬

슬 보이기 시작할 것입니다. 자연스럽게 떠올랐다면 메모해놓고, 아직 막연하다면 그들이 가지고 있는 욕구 중에서 아주 흔하고 뻔한 욕구를 하나만 떠올려봅니다. 그냥 누구나 쉽게 생각할 수 있는 흔한 거면 됩니다. 여기에서는 '소개팅에 입고 갈 옷을 찾고 있는 여대생 B양'을 예로 들어보겠습니다.

B양은 다음 주에 소개팅을 앞두고 있습니다. 겨울이 끝나고 봄이 시작되는 시기인데, 마땅히 봄에 입을 만한 블라우스가 없어서 이리저리 검색을 하고 있습니다. 마침 여러분이 상단노출시켜놓은 블로그 포스팅을 발견하고 클릭해서 포스팅을 대충 훑어봅니다. 빨리 B양이 블라우스를 하나 덜컥 구매해줬으면 좋겠는데, 결제만 해주면 오늘 당장 무료배송으로 시원하게 발송해줄 텐데, 아직 B양이 진정으로 목말라하는 욕구가 무언지 잘 모르니 B양을 여러분의 쇼핑몰로 유입시킬 수가 없습니다. 자, 잠시 상품을 빨리 판매하고 싶다는 생각은 접어두고 잠재고객인 B양의 욕구에 집중해보십시오. 일단은 누구나 쉽게 떠올릴 수 있는 흔하고 일반적인 욕구 하나만 생각해내면 됩니다.

'예쁜 블라우스 사고 싶다.'

이 정도겠지요. 아주 당연하고 뻔합니다. 그러면 블로그 포스팅에 '예쁜 블라우스 많은 곳 ○○○샵 → 클릭'이라는 내용을 넣어서 유입시키면 될까요? 이런 문구로는 아무런 설득력도 발휘할 수가 없습니다. 안 그래도 눈 아프고 피곤한 B양은 이런 뻔한 전단지 같은 광고를 클릭해서 자기가 원하는 블라우스가 나온다는 보장이 없으므로 클릭할 필요성을 느끼지 못합니다. 유입실패지요.

자, 그렇다면 이 흔하고 뻔한 욕구를 '세분화'해봅니다. 다음과 같이 그녀의 생각을 예상해서 좀 더 구체적으로 쪼개보라는 뜻입니다.

```
┌─────────────────────────────────────────────────────────────────┐
│                                                                   │
│    ┌─────────────────────────┐                                    │
│    │ '예쁜 블라우스 사고 싶다' │                                    │
│    └─────────────────────────┘                                    │
│     │                                                             │
│     ├─● 5만 원 미만으로 구해보자.                                   │
│     ├─● 이왕이면 겨울 내내 다이어트한 몸매를 드러낼 수 있는 블라우스면 좋겠는데… │
│     ├─● 살이 좀 빠지긴 했는데 밥 먹으면 배가 나온단 말이야.            │
│     ├─● 다이어트해도 팔뚝은 왜 그대로냐. 팔뚝이 좀 얇아 보이는 블라우스가 필요해. │
│     ├─● 이번 봄엔 어떤 스타일이 유행이야?                            │
│     ├─● 44사이즈에 도전해보고 싶은데 사이즈가 맞을지 자신이 없어. 사이즈 대충 맞춰 │
│     │    사고 안 맞으면 편하게 교환할 수 있는 곳에서 골라보자.        │
│     ├─● 촉감 좋은 소재로 사야 돼. 까끌거리면 바로 반품이야.           │
│     ├─● 블라우스만 입고 다니기엔 좀 춥잖아. 얇은 재킷도 하나 있어야 돼. 봄 재킷까지 │
│     │    사야 되면 돈이…                                           │
│     ├─● 스커트까지 새로 살 돈은 없으니 작년에 산 스커트랑 코디할 수 있는 블라우스를 │
│     │    사야 돼.                                                  │
│     ├─● 내 핸드백이랑 어울리는 색상으로 사야 돼.                     │
│     ├─● 시스루는 좀 부담스럽잖아…                                   │
│     └─● 너무 부담스러운 패션은 아니었으면 좋겠는데…                  │
│                                                                   │
└─────────────────────────────────────────────────────────────────┘
```

자, 이제 뭔가 느껴지나요? 흔하고 뻔한 욕구를 세분화하고 구체화해 보니 좀 더 은밀한 '진짜' 욕구에 가까워진다는 사실을 알 수 있습니다. 가격부터 옷의 스타일, 단점 보완, 사이즈, 코디까지 다양하고 구체적인 욕구들이 드러나게 되지요. 물론 이것은 가상으로 추정해본 욕구이지만, 이런 식으로 고객의 욕구를 구체화할수록 고객들이 진짜로 알고 싶어 하는 정보에 가까워질 수 있습니다. 여성의류 판매와 아무런 관계가 없고, 게다가 남자인 필자가 짧은 시간에 이 정도로 욕구를 세분화했으니, 여러분이 실제 여성의류를 판매하고 있다면 훨씬 다양한 욕구 세분화가 가능할 것입니다.

그럼 이번에는 B양의 세분화된 가상 욕구 중에서 이미 가지고 있는 스커트와의 코디를 고민하는 부분을 주목해보십시오. 혹시 앞서 '고객이 몰려오게 만드는 기가 막힌 방법' 편에서 사례로 제시했던 '플라워 프린팅 패션 포스팅(249쪽)'을 기억하나요? 기억나지 않는다면 잠시 앞의 내용으로 돌아가서 해당 포스팅을 다시 확인해봅니다. 그것이 바로 B양의 코디 고민을 이용해서 쇼핑몰로 유입시키는 포스팅입니다. 자신이 가지고 있는 스커트와 어울리는 블라우스를 찾고 있는 B양은 '플라워 프린팅 코디 성공 vs 실패'를 궁금해 할 수밖에 없는 것이지요. 따라서 B양은 무의식적으로 링크를 클릭해서 카페나 쇼핑몰로 유입되는 것입니다. 이제 방문자 유입을 어떻게 유도해야 하는지 감이 잡혔나요?

이런 욕구의 구체화작업을 좀 더 성공적으로 진행하기 위해서는 여러분의 고객은 어떤 고민과 생각을 가지고 살아가는지를 항상 생각하고 분석하는 습관을 들여야 합니다.

3/ 기가 막힌 제목을 만드는 방법

온라인 마케팅에서는 콘텐츠를 소개하는 제목이나 문구를 잘 쓰는 것이 매우 중요합니다. 왜 그럴까요? 어차피 제목은 내용을 요약하는 것이므로 그냥 대충 내용이 무엇인지 알 수 있도록 쓰면 안 될까요? 물론 안 되지는 않습니다. 하지만 마케팅을 보다 성공적으로 이끌기 위해서는 좀 더 많은 고민이 필요합니다.

여러분이 블로그나 카페, 지식인 혹은 일반 웹사이트에서 어떤 글의 내용을 보게 되는 과정을 잘 떠올려보십시오. 그 글의 내용을 보기 전에 항상 어떤 과정을 거칩니까? 바로 '제목'을 클릭하는 과정입니다. 웹에서는 어떤 내용을 보려면 일단 그 내용에 붙은 '제목을 클릭'해야만 볼 수 있는 구조로 되어 있습니다. 이 말은 결국 여러분이 열심히 작성한 콘텐츠를 사람들이 보느냐 안 보느냐는 그들이 제목을 클릭하느냐 안 하느냐에 달려 있음을 의미합니다.

여러분이 블로그 마케팅을 할 때 잠재고객이 유입되는 경로는 다음 그림과 같습니다.

위의 그림에서 여러분의 블로그로 방문자를 최초로 끌어들이는 '1차 유입'이 이루어지려면 해당 방문자가 네이버 검색결과 화면에서 제목을 클릭해야 하므로, 당연히 제목을 어떻게 쓰느냐가 방문자수에 큰 영향을 미칩니다.

그 다음 포스팅을 본 방문자를 카페나 쇼핑몰로 유입시키는 '2차 유입' 역시 해당 방문자가 포스팅 중간에 제시된 링크를 클릭하게 만드는 것이 핵심이므로, 그 링크를 제시하며 던지는 문구가 유입률을 크게 좌우합니다. 게다가 앞서 설명했듯이 특히 모바일에서는 클릭률 자체가 상단노출 여부를 결정짓는 조건이기도 합니다.

결과적으로 블로그 마케팅의 성패는 얼마나 제목을 잘 써서 사람들이 클릭하게 만드느냐에 달려있다고 해도 과언이 아닙니다. 그러면 제목을 어떻게 써야 사람들이 너도나도 클릭하게 만들 수 있을까요?

(1) 클릭을 많이 하는 어휘가 따로 있다

먼저 사람들이 네이버에서 검색을 하는 근본적인 이유를 생각해보십시오. 대부분 무언가 궁금하거나 정보가 필요하기 때문에 검색을 할 것입니다. 이렇게 정보가 필요한 사람들은 제목에 들어가는 어휘 자체가 '정보제공형'일 경우 클릭할 확률이 높습니다. 예를 들면 다음과 같은 어휘들이지요.

① ~하는 방법, ~해결책

예) 쭈꾸미 제대로 손질하는 방법

모공 속까지 깨끗하게 클렌징하는 방법

출산 후 탈모 막는 좋은 방법

남자 옆머리 뻗침 기가 막힌 해결책

처진 엉덩이 해결방법

이렇게 제목이나 문구 끝에 '~하는 방법', '~ 해결책' 등의 말이 붙으면 일반적으로 클릭률이 높게 나옵니다. 정보를 찾아 검색하는 사람들은 항상 속 시원한 해결책을 찾고 있는데, '~하는 방법'이라는 말이 붙어 있으면 무언가를 이룰 수 있는 노하우 내지는 해결책을 제시하고 있다는 느낌을 줄 수 있기 때문입니다. 더불어 그 해결책이 마치 교재처럼 일목요연하게 구성되어 있을 것이라는 느낌을 주기도 합니다. 여기에 '좋은'이나 '기가 막힌'처럼 약간 과장되게 강조하는 말을 붙이면 호기심을 한층 강하게 자극함으로써 그 제목이나 문구를 클릭하려는 사람들의 행동을 더욱 확고하게 만들 수 있습니다.

② ~ 이유, ~하는 진짜 이유

예) 돈 있는 엄마들이 유기농만 사는 이유

영어공부해도 안 되는 진짜 이유

애플이 아이폰 A/S 안 해주는 진짜 이유

위와 같이 어떤 사실이나 현상에 대한 숨겨진 원인을 공개한다는 느낌을 주는 문구도 사람들에게 강한 호기심을 일으켜서 클릭률을 높이게 됩니다.

③ ~ 공개

예) 휴가철에도 한적한 동해안 피서지 공개

옥상텃밭으로 채소값 아끼는 아파트 노하우 공개

아는 사람만 알고 있던 키보드 청소방법 공개

이처럼 무언가를 '공개'한다는 표현은 소소한 정보가 아니라 왠지 대단한 정보가 있을 것 같은 느낌을 줌으로써 많은 클릭을 유도하게 됩니다.

(2) 클릭을 많이 하는 정보가 따로 있다

사람들에게 무언가를 알려주는 정보의 형태는 여러 가지가 있습니다. 그런데 인터넷에서 무언가를 검색하는 사람들이 유독 선호하는 정보의 종류가 있다는 사실을 알고 있습니까? 제목 자체에 이런 형태의 정보가 있다는 사실을 언급하면 클릭률을 상당히 높일 수 있습니다.

① 후기, 사용기, 체험기, 리뷰

예) 프롤라인 TB-360 프린터 사용기

    유니픽 전동거품기 사용후기

    엘리느 수입침구류 일주일 사용해봤어요.

    파주 출판단지 다녀왔어요.

일반적으로 블로그에서 정보를 찾는 사람들은 다른 사람이 미리 경험한 것을 간접적으로 얻고 싶어 하는 경향이 강합니다. 예를 들어 어떤 상품이나 서비스에 관심이 있다면 그 상품을 미리 사용해본 다른 사람들의 평가나 사용기, 후기 등을 알고 싶어 하고, 주말 나들이 장소 등에 관심이 있다면 그 장소를 미리 다녀온 사람들의 탐방기 등을 보고 싶어 한다는 것이지요. 따라서 제목 자체를 이런 형태의 정보가 있음을 알 수 있도록 작성하면 많은 클릭을 받을 수 있습니다.

② 제품비교

예) 아르간오일제품 3가지 써본 결과

    10만 원대 제습기 성능비교

    어학기 최강자는...

    초등학습지 비교분석

사람들이 인터넷, 특히 블로그에서 정보를 검색하는 이유 중 하나는 상품을 고르는 데 필요한 정보를 얻기 위해서입니다. 선택가능한 상품의 종류가 너무 많고,

가격, 디자인, 기능, 성능, 휴대성 등 선택기준이 복잡해서 무엇을 어떻게 선택해야 할지 감이 안 잡힐 때 주로 인터넷 검색을 통해 힌트를 얻으려고 한다는 것이지요.

이렇게 제품을 선택하기가 막연한 상황에 처한 사람들이 원하는 정보는 무엇일까요? 바로 고려하는 상품의 종류를 몇 가지로 압축해주고, 그 상품들을 한눈에 보기 좋게 모아서 가격 및 주요특징 등을 서로 비교·분석해주는 정보입니다. 이런 정보가 있다면 사람들은 막연한 상황에서 벗어나 쉽고 빠르게 자신에게 가장 잘 맞는 상품을 선택할 수 있게 됩니다.

③ Before & After

예) 레보 써클렌즈(얼짱렌즈) 착용 전후 사진비교!!
　　루몽 세럼 바르기 전후비교 사진
　　이시가와 EX타입 압박스타킹 착용 전후비교

그럼 제품을 선택하기가 막연한 상황에서 벗어나 어느 정도 구매하려는 상품이나 서비스 등을 결정한 사람들은 어떤 정보를 원할까요? 이런 사람들은 제품을 최종 선택하기 전에 자신의 결정이 옳은 것인지 가능한 한 검증하고 싶어 합니다. 구매실패를 최소한으로 줄이기 위해서 인터넷 검색을 한다는 것이지요. 이런 사람들에게는 그 제품의 사용기 같은 자료도 좋지만, 무엇보다 사진을 통해 사용 전후의 차이를 한눈에 비교해볼 수 있는 'Before & After' 정보가 필요합니다. 따라서 제목에 이런 점을 내세운다면 클릭을 받을 확률이 높아집니다.

④ 가격, 견적가

예) 32평형 아파트 베란다 확장공사 견적사례들

　　만 35세 이상 자동차 보험료 책정가

　　아이폰 깨진 액정 매입 평균가격대

상품이나 서비스의 가격 역시 사람들이 알고 싶어 하는 정보 중 하나입니다. 실제로 네이버 카페 중에는 각종 공사견적서를 공개한다는 콘셉트로 엄청난 회원을 모으며 큰 인기를 누린 곳도 있습니다.

(3) 정보를 구체적으로 표현할수록 유리하다

예) 효과적인 체중감량 → 일주일에 1.5kg 감량

　　다양한 A스커트 → A스커트 7가지

　　빠른 셔터 스피드 → 3.2배 빠른 셔터 스피드

사람들의 클릭을 유도하는 것도 일종의 '설득'입니다. 따라서 위의 예에서 왼쪽처럼 막연한 표현보다는, 오른쪽처럼 구체적인 표현이나 구체적인 수치를 언급하는 쪽이 좀 더 강한 설득력을 가지며, 또한 높은 클릭률을 올릴 수 있습니다.

(4) 안 보면 손해임을 암시하라

예) 아파트 베란다 확장공사 피해사례...

선글라스 잘못 고르면 백내장 걸리는 이유

식품 원재료 표기에 속지마세요.

사람들이 쉬쉬하는 코필러 부작용

손해 보기 좋아하는 사람은 아무도 없습니다. 어찌 보면 사람들이 인터넷에서 정보를 검색하는 이유도 가능한 한 손해를 줄이기 위해서일지 모릅니다. 사람들의 이러한 심리를 이용해서 위의 예들처럼 '안 보면 마치 손해를 볼 것 같다'는 느낌을 준다면 클릭률을 효과적으로 높일 수 있습니다.

(5) 대명사를 사용해서 숨겨라

예) 동남아 여행갈 때 여자들은 '이것'을 반드시 챙긴다.

　　남자들 지갑 속에는 100% '이게' 들어있다.

　　사람들은 이런 스커트를 쳐다보더라고요.

위의 예처럼 무언가를 바로 공개하지 않고 '이것'과 같은 대명사를 이용해 일부러 숨기는 것도 사람들의 호기심을 일으키는 여러 방법 중 하나입니다. 사람들은 보통 숨겨진 것을 들춰보고 싶어 하는 심리가 있어서 이런 제목을 보면 클릭을 하고 싶은 충동을 느낍니다. 특히 다른 사람들의 행동이나 경험을 궁금해 하는 경향이 있으므로, '다른 사람들은 ~ 하더라' 하는 식의 내용과 결합시키면 더욱 효과가 좋습니다.

(6) 사연이나 스토리가 있음을 암시하라

예) 갑자기 날씬해진 친구. 알고 보니...

베란다 확장 대신 폴딩도어 선택했는데 결국...

단열뽁뽁이 성능, 어느 정도길래...

IP카메라 달았더니 알겠더라고요...

위의 예들처럼 사람들의 흥미나 호기심을 일으킬 만한 사연이나 스토리가 있다는 점을 제목에 어필하면 클릭률을 높일 수 있습니다. 이런 제목에서는 주로 다음과 같은 어휘들을 사용합니다.

① ~ 알고 보니...

② ~ 결국...

③ ~ 논란

④ ~ 사건

⑤ ~ 어느 정도길래

(7) 구체적인 대상을 지목하라

예) 8월 달에 프랑스 남부 쪽으로 가시는 분들 필독

겨드랑이에서 냄새나시는 분들 보세요

킬힐 자주 신으시는 분들 보시길

누구든 무심코 웹서핑을 하다가 자신과 관련된 이야기가 나오면 관심을 가질 수밖에 없습니다. 따라서 제목에 특정 대상을 구체적으로 지목하면 거기에 해당되는 사람들을 클릭하게 만들 수 있습니다. 이런 제목에서 주로 쓰는 어휘는 다음과 같습니다.

① ~ 하는 분들께
② ~ 하신 분들 보세요
③ 30대 미혼여성을 위한~

(8) 사진이 있음을 언급하라

예) IP카메라 설치해놓은 사진
　　미니 빔프로젝터 실제 사용샷

사진과 동영상 자료는 인터넷에서 흔하게 찾아볼 수 있지만, 그럼에도 불구하고 무언가가 필요하거나 호기심이 많은 사람들에게는 여전히 이런 자료들이 클릭의 대상이 됩니다. 따라서 위의 예들처럼 제목에 사진이나 동영상 자료가 포함되어 있음을 언급하면 클릭률을 높일 수 있습니다.

(9) 자극적이거나 민감한 주제를 언급하라

많은 클릭을 받기 위해 가장 쉽게 떠올릴 수 있는 방법이 바로 제목에 자극적인 주제를 언급하는 것입니다. 사실 이 방법은 필자 개인적으로는 별로 선호하지는 않지만, 여러분이 판매하는 아이템 특성상 필요하다면 적당히 사용해볼 수 있습니다. 이런 주제로는 여러 가지가 있겠지만, 주로 남녀의 이성관계, 연애관계, 스캔들, 사회적 금기, 선정적·비도덕적·반인륜적·극단적인 표현 등이 있습니다. 특히 10억 원, 100억 원 등 커다란 액수나 다른 사람의 신체치수, 남편 연봉액수 등 민감한 주제를 다루면 클릭률이 높습니다.

(10) 짧고 간결하게 작성하라

클릭률을 높이려면 제목에 순간적으로 잡아끄는 힘이 있어야 합니다. 제목을 클릭하게 만들 때는 논리의 영역보다는 본능적인 영역을 공략해야 하기 때문이지요. 그런데 제목이나 문구가 너무 길어져서 한눈에 인지되는 범위를 벗어나면 본능적인 반응을 유도하기가 힘듭니다. 제목이나 문구는 한눈에 딱 들어오게, 가능한 한 짧고 간결하면서도 강한 임팩트가 느껴지도록 작성하는 것이 좋습니다. 따라서 제목을 정할 때는 일단 초안을 작성한 뒤 길이를 줄이거나 다듬는 과정을 반드시 거쳐야 합니다.

(11) 정직할 필요 없다

지금까지 소개한 방법들을 보면서 느꼈겠지만, 제목을 너무 정직하게 내용을 그대로 요약해서 알려주는 식으로 작성할 필요는 없습니다. 이보다는 방문자를 기만하지 않는 범위 내에서 호기심을 일으키고 본능을 공략하는 여러 가지 기법들을 적극적으로 도입해야만 남들보다 더 많은 클릭을 끌어낼 수 있습니다.

이제 제목을 어떻게 작성해야 사람들이 많이 클릭하도록 할 수 있는지 이해했을 것입니다. 참고로 위에서 설명한 여러 기법들은 하나씩 사용하기 보다는, 몇 가지를 복합적으로 사용하는 것이 더 효율적입니다. 또한 이 기법들은 주로 인터넷에서 무언가를 검색히는 사람들의 상황과 심리를 공략하는 방식이므로, 평소에 사람들의 심리를 꿰뚫어보고 그것을 이용하는 연습을 꾸준히 해야 합니다. 감각이 없는 사람이라면 처음에는 다소 힘들겠지만, 각 기법별로 소개한 예시를 중심으로 실습하다 보면 차차 요령이 생길 것입니다.

마지막으로 한 가지 팁을 제시하자면, 네이버 메인화면에 나오는 뉴스기사들의 제목을 유심히 관찰해보라는 것입니다. 사실 그 제목들은 실제 언론매체 기사의 제목이 아니라 사람들에게 많은 클릭을 받을 수 있도록 따로 작성된 문구입니다. 따라서 이 문구들을 잘 관찰해보면 어떻게든 사람들이 클릭하도록 만들기 위해 갖가지 표현과 기법을 쓰고 있음을 알 수 있습니다. 대부분 문구가 자극적이고 때로는 낚시성인 경우도 많지만, 적당히 벤치마킹한다면 클릭률을 높이는 제목을 작성하는 데 도움이 될 것입니다.

카페, 쇼핑몰로
매출 일으키기

앞서 실전 2단계에서는 블로그 방문자들을 여러분의 쇼핑몰이나 카페로 유입시키는 '유입방법'에 대해 살펴봤습니다. 그러한 방법들을 익혀나가다 보면 카페든 쇼핑몰이든 여러분의 상품을 판매하는 곳으로 고객들을 끊임없이 유입시킬 수 있게 될 것입니다.

그럼 이제 실전 3단계인 '매출 일으키기'로 들어가 보겠습니다. 다음 그림과 같이 앞선 1,2단계는 매출을 일으키기 위한 준비과정이었을 뿐이고, 바로 이 3단계에서 비로소 여러분이 원하는 매출을 일으킬 수 있습니다.

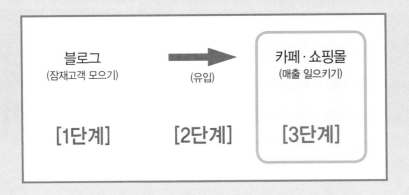

3단계에서는 카페 회원을 모으고 활성화시키는 방법과 함께 쇼핑몰 등에서 효과적으로 구매를 이끌어내는 방법에 대해 살펴보겠습니다. 실전 3단계를 통해 여러분은 실전 1,2단계를 통해 준비해왔던 과정들에 대한 결실을 맺게 될 것입니다.

01 카페 회원 모으는 방법 총정리

현재 개설된 인터넷 카페수는 네이버에서만 무려 1,000만 개 이상이고, 지금 이 순간에도 누군가에 의해 카페가 계속 만들어지고 있습니다. 그런데 그 중에서 꾸준히 회원을 모아 성장해나가는 카페는 극소수에 불과합니다. 특히 공개적으로 회원을 모아서 무언가를 마케팅하려는 목적으로 개설된 카페는 회원을 얼마나 원활하고 꾸준하게 모을 수 있느냐가 성공의 관건이 됩니다. 카페 회원이 많이 모여야 커뮤니티가 활성화되고 정보교류가 활발해지며, 그만큼 카페에서 여러분이 원하는 판매가 잘 이루어지기 때문이지요.

그렇다면 카페 회원은 도대체 어떻게 모아야 할까요? 이 책을 지금까지 충실히 따라왔다면 사실 여러분도 이미 해답을 어느 정도 알고 있을 것입니다.

1 / 카페 회원유입의 원천은 블로그

소규모 사업자나 개인 입장에서 카페 회원을 모집하는 가장 좋은 방법은 바로 '블로그'를 이용하는 것입니다. 따라서 상품의 판매창구로서 카페를 염두에 두고 있다면 반드시 먼저 블로그를 활성화시켜야 합니다. 다행히 여러분은 앞서 실전 1,2단계를 통해 블로그를 키우고 방문자들을 모아서 그들을 원하는 곳으로 유입시키는 방법에 대해 알게 되었습니다. 그런 방법들을 이용해서 블로그 방문자들을 카페로 유입시키면 카페 회원을 확보할 수 있습니다. 이 과정에서 가장 중요한 2가지 단계는 다음과 같습니다.

- 1단계 : 카페로 방문자를 유입시키기
- 2단계 : 유입된 방문자가 카페 회원으로 가입하도록 유도하기

그런데 얼핏 생각하면 위 두 단계 중 블로그가 해결할 수 있는 것은 1단계, 즉 방문자 유입에 한정된다고 오해하기 쉽습니다. 하지만 사실 블로그는 2단계인 카페 회원가입 유도에까지 중요하게 연관되어 있습니다. 왜 그럴까요? 잠재고객들이 블로그에 방문해서 포스팅에 삽입된 링크를 클릭한다는 것은, 그들이 이미 어느 정도 링크에 의해 제시될 정보에 대한 필요성을 느끼고 있다는 사실을 의미합니다. 따라서 블로그 쪽에서 이 필요성을 크게 만들수록 카페 회원가입률은 올라가게 됩니다.

이렇게 잠재고객들을 카페로 유입시켰을 때 여러분은 그들에게 카페의 콘텐츠를 바로 공개(전체공개로 설정)할 것인지, 아니면 회원가입을 해야 볼 수 있도록 할 것인지를 선택해야 합니다. 콘텐츠를 바로 공개하면 구매율을 높일 수 있는 대신 회원가입률은 내려가고, 반면에 회원가입한 사람들에게만 공개하면 구매율은 내

려가는 대신 회원가입률은 높일 수 있습니다. 이 중에서 어떤 방식을 선택할지는 여러분이 카페에서 다루는 상품의 성격에 따라 신중하게 결정해야 합니다. 만일 여러분이 다루는 상품이 한 번 구매하면 재구매나 유사구매, A/S 수익 등 추가적인 매출을 기대하기 힘들다는 특성이 있다면 굳이 회원가입을 받을 필요 없이 콘텐츠를 바로 공개함으로써 구매율을 높이는 것이 좋습니다. 반대로 추가적인 매출을 기대할 수 있는 상품이라면 당장 구매율이 내려가더라도 회원가입을 해야만 콘텐츠를 볼 수 있게 함으로써 회원가입률을 높이는 것이 좋습니다.

참고로 카페라는 커뮤니티 특성상, 카페에는 재구매 등 추가적인 매출이 활발하게 일어나는 아이템이 좀 더 적합하다고 할 수 있습니다. 반면에 한 번 사면 그만인, 즉 1회성 구매에 그치는 아이템이라면 굳이 손이 많이 가는 카페보다는 '네이버 스마트스토어(구 스토어팜)'나 '카페24' 등의 무료 쇼핑몰을 구축하고 이것과 블로그를 연계시키는 것이 투입되는 시간과 노력 대비 훨씬 효율적인 방법이라고 할 수 있습니다.

한편, 카페 게시물을 카페 회원에게만 공개하는 경우 블로그의 링크를 타고 들어온 방문자 입장에서는 다소 답답한 마음이 들 수 있습니다. 자신이 보고 싶은 정보의 제목을 클릭했더니 내용이 바로 안 나오고 카페 회원으로 가입하라는 메시지부터 뜨기 때문이지요.

이런 문제는 카페의 첨부파일 기능을 활용해서 해결할 수 있습니다. 카페 게시글을 전체공개로 해놓더라도 거기에 첨부된 파일은 회원가입을 해야만 다운로드받을 수 있다는 점을 이용하는 것이지요. 이런 경우 카페 게시글 내용 자체는 회원가입 없이 누구나 볼 수 있도록 하되, 핵심내용은 첨부파일로 따로 작성해 등록해놓으면 됩니다. 그러면 방문자가 게시글을 읽고 나서 첨부파일 내용이 궁금해져서 다운로드받으려 할 것이고, 이를 위해서는 회원가입이 필요하므로 서둘러 가입하게 되는 것입니다. 이때 첨부파일에 유용한 정보가 담겨 있을수록, 그리고 첨부파일의 내용을 게시물 본문에 효과적으로 어필할수록 회원가입률은 올라가게 됩니다 .

2／ 카페 검색노출

카페에 작성하는 글도 블로그처럼 검색에 노출되기 때문에 상단노출을 통해 방문자 유입을 기대할 수 있습니다. 카페 글의 상단노출 조건은 블로그와 대략 비슷하므로 '블로그 상단노출 방법' 편(115쪽)을 참조하면 됩니다. 다만 카페의 경우 여러분의 카페에 글을 작성하는 사람의 아이디가 평소 다른 카페활동을 활발하게 하는 아이디일수록 상단노출에 유리하며, 여러분의 카페가 각 게시판별로 C-Rank로부터 우수한 점수를 받고 있을수록 좋습니다.

특히 카페 글 역시 클릭률이 높으면 모바일 통합 검색결과에 상단노출될 수 있으므로 클릭을 많이 받을 수 있는 제목을 쓰는 것이 중요합니다. 하지만 운영자만 열심히 하면 활성화가 가능한 블로그와는 달리, 카페는 많은 회원들의 활동이 뒷받침되어야 활성화가 가능한 만큼 카페 개설 초기에 다른 기반 없이 단독적으로 활성화시키기는 쉽지 않습니다. 따라서 카페 개설 초기에는 활성화된 블로그를 이용해서 회원유입을 실현하고, 이런 과정을 통해 카페가 활성화되고 나면 본격적으로 카페 글 검색노출을 노려볼 수 있습니다.

3/ 카페지식활동

네이버 카페에는 다음 그림과 같이 '카페지식활동'이라는 시스템이 있습니다.

이것은 카페 게시판과 지식인을 연동해서 카페에서 지식인활동을 할 수 있도록 마련된 시스템인데, 카페와 지식인의 시너지효과를 노린 것이라고 볼 수 있습니다. 이 시스템에서 '지식iN 연동설정'을 하면 카페 게시판 상단에 미리 설정된 분야의 질문이 배달되어서 나타납니다. 이 질문에 답변을 하면 답변자의 네임카드에 카페의 네임카드가 나타나는데, 답변을 열람한 사람들이 이 네임카드를 클릭하면 카페로 유입될 수 있습니다. 또한 카페지식활동은 카페지수에 좋은 영향을 미치므로 카페 글 상단노출에 간접적인 도움이 됩니다. 카페지식활동을 하기 위한 절차는 다음과 같습니다.

① 카페 관리자모드에서 '메뉴관리'로 들어가면 다음 그림과 같이 '지식iN 연동설정'을 할 수 있습니다. 연동설정 체크박스에 체크를 하고 해당 게시판과 연동시킬 관심 디렉토리와 관심 키워드를 입력한 후, 화면 하단에 있는 '저장하기' 버튼을 누르면 설정이 완료됩니다.

② 설정을 완료하고 게시판에 가보면 다음 그림과 같이 게시판 상단에 질문이 배달되어 온 것을 볼 수 있습니다.

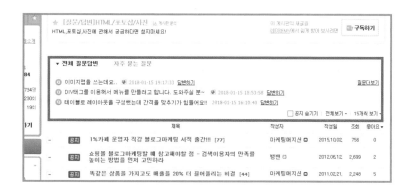

4, 다른 카페에서 링크 삽입하기

여러분이 운영하는 카페와 비슷한 주제로 운영되는 다른 대형 카페에서 회원을 유입시키는 방법도 있습니다. 이런 방법을 사용하기 위해서는 먼저 그러한 카페를 몇 군데 찾아서 가입하고, 일정 기간 열심히 회원활동을 해야 합니다.

그리고 어느 정도 활동실적이 생긴 후에 직접 작성한 정보성 콘텐츠를 올리고, '고객이 몰려오게 만드는 기가 막힌 방법' 편(245쪽)에서 설명했던 유입방법을 적용해 여러분의 카페로 방문자를 유입시키면 됩니다. 이때 주로 콘텐츠 중간에 링크를 삽입하게 되는데, 만일 이 방법이 부담스럽다면 댓글을 통해서 자연스럽게 링크를 노출시킬 수도 있습니다. 예를 들면 그 카페에 여러 개의 아이디로 가입해서 댓글에 각각 다른 아이디로 자작 질문답변을 하면서 링크를 흘리는 방법이 있습니다. 그러면 그 게시물을 보는 회원들이 댓글에 노출된 링크를 타고 자연스럽게 여러분의 카페로 유입되는 것이지요. 이때 회원들이 솔깃해할 만한 정보를 제시할수록 강력한 유입효과를 볼 수 있습니다.

다만 이 방법을 쓸 때 주의할 점이 있습니다. 이렇게 혼자 자작 질문답변을 하면 그 횟수와 정도에 따라 네이버 시스템에 의해 제재를 받을 가능성이 크다는 것입니다. 또한 이런 식으로 영리적인 홍보목적으로 자작 질문답변을 하려면 그 카페에서 자신의 정체를 감추고 일반회원으로 가장해야 하기 때문에 기본적으로 다른 사람들을 기만하게 된다는 도덕적인 문제도 있습니다. 아울러 그 카페의 운영진이 회원을 유인하기 위한 홍보라는 사실을 알게 되면 글 삭제나 강퇴 등의 징계를 받을 수 있다는 점도 감수해야 합니다.

필자는 다른 사람의 카페에서 자작으로 질문답변을 하는 방법은 사용해본 적이 없습니다. 다만 한때 다른 카페에 가입해서 그곳에 링크가 포함된 정보성 콘텐츠를 올리고 콘텐츠를 본 사람들이 그 링크를 클릭하게 해서 카페 회원을 유입시킨 경험이 있기는 합니다. 하지만 다른 사람들이 애써 키워놓은 카페에 몰래 들어가 그 회원들을 빼돌린다는 점이 마음에 들지 않아 지금은 이런 방법을 쓰지 않습니다. 마케팅도 좋지만 가능하면 도덕적이고 합법적인 범위 내에서 당당하게 진행해야 한다고 생각하기 때문이지요.

5/ 초대메일 및 쪽지 발송

네이버 카페에는 '초대메일 보내기' 기능이 있습니다. 카페 운영자나 회원이 다른 사람에게 초대메일을 보내서 카페에 가입하도록 권유할 수 있는 시스템이지요. 얼핏 생각하면 카페 회원을 모으기에 가장 손쉬운 방법이라고 생각할 수 있지만,

사실 그렇게 좋은 방법은 아닙니다.

일단 이런 메일을 통해 사람들이 실제로 카페에 들어와 회원가입을 하는 비율이 극히 저조합니다. 초대메일을 받는 타깃층이 카페의 주제와 아주 잘 맞아떨어졌을 때의 가입률이 보통 1~5% 정도 됩니다. 그런데 문제는 초대메일을 발송할 수 있는 건수가 카페당 매월 1,000건으로 제한된다는 것입니다. 결국 최대한 많이 초대메일을 보내더라도 한 달에 대략 10~50명을 가입시키는 데 그치기 때문에 효과가 매우 미미하다고 할 수 있습니다. 더구나 카페 주제에 적합한 타깃층도 고려하지 않고 불특정다수에게 무작정 메일을 뿌릴 경우에는 이 비율이 거의 제로에 가까워집니다.

이렇게 초대메일 발송건수가 제한되어 있다 보니, 카페 운영자들이 편법으로 초대메일 시스템 대신 일반메일을 초대메일로 가장해 발송하는 경우도 많습니다. 일반메일은 발송건수에 제한이 없기 때문이지요. 하지만 다음과 같은 이유가 있기 때문에 일반메일 발송 역시 그리 좋은 해결책이 되지 못합니다.

① 결국은 스팸메일이고 스팸쪽지다

먼저 초대메일을 가장해 일반메일을 보내는 순간 그것은 '스팸메일'이 됩니다. 또한 쪽지의 경우 공식적인 초대쪽지 기능이 별도로 마련되어 있지 않기 때문에 광고나 회원모집을 위해 수신동의를 하지 않은 사람에게 발송하면 '스팸쪽지'가 됩니다. 결국 이것은 받는 사람이 원치 않는 메일(혹은 쪽지)을 적게는 수백 통에서 많게는 수만 통을 뿌림으로써 많은 사람에게 피해를 주는 행동이라고 볼 수 있습니다. 또한 관련법규에 의하면 메일 수신자가 미리 수신동의하지 않은 메일을 발송하는 것은 불법행위에 해당합니다.

② 현실적으로 쉽지 않은 일이다

위와 같은 도덕적·법적인 문제는 접어두더라도, 대량의 홍보메일을 보내는 일 자체가 현실적으로 쉽지 않습니다. 의도한 대로 카페 회원을 원활하게 모집하려면 하루에도 엄청난 양의 메일을 지속적으로 발송해야 하는데, 카페 주제와 맞는 타깃층을 찾아서 그들의 메일주소(쪽지의 경우는 네이버 회원 아이디)를 대량으로 끊임없이 수집한다는 것은 수작업으로는 불가능에 가까운 일입니다. 설사 자동화 프로그램을 이용해 이런 작업을 하더라도 문제가 있습니다. 자동화된 프로그램 등 기술적인 장치를 이용해 사람들의 메일주소를 수집하는 것 자체가 또 하나의 불법행위에 해당하기 때문입니다.

③ 대부분 스팸 필터링에 의해 차단된다

어찌어찌 메일주소를 수집하는 데 성공하더라도 가장 큰 문제가 남아있습니다. 지금 이 순간에도 네이버에는 수천, 수만 통의 홍보메일을 보내려는 업체들이 수도 없이 몰려있습니다. 반면에 네이버는 자사의 회원들을 보호하기 위해 이들이 보내는 스팸성 홍보를 막아야 할 막중한 임무가 있습니다. 생존을 위해 어떻게든 홍보메일을 많은 사람들의 메일수신함에 꽂으려는 업체들과 이를 막으려는 포털. 사이버상에서의 창과 방패의 대결이라고 할 수 있는 이들 간의 치열한 전쟁의 결과로 네이버의 스팸메일 방어 시스템은 매우 치밀하고 견고하게 발전되어 왔습니다. 따라서 같은 내용으로 많은 양의 메일을 지속적으로 발송하면 이러한 방어 시스템에 의해 스팸메일로 분류되어 절대 받는 사람의 메일함까지 도착하지 못합니다.

그렇다면 내용을 조금씩 달리해서 보내면 어떨까요? 이런 경우에도 일단 메일을 발송할 때마다 내용을 조금씩 다르게 구성해주는 자동화 시스템을 구축하지 못한다면 상당히 피곤하고 번거로운 작업일 수밖에 없습니다. 게다가 이런 번거로움을 무릅쓰고 내용을 조금씩 달리해서 보낸다한들 소용이 없습니다. 같은 내용이 아니더라도 제목이나 내용에 일부 똑같은 텍스트나 이미지 경로가 지속적으로 들어가면 이 또한 스팸메일 방어 시스템이 모두 잡아내어 스팸메일로 분류하기 때문이지요. 따라서 처음에는 잘 발송되겠지만, 얼마 못 가서 힘들게 보낸 메일들이 모두 스팸으로 빠지는 현실을 맞게 됩니다.

또한 스팸메일 방어 시스템은 보내는 사람의 아이디, IP, 실명인증된 주민등록번호, 가입된 전화번호 등의 근거자료와 그 밖의 모든 기술적 장치를 동원해 동일인 여부를 식별해내고 있으며, 이렇게 식별된 사람이 비정상적으로 많은 메일을 지속적으로 보낼 경우 스팸메일로 분류하고 있습니다.

특히 네이버나 다음 등 대형 포털이 아닌 독립쇼핑몰 서버에서 발송된 메일은 스팸 필터링이 한층 강하게 적용됩니다. 또한 이러한 스팸 필터링은 메일이 아닌 쪽지인 경우에도 똑같이 적용됩니다.

④ 결과적으로 효과는 극히 미미하다

이러한 모든 어려움을 극복하고 메일발송에 성공한다 하더라도, 앞서 언급했듯이 이런 메일로 인한 카페, 쇼핑몰 가입률은 극히 저조합니다. 이처럼 많은 시간과 노력을 기울여서 끊임없이 홍보메일을 보냈지만 실제 카페나 쇼핑몰에 가입하는 사람은 거의 없다는 것을 깨닫게 되면, 대부분의 사업자들은 정신적인 타격을 입고 메일발송을 포기하기에 이릅니다.

물론 아주 드물게 이 모든 것을 기술적으로 극복하고 홍보메일을 대량으로 뿌리는 업체도 있기는 합니다. 필자 역시 한때 이런 메일을 보낸 적이 있습니다. 하지만 이것이 결코 올바른 마케팅 방법이 아니라는 사실을 깨닫는 데는 그리 오랜시간이 걸리지 않았습니다. 그리고 마케팅도 좋지만 사람들이 원치 않는 쓰레기

메일을 보낸다는 사실에 회의감을 느끼고 이미 오래전부터 그러한 방법을 사용하지 않고 있습니다.

지금까지 카페 회원을 모을 수 있는 방법들을 두루 살펴봤습니다. 그런데 이러한 방법들 이상으로 기본적이고 중요한 부분이 있습니다. 바로 카페 자체에 '유용한 콘텐츠'가 있어야 한다는 것이지요. 아무리 많은 사람을 카페로 유입하고 회원으로 가입시키더라도 막상 카페에 볼 만한 콘텐츠가 없다면 그 사람들은 절대 재방문하지 않습니다. 다시 말해 카페에 회원을 모으고 끊임없이 재방문시켜 카페를 활성화시키는 열쇠는 바로 '유용한 콘텐츠'라는 것입니다. 따라서 카페를 개설하면 초기에 직접 작성한 콘텐츠를 어느 정도 충실히 마련해놓은 다음 방문자 유입을 시도하는 것이 좋습니다.

또한 강의나 컨설팅을 하다 보면 심심치 않게 받는 질문 중 하나가 바로 카페 개설 초기의 문제입니다. 카페를 처음 개설하면 회원수가 카페 운영자 딱 1명뿐인데 누가 그런 카페에 가입하겠냐는 것이지요. 의외로 이 부분을 걱정하는 분들이 많은데 그렇게 크게 걱정할 문제는 아닙니다. 물론 카페 개설 초기에는 회원가입률이 저조한 것이 사실이지만, 그렇다고 가입자가 아예 없지는 않습니다. 지금까지 설명한 회원유입 방법을 충실하게 구현한다면 처음에는 1~2명씩 가입하다가 오래지 않아 가입회원 자릿수가 올라가는 상황을 경험할 수 있습니다.

간혹 이처럼 카페 개설 초기에 회원모집이 힘들다는 이유로 이미 많은 회원들이 가입되어 있는 카페를 돈을 주고 매입하는 경우도 있습니다. 하지만 필자는 개인적으로 이런 행위를 매우 싫어하기 때문에, 카페를 돈을 받고 팔거나 사는 일은 결코 하지 않습니다. 카페가 필요하다면 오로지 카페를 직접 개설해서 회원수 1명부터 시작해 차근차근 회원을 모아나가는 단계를 밟을 뿐입니다. 이 책에서 소개한 방법을 이용하면 얼마든지 카페 회원을 모을 수 있기 때문입니다.

02 카페를 활성화시키는 방법

사실 실제로 카페를 개설해서 운영해보기 전까지는 카페 회원만 잘 모집하면 운영하는 데 아무 문제가 없을 것이라고 생각하기 쉽습니다. 하지만 막상 카페를 개설하고 회원이 조금씩 늘어나기 시작하면 문제점이 하나씩 눈에 보이기 시작합니다. 회원은 조금씩 늘어나는데 이들이 생각보다 적극적으로 활동하지 않는 것이지요. 카페에서 여러분이 원하는 판매나 홍보활동이 원활하게 이루어지려면 이 회원들이 카페에 적극적으로 재방문해서 활동하도록 만들어야 합니다.

물론 카페에 신규회원이 빠르게 유입된다면 그것만으로도 어느 정도 카페를 활성화하는 효과를 얻을 수 있습니다. 하지만 이런 경우에도 그냥 놔두기 보다는 적극적으로 그 효과를 극대화한다면 매출을 좀 더 효율적으로 끌어올릴 수 있습니다.

1 / 카페에도 C-Rank가 적용되어 있다

앞서 '블로그를 뒤집어 놓은 쓰나미, C-Rank' 편(149쪽) 등을 통해 C-Rank에 대해 자세히 설명했습니다. 그런데 2017년 6월부터는 이 C-Rank가 블로그뿐만 아니라 카페에도 적용되기 시작했습니다.

카페에 적용된 C-Rank 역시 특정 주제에 대한 집중도가 확보되어야 높은 점수를 얻을 수 있다는 점에서는 블로그와 비슷합니다. 하지만 블로그는 '블로그 단위'로 신뢰도를 측정하는 데 비해 카페는 '게시판 단위'로 신뢰도를 측정한다는 데 가장 큰 차이가 있습니다. 다음 표와 같이 네이버에서 밝힌 '카페 C-Rank에서 반영되는 정보'를 참고하면 좀 더 자세한 사항을 알 수 있습니다.

항목	설명
카페 콜렉션 (기본 정보)	제목, 본문, 문서 길이, 이미지, 이미지수, 스크랩수, 내용이 중복된 정도 등
커뮤니티 활동성	• 정보 생산량 : 새로운 문서가 많이 생성되는가, 댓글 등의 반응이 많이 있는가 • 유저간 활동 : 얼마나 많은 유저가 글 또는 댓글을 작성하는가 • 정보 다양성 : 얼마나 다양한 정보가 많이 생산되는가
커뮤니티 트래픽	가입한 회원 뿐만 아니라 다른 유저의 방문도 꾸준히 있어야 합니다.
주제점수	게시판 타입, 게시판 이름에 맞는 주제의 글을 잘 쓰는 것이 필요합니다.
대표/추천/공식카페	서비스에서 선정된 카페인지 여부를 반영합니다.

위 표를 통해 알 수 있듯이 C-Rank에서 높은 점수를 부여받으려면 커뮤니티의 활동성이 반드시 필요합니다. 그런데 카페의 경우 운영자 및 소수의 몇 사람이 활

발하게 활동한다고 해서 커뮤니티 활동성이 높게 평가되는 것이 아닙니다. 다양한 회원들이 게시글과 댓글을 작성하고, 공감을 하는 등의 활동을 해야 하며, 이 과정에서 해당 주제에 관한 다양한 정보가 오고가야 합니다. 따라서 카페 활성화의 관건은 초기부터 회원을 얼마나 원활하게 확보하느냐 그리고 이들을 얼마나 활발하게 활동하게 만드느냐에 좌우된다고 할 수 있습니다.

2 / 카페를 활성화시키는 2가지 열쇠

(1) 카페를 움직이는 배터리, 콘텐츠

카페에 회원을 모으고 그 회원들이 끊임없이 재방문하게 하려면 일단 카페에 '무엇'인가가 갖춰져 있어야 합니다. 아무것도 없는 텅 빈 카페에 회원가입을 하거나, 계속 재방문할 사람은 없을 테니까요. 이 '무엇'이 바로 '정보성 콘텐츠'입니다. 다시 말하면 '유용한 정보'인 것이지요. 이러한 콘텐츠는 카페가 돌아가도록 만드는 힘의 원천, 이를테면 카페에 전원을 공급하는 배터리 역할을 한다고 할 수 있습니다. 배터리 없이 기계가 작동할 수 없듯이 콘텐츠 없는 카페 역시 원활하게 돌아갈 수 없습니다.

카페를 처음 개설하면 일단 회원유입을 시도하기 전에 유용한 콘텐츠를 어느 정도 배치해야 합니다. 이렇게 방문자들 입장에서 '이 카페가 나에게 유용하겠구나' 하는 생각이 들 만한 콘텐츠를 갖췄다면 그때부터 서서히 블로그를 이용해 방문자 유입을 시도해볼 수 있습니다. 방문자들에게 유용한 콘텐츠가 무엇인지에 대해서는 이미 '돈 안 들이고 하루 1,000명을 끌어들이는 콘텐츠 구하기' 편(259쪽)에서 자세히 살펴본 바 있습니다.

(2) 카페를 움직이게 만드는 윤활유, 소통

인간은 사회적인 존재이기 때문에 누군가와 항상 소통하고 싶어 하는 기본적인 욕구를 가지고 있습니다. 그래서 어떤 사람이 무슨 말이나 행동을 했을 때 거기에 대한 다른 사람의 반응, 호응, 의견, 공감 등을 접하고 상호작용을 하면서 살아갈 이유를 얻게 되는 것이지요. 카페라는 사이버 공간에서도 이러한 욕구는 똑같이 적용됩니다.

사람들이 카페에 가입하고 자주 방문하는 이유는 바로 자신과 관심사가 비슷한 다른 누군가와 자신의 경험을 공유하거나 조언을 구하고, 일상을 이야기하는 등의 소통을 하기 위해서입니다. 정보성 콘텐츠가 카페의 배터리라면, 소통은 카페를 원활하게 돌아가게 해주는 윤활유와 같은 존재인 셈이지요.

3/ 단계별 카페 활성화방법

카페를 개설해놓고 막상 회원들이 활동하도록 유도하려고 하면 생각처럼 쉽지가 않습니다. 왜 그럴까요? 어느 부분에서 어떤 조치를 취해야 할지 너무 막연하기 때문입니다. 이렇게 막연한 상태에서 방법을 찾으려고 하면 쉽게 해결책이 나오지 않습니다. 따라서 카페 회원들의 활동을 다음과 같이 크게 3단계로 구분하고, 각 단계별로 해법을 찾아야 합니다.

- 1단계 : 카페 방문 혹은 재방문
- 2단계 : 게시물 열람
- 3단계 : 댓글 쓰기 및 게시물 쓰기

(1) 1단계 : 카페 방문 혹은 재방문

1단계는 카페에 방문자가 유입되는 단계입니다. 일단 누군가 카페에 방문해야 만 활동이 이루어지기 때문이지요. 방문자는 아직 카페에 가입하지 않은 신규 방문자와 기존 회원으로 나눠볼 수 있습니다. 이 중에서 신규 방문자를 유입시키는 방법은 이미 앞에서 자세히 다뤘으므로, 여기서는 기존 회원을 재방문하게 하는 방법에 대해서만 설명하겠습니다.

카페에 가입한 회원이라고 해서 늘 그 카페에 자주 방문하지는 않습니다. 카페에 가입해놓고 이렇다 할 필요성을 못 느끼면 거의 방문하지 않기도 하고, 심지어 자신이 어떤 카페에 가입했는지 조차 잊어버리는 경우도 많습니다. 결국 이런 회원들을 카페에 재방문하도록 적극적으로 유도해야 한다는 것인데, 그 비결은 앞서 설명한 '카페를 활성화시키는 2가지 열쇠'와 일치합니다. 바로 '정보'와 '소통'인 것이지요.

정보는 여러 차례 강조했듯이 '정보성 콘텐츠'를 말합니다. 카페 회원들은 자신이 필요하거나 관심 있는 분야의 정보를 얻기 위해 그 카페를 방문합니다. 따라서 카페가 원활하게 운영되려면 기본적으로 유용한 정보가 지속적으로 생산되어야 합니다. 물론 운영자 입장에서 가장 좋은 형태는 회원들 각자가 자신의 경험이나 지식, 의견, 자료, 리뷰, 후기 등의 콘텐츠를 자발적으로 생산하는 것입니다. 하지만 카페가 어느 정도 활성화되기 전까지는 이러한 활동을 기대하기 힘듭니다. 따라서 그 전까지는 운영자와 스텝이 나서서 끊임없이 콘텐츠 생산활동을 해야 합니다. 이때 콘텐츠를 단편형식으로 계속 올려도 좋지만, 하나의 내용을 여러 편으로 나누어서 연재하는 방식도 시도해볼 만합니다. 이럴 경우 회원들이 새로 올라오는 연재 콘텐츠를 보기 위해 자발적으로 카페에 재방문하기 때문이지요.

또한 카페에는 다음 그림과 같이 모든 회원에게 일괄적으로 쪽지나 메일을 발송하는 기능이 있습니다. 이러한 전체쪽지와 전체메일은 카페 회원을 다시 카페로 불러들이는 가장 강력한 무기이기 때문에, 적극적으로 활용하면 카페 활성화에 커다란 힘이 될 수 있습니다.

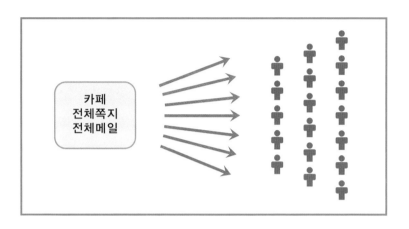

실제로 상품판매 카페를 운영하다 보면 제품 입고소식이나 할인행사, 이벤트 등 여러 가지 정보를 전체쪽지로 전달할 일이 생깁니다. 이밖에 좋은 콘텐츠를 올렸을 때도 전체쪽지와 메일을 발송해서 가능한 한 많은 회원들이 카페에 방문하도록 만들어야 합니다. 그리고 그 내용에는 다음 그림과 같이 해당 콘텐츠로 바로 이동할 수 있는 URL을 반드시 첨부해서 메일이나 쪽지를 받은 사람이 클릭 한 번으로 원활하게 콘텐츠로 유입될 수 있도록 배려하는 것이 좋습니다. 다만 전체쪽지를 너무 자주 발송하면 회원들에게 반감을 살 수 있으므로 주기를 적절하게 조절할 필요가 있습니다.

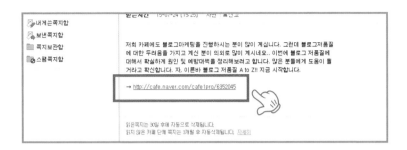

카페 회원을 재방문하게 하는 데는 콘텐츠 못지않게 '소통'도 중요한 역할을 합니다. 앞서 얘기했듯이 사람은 늘 다른 사람들과 소통하고 싶어 하는 욕구가 있기 때문에, 어떤 회원이 카페에 아무리 사소한 글을 올리더라도 다른 사람들이 그것에 즉각 반응해야만 흥미가 생기고 계속 카페에 방문해서 활동할 가치를 느끼게 됩니다. 반대로 자신이 올린 게시물이나 댓글에 아무도 반응하지 않는다면 벽에 대고 소리치는 것 같은 공허함을 느끼고 더 이상 그 카페에서 활동하고 싶은 마음을 갖지 못하게 됩니다.

이와 관련해 이미 많은 회원이 가입해 활성화된 카페인 경우 굳이 운영자가 끼어들지 않더라도 회원들끼리 상호 소통하며 활동하는 구조가 이루어집니다. 반면에 아직 활성화되지 않은 카페인 경우 운영자와 스텝이 적극적으로 나서서 소통하는 노력이 필요합니다. 예를 들면 보통 회원들이 카페에 처음 가입하면 가입인사를 쓰기 마련인데, 이러한 가입인사에 운영자나 스텝이 반갑게 댓글로써 환영해주는 것입니다. 특히 그런 댓글을 의례적인 문구로 건조하게 쓰기 보다는, 가입 회원이 올린 글의 내용에 따라 살가운 진심을 담아서 특별하게 작성하는 것이 좋습니다. 그래야만 회원들이 '이 카페는 내가 무슨 얘기를 하면 진심으로 들어주고 공감해주는구나' 하는 느낌을 받게 되어 카페에서 활동할 동기를 얻고 적극적으로 재방문하게 되기 때문이지요.

이러한 커뮤니티 활성화를 지원하기 위해 네이버 카페앱에서는 '푸시알림' 기능을 제공하고 있습니다. 이것은 게시글에 댓글이나 답글이 등록되면 다음 그림과 같이 스마트폰의 카페앱을 통해 해당 게시글을 작성한 사람에게 푸시알림이 뜨게 하는 기능을 말합니다. 이를 통해 글 작성자는 곧바로 스마트폰으로 카페에 접속해 그 내용을 확인할 수 있습니다. 이러한 푸시알림 효과를 누리기 위해서는 당연히 운영자나 스텝이 회원들의 게시물에 적극적으로 반응해야 합니다.

또한 카페 회원등급을 이용해서 회원들이 가입 초기에 어느 정도 활동을 하도록 유도하는 방법도 흔히 사용됩니다. 처음 카페에 가입한 사람에게는 준회원등급을 부여하고, 카페에 있는 정보들을 원활하게 열람하고 활동하려면 한 등급 정도 승급이 필요하도록 만드는 것이지요. 카페에서는 이처럼 등급이 상승하는 것을 소위 '등업'이라고 부릅니다. 카페에 따라 차이가 있지만, 등업을 위해서는 보통 가입인사 등의 게시글을 써야 한다든지, 다른 사람의 글에 댓글을 써야 한다든지 하는 조건이 있습니다. 준회원들은 이러한 등업조건을 충족하기 위해 다른 사람의 글에 댓글을 쓰는 등의 활동을 하게 됩니다.

참고로 어떤 회원이 자신의 등급으로는 열람할 수 없는 게시글을 클릭하면 게시글 내용이 나오지 않고 다음 그림과 같이 회원 등급에 따른 읽기권한 안내가 나옵니다.

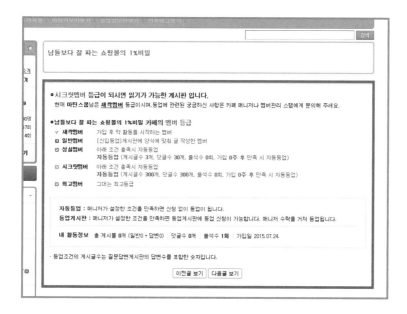

(2) 2단계 : 게시물 열람

신규 방문자이든 기존 회원이든 카페에 방문자가 유입되면 그 다음은 카페의 게시물을 열람하는 단계로 넘어갑니다. 카페에 유입된 방문자가 하는 첫 번째 활동은 대부분 어떤 게시물이든 열람하는 것입니다. 이때 회원들이 좀 더 적극적으로 게시물을 열람하게 하려면 회원들에게 인기가 있을 만한 주요게시물을 게시판 안에 묻어두지 말고 최대한 많이 노출시켜야 합니다. 그래야 훌륭한 콘텐츠에 의해 방문자가 효율적으로 유입되는 효과를 얻을 수 있기 때문이지요. 이렇게 콘텐츠를 노출시킬 때는 다음과 같은 방법이 도움이 됩니다.

① 메인 페이지 활용

카페 메인 페이지에 적극적으로 콘텐츠를 노출시킵니다. 카페에서 기본적으로 제공하는 '카페 대문'을 쓰는 것도 좋지만, 카페 메인 페이지를 최대한 효율적으로 사용하면 더욱 강력한 효과를 얻을 수 있기 때문입니다. 예를 들면 카페 대문을 HTML을 사용해 새로 디자인해서 여기에 특정 콘텐츠로 이동하는 배너를 적절하게 배치하는 방법을 생각해볼 수 있습니다. 카페 대문은 많은 회원들에게 노출되므로 그들이 여기에 있는 배너를 클릭해서 콘텐츠를 보도록 유도할 수 있습니다.

② 공지 활용

카페에는 '공지'라는 기능이 있습니다. 어떤 게시물을 공지로 등록하면 다음 그림과 같이 해당 게시판 혹은 전체 게시판에서 가장 상단에 우선적으로 노출되게 하는 기능이지요. 이러한 기능을 이용해서 콘텐츠를 전체공지로 등록함으로써 모든 게시판의 상단에 나오게 하면 좀 더 많은 회원들에게 노출될 수 있습니다.

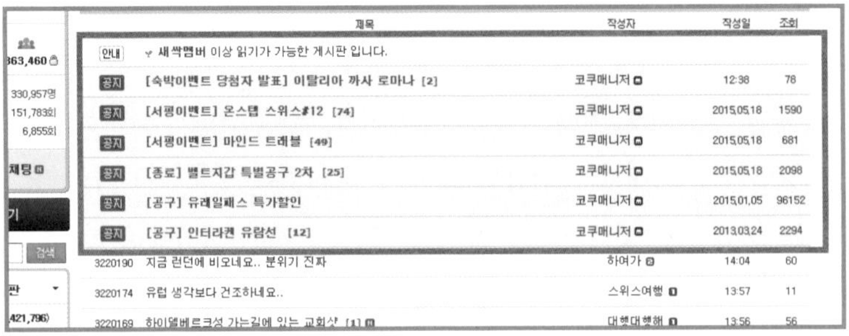

(3) 3단계 : 댓글 쓰기 및 게시물 쓰기

카페에서 회원이 게시물을 열람했다면 이번에는 그 회원이 게시물을 작성하거나 다른 게시물에 댓글을 쓰도록 만들어야 합니다. 당연한 얘기겠지만, 사람들은 주로 회원들 간의 소통이 활발하고 댓글이 많이 등록되는 카페에 게시물을 쓰는 경향이 있습니다. 그래야 자신이 쓴 게시물에 대해서도 뭔가 반응을 얻을 수 있다고 생각하기 때문이지요. 예를 들어 질문이라면 답변이나 정보를, 친목을 위한 글이라면 다른 사람과의 대화와 공감, 소통을 기대하게 됩니다. 따라서 평소에 카페에서 활발한 댓글과 반응이 오가야 다른 방문자들도 자연스럽게 게시물을 작성하게 됩니다. 특히 이러한 상황은 운영자와 스텝이 카페 회원들의 게시물에 적극적으로 반응을 보이는 등의 활동을 해야만 더욱 원활하게 이루어집니다. 또한 기본적으로 카페에 신규로 유입되는 회원이 충분해야만 이러한 활성화가 가능해집니다.

4／ 콘텐츠를 던지는 요령

(1) 콘텐츠는 연재방식으로 야금야금 던져줘라

콘텐츠를 작성할 때 흔히 하는 실수가 바로 내용을 너무 요약해서 짧게 쓴다는 것입니다. 콘텐츠를 짧게 써버리면 소재가 금방 바닥나기 때문에 끊임없이 작성하기가 힘듭니다. 예를 들어 다음 그림을 보면, 아기용 물티슈를 고르는 방법을 설명하면서 총 7가지 항목을 각각 한 줄로만 간단하게 언급하고 있습니다. 물론 정보성 콘텐츠의 형태를 갖추었다는 점에서는 바람직하지만, 이는 블로그 콘텐츠의 경우에 해당되는 사항입니다.

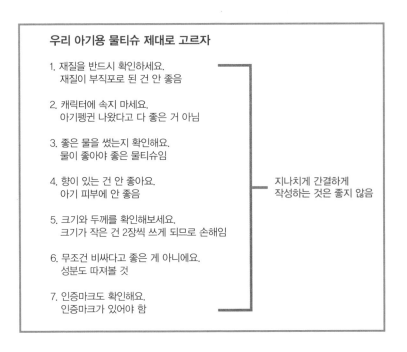

우리 아기용 물티슈 제대로 고르자

1. 재질을 반드시 확인하세요.
   재질이 부직포로 된 건 안 좋음

2. 캐릭터에 속지 마세요.
   아기펭귄 나왔다고 다 좋은 거 아님

3. 좋은 물을 썼는지 확인해요.
   물이 좋아야 좋은 물티슈임

4. 향이 있는 건 안 좋아요.
   아기 피부에 안 좋음

5. 크기와 두께를 확인해보세요.
   크기가 작은 건 2장씩 쓰게 되므로 손해임

6. 무조건 비싸다고 좋은 게 아니에요.
   성분도 따져볼 것

7. 인증마크도 확인해요.
   인증마크가 있어야 함

지나치게 간결하게
작성하는 것은 좋지 않음

카페의 경우 정보성 콘텐츠의 형태를 포기하더라도, 한정된 소재로 가능한 한 효과를 길게 보면서 꾸준히 회원 충성도를 유지하기 위해 콘텐츠를 최대한 길게 풀어서 여러 편으로 나눠 '연재'하는 것이 좋습니다.

예를 들어 위의 사례에서 물티슈를 고르는 7가지 항목마다 실제 사례 등을 이용해 내용에 살을 더 붙이고, 여기에 사진과 그림까지 추가해서 총 7편의 시리즈를 구성하는 식입니다. 그리고 이 시리즈를 한꺼번에 올리지 말고 한 번에 한 편씩 야금야금 던져줌으로써 사람들이 오랫동안 볼 수 있도록 해야 합니다. 이렇게 콘텐츠를 길게 작성하면 다음과 같은 효과를 얻을 수 있습니다.

① 블로그에 시리즈 1편만을 올리고 그 끝에 '다음 편 보기' 등의 링크를 삽입해

서 카페로 방문자를 유입시킬 수 있습니다.

② 단편으로 짧게 요약해서 올렸을 때보다 심도 있고 재미있는 콘텐츠가 될 수 있습니다.

③ 한정된 소재를 최대한 길게 연재함으로써 콘텐츠가 한결 풍부해집니다.

④ 회원들이 콘텐츠 연재에 대한 기대감으로 카페에 재방문하는 효과가 있습니다. 전체쪽지로 새로운 연재가 올라왔다고 알려주는 것도 좋은 방법입니다.

⑤ 카페에 새로 가입한 사람들이 이미 여러 편으로 나뉘어서 올라온 게시물들을 차례로 하나씩 보게 되면 자연스럽게 카페의 페이지뷰가 올라가기 때문에 카페지수에도 큰 도움이 됩니다.

⑥ 짧게 요약해서 올렸을 때보다 회원들이 콘텐츠를 열람하는 시간, 즉 체류시간이 길어지기 때문에 카페지수에 도움이 됩니다.

(2) 퍼온 자료는 가치가 떨어진다

콘텐츠를 직접 작성하기 힘들다고 다른 곳에서 퍼온 자료를 잔뜩 올려놓는 것은 좋지 않습니다. 카페 자체적으로 생산해낸 정보가 많아야 방문자들은 이 카페가 유용한 카페라는 생각을 하게 되고, 결국 이것이 회원가입과 재방문율을 높이기 때문이지요.

혹시 자료를 퍼오더라도 전체 콘텐츠 중 일부분만 차지하도록 비율 안배를 하는 것이 중요합니다. 즉, 그냥 편하게 콘텐츠를 퍼오기 보다는 그 콘텐츠를 자기 카페에 맞게 재작성해서 나만의 것으로 소화해내는 노력이 필요합니다.

(3) 게시판 개수는 최소화하라

앞서 언급했듯이 카페에 적용된 C-Rank는 게시판 단위로 신뢰도를 측정해서 이를 검색노출 순위에 반영합니다. 그리고 게시판이 신뢰도를 얻으려면 활동성이 필수로 확보되어야 합니다. 다시 말해 게시판에서 가급적 다양한 이용자들이 많은 게시글과 댓글을 작성해야 해당 게시판이 검색결과 상단에 노출된다는 것이지요.

　그런데 게시판이 너무 많아서 카페 회원이 여러 게시판에 분산되어 활동하면 각각의 개별 게시판들은 활동성이 상대적으로 낮아지게 됩니다. 따라서 한정된 회원의 활동성을 가능한 한 적은 게시판에 집중시켜야 하며, 이를 위해서 게시판 개수를 최소화하는 것이 좋습니다. 하지만 게시판을 줄이기 위해서 2개의 주제를 하나의 게시판에서 다루는 방식은 피해야 합니다. 하나의 게시판에서는 하나의 주제에 최대한 집중해야 합니다.

03

카페·쇼핑몰에서 구매를 일으키는 방법

온라인 쇼핑몰 혹은 상품판매 목적의 카페(이하 '쇼핑몰'로 통합해 표기)에서 상품의 주문이 달성되기까지의 과정은 다음과 같이 크게 2가지 단계로 이루어집니다.

- 1단계 : 쇼핑몰로 방문자가 유입되는 단계
- 2단계 : 유입된 방문자가 상품을 구매하는 단계

위의 두 단계 중 하나라도 빠지면 매출이 일어날 수 없습니다. 아무리 쇼핑몰을 잘 만들고 좋은 상품을 판매하더라도 유입자가 없다면 구매가 일어날 수 없고, 아무리 유입자가 많아도 상품을 구매하지 않고 빠져나가면 매출은 '0'일 수밖에 없기 때문이지요. 물론 방문자가 유입되면 어떻게든 매출이 발생하기는 합니다. 하지만 마케팅 관점에서 잘 만들어진 쇼핑몰과 그렇지 못한 쇼핑몰의 매출은 차이가 있습니다. 결코 방문자수만이 매출을 좌우하는 전부가 될 수는 없다는 뜻입니다.

그렇다면 판매자 입장에서는 쇼핑몰 내부에 구매를 일으키는 마케팅 요소를 도입해놓는 것이 먼저일까요, 아니면 방문자를 유입시키는 것이 먼저일까요? 당연히 쇼핑몰 내부에 마케팅 요소를 도입해놓는 것이 먼저입니다. 쇼핑몰에 이러한 요소가 도입되지 않은 상황에서 방문자가 유입되면 그들을 효율적으로 매출까지 이끌 수 없기 때문입니다. 한마디로 한발 늦는 셈이지요.

1/ 고객이 스스로 지갑을 열게 만드는 방법

온라인 거래는 판매자와 구매자가 서로 얼굴을 마주보지 않은 상태에서 거래가 이루어진다는 특징이 있습니다. 그렇다면 온라인 거래방식과 전통적인 오프라인 거래방식과는 어떤 차이점이 있을까요?

물론 여러 가지 차이가 있겠지만, 특히 여러분은 '신뢰'라는 요소에 주목할 필요가 있습니다. 보통 특정 장소에 가서 직접 상품을 구매하는 오프라인 거래에서는 구매자가 상품의 실물을 직접 눈으로 확인하고, 손으로 만져보고 종업원과 대화를 나누는 등의 과정에서 자연스럽게 신뢰가 쌓입니다. 물론 상품의 종류에 따라서는 특별히 신뢰가 필요치 않은 경우도 많습니다. 대부분 눈앞에 진열된 상품을 골라서 결제만 하면 바로 가져갈 수 있으므로 특별한 신뢰가 필요하지 않기 때문이지요.

반면에 온라인에서는 이러한 상황이 불가능합니다. 실물이 눈앞에 있지도 않고, 판매자와 얼굴을 마주 하지도 않은 상태에서 오로지 화면에 나오는 사진이나 동영상, 텍스트 등의 자료만 보고 구매 여부를 결정해야 하기 때문입니다. 이렇게 상호간의 신뢰가 전혀 쌓여있지 않은 상황에서는 어떤 구매자든지 잠재적으로 '구매거부감'을 느끼게 됩니다. 특히 안전을 중요시하는 유아용품이나 식품 등의 상품에 있어서는 더욱 그렇습니다.

반면에 고객이 판매자를 신뢰하게 만들 수 있다면 구매는 이미 반 이상 이루어진 것이나 다름없습니다. 그렇다면 온라인 거래에서 방문자들이 여러분을 신뢰하게 만들려면 어떻게 해야 할까요? 가장 쉽고 좋은 방법은 바로 판매자 스스로를 '당당하게 드러내는 것'입니다. 즉, 쇼핑몰에 여러분이 등장하는 이야기를 써서 올려놓는 것이지요. '운영자 소개'나 '판매자 소개'와 같은 자기소개는 기본이고, 평소에도 가끔씩 일기나 에세이 형식으로 여러분의 일상을 연재해놓는다면 더욱 좋습니다.

　여기서 중요한 점은 여러분이 등장하는 '사진'이 들어가야 한다는 것입니다. 그래야 구매자들이 여러분의 실제 모습을 보고 여러분을 신뢰할 수 있게 됩니다. 이때 다루는 아이템의 성격에 따라 여러분이 어떤 모습으로 나와야 할지가 달라집니다. 만일 특별히 고급스런 이미지를 강조해야 하는 아이템이 아니라면, 굳이 잘 차려입은 예쁜 모습, 멋진 모습만을 보여주려고 할 필요가 없습니다. 예쁘고 멋진 모습보다는 고객들을 위해서 열심히 일하는 '진솔한 모습'을 보여줘야 합니다.

　예를 들면 상품발송을 위해 상품을 패킹하는 모습, 진열대에 열심히 물건을 진열하는 모습, 고객의 요구사항이나 컴플레인을 처리하기 위해 동분서주하는 모습을 사진에 담으면 됩니다. 다만 사진의 배경으로 나오는 사무실이나 작업실 등이 너무 지저분하면 오히려 신뢰를 떨어뜨릴 수 있으므로, 가급적 사진에 나오는 부분만이라도 깔끔하게 청소한 후에 사진을 찍는 센스가 필요합니다.

　사진이 준비되었다면 그 사진과 함께 여러분이 고객을 위해서 얼마나 열심히 일하고 있는지를 자연스럽게 이야기로 써봅니다. 이런 이야기를 쓰기는 어렵지 않습니다. 시간흐름에 따라 사진을 몇 장 찍어놓고 그 사진을 쭉 나열한 뒤 각 사진마다 간단히 글을 몇 줄 써주기만 하면 여러분만의 멋진 이야기가 만들어집니다. 쇼핑몰 방문자들은 이런 진솔한 사진과 글을 보면서 판매자인 여러분을 점점 신뢰하기 시작합니다. 그렇게 여러분은 방문자들에게 더 이상 낯선 사람이 아닌 '아는 사람'이 되는 것입니다. 여러분이 방문자들에게 '아는 사람'이 된다는 것은 무엇을 의미할까요? 바로 그들이 여러분에게서 상품을 구매하게 된다는 사실을 의미합니다.

2 / 상품 상세 페이지를 이렇게 만들어야 잘 팔린다

온라인 쇼핑몰의 '상품 상세 페이지'는 상품을 설명하는 공간입니다. 오프라인으로 치면 매장에서 종업원이 고객에게 물건을 보여주고 설명하는 것에 해당하지요. 이때 종업원이 고객에게 상품을 어떻게 설명하느냐에 따라 매출에 차이가 생기듯이, 온라인에서도 상품 상세 페이지에 상품설명을 어떻게 해놓느냐에 따라 매출에 차이가 생깁니다. 따라서 여기에서 설명하는 몇 가지 요소 중에서 여러분의 아이템에 맞는 것을 선택해서 상품 상세 페이지에 도입하면 구매율을 끌어올릴 수 있을 것입니다.

다만 소규모 사업자라면 현실적으로 쇼핑몰에서 취급하는 모든 상품마다 상세 페이지에 다음과 같은 요소들을 도입하기가 상당히 어렵습니다. 이럴 때는 선택과 집중이 필요합니다. 즉, 잘 나가는 상품 20%가 매출의 80%를 차지한다는 통계가 있는 만큼, 가장 잘 나가는 소수의 주력상품을 선택해서 그 상품들에만 우선적으로 도입해보는 것이지요.

(1) 상품 상세 페이지 상단에 눈에 띄는 헤드라인을 작성하라

일반적으로 쇼핑몰에서 상품 상세 페이지를 보는 구매자들은 작은 글씨로 써 있는 설명을 일일이 읽어보지는 않습니다. 대부분 사진만을 중점적으로 살펴보지요. 하지만 여러분이 직접 그 방문자를 찾아가서 상품설명을 할 수 없는 이상, 구매율을 조금이라도 높이려면 어떻게든 구매자가 설명을 보도록 만드는 것이 중요합니다.

그럼 어떻게 하면 구매자가 텍스트로 된 설명을 읽게 할 수 있을까요? 바로 상품 상세 페이지 상단에 커다랗고 강렬하게 눈에 잘 들어오는 간단한 카피를 따로 써놓는 것입니다. 신문으로 치면 헤드라인인 셈이지요. 신문을 대충 훑어보는 사람도 세세한 기사까지 모두 읽지는 않더라도 대부분 큰 글자로 된 헤드라인은 읽습니다. 마찬가지로 쇼핑몰에서 상품 상세 페이지를 아무리 대충 훑어보는 사람이라도 크고 강렬한 색상으로 써놓은 짧은 카피는 자연스럽게 인지하게 되는 것이지요. 이러한 카피는 다음과 같이 크게 2가지 기능을 합니다.

① 상품의 특징을 요약해서 전달한다

쇼핑몰에서 상품을 설명할 때 그 상품을 촬영한 사진만으로는 진가를 제대로 전달하기 어려운 경우가 많습니다. 이때 짧은 카피를 이용해 해당 상품의 특징을 효과적으로 전달함으로써 '왜 다른 상품이 아니고 바로 이 상품을 사야 하는지'에 대한 설득력을 강화할 수 있습니다.

예를 들어 여러분이 레포츠현장을 생생한 동영상으로 촬영할 수 있는 액션캠을 판매한다고 가정해보겠습니다. 이런 경우 10만 원 미만의 액션캠 중에서 Full HD 화질, 2.7인치의 와이드 LCD 화면, 20기압의 방수성능을 갖춘 제품은 오로지 이 제품밖에 없다는 특징을 잘 잡아내서, 이것을 눈에 확 띄는 형식의 헤드라인으로 써주면 해당 제품을 보는 방문자들의 시각이 바로 달라질 것입니다.

고객들이 눈에 잘 띄는 헤드라인을 읽게 되면 해당 상품이 자신에게 필요한 상품인지 아닌지를 좀 더 빠르게 판단할 수 있습니다. 그리고 만일 자신에게 필요한 상품이라고 판단되면 대충 마우스 스크롤을 쭉 내리면서 사진만 훑어보는 소극적인 자세에서 벗어나 자연스럽게 세세한 설명까지 챙겨보는 적극적인 자세로 진전될 수 있습니다. 헤드라인을 통해 구매자들을 이런 단계까지 끌고 간다면 구매율은 당연히 올라가게 됩니다.

(2) 자세한 설명이 물건을 사게 만든다

오프라인 매장에서는 고객들이 직접 상품을 눈으로 보고 손으로 만져보는 과정에서 자연스럽게 그 상품을 느끼고 구매 여부를 판단하게 됩니다. 반면에 온라인 쇼핑몰에서는 오로지 사진과 동영상, 글로만 이러한 느낌을 전달해야 합니다. 따라서 쇼핑몰 고객들에게 오프라인과 같은 생생한 느낌을 전달하려면 다음 쪽의 그림과 같이 여러 각도에서 제품을 촬영한 사진은 물론이고 제품의 세세한 부분을 클로즈업해서 촬영한 상세 컷들까지 풍부하게 제공하는 것이 좋습니다. 만일 상세 컷에 글로 작성한 설명이 필요하다면 그것까지 꼼꼼하게 넣어주는 노력도 필요합니다.

특히 아이템의 특성에 따라 상품 상세 페이지에서 어떤 요소를 어떻게 강조할지가 달라지므로 판매자 자신이 아이템에 대한 어느 정도의 통찰을 가지고 있어야 합니다. 그리고 그런 통찰을 사진이나 글로 자세하게 풀어내야 합니다. 이때 만일 판매자가 직접 상품사진을 찍지 않는다면, 상품사진 촬영 전에 촬영을 맡은 사람에게 어떤 부분을 어떤 느낌으로 얼마나 촬영해야 하는지를 명확하게 전달해야 합니다. 반면에 판매자가 직접 사진을 촬영한다면 사전 기획을 통해 이러한 점을 미리 꼼꼼히 메모해두어야 합니다. 막상 촬영에 들어가면 이런 점들을 놓치는 경우

랜턴 본체는 크게 램프와
가스조절밸브 그리고 전기점화장치로
구성되어 있습니다.

램프의 겉면에 투명한 글로브가 있고
그 안에 맨틀을 끼우는 버너헤드가
보입니다.

가스연료 연결부부터
버너헤드에 이르는 연료유입로는
매우 견고하게 제작되어 있어
왠만한 충격에도 손상되지 않습니다.
작은 부분이지만 사용자의 안전을
고려하였습니다.

압전소자를 이용한 전기점화장치가
마련되어 있어서 별도의 라이터나
불꽃이 없어도 간편하게
점화가 가능합니다.

가 많기 때문입니다. 특히 한 번에 촬영할 상품이 많을수록 더욱 그렇습니다. 방문자가 이런 상세한 사진과 설명을 접하게 되면 비로소 '이 상품을 구매하면 어떨까' 하는 가능성이 '이 상품을 구매해야겠다' 하는 확신으로 굳어지게 됩니다.

참고로 구매자의 심리적인 부분에 대해 한 가지만 덧붙여 설명하겠습니다. 구매자는 항상 쇼핑 실패에 대한 두려움을 갖고 있다는 사실을 알고 있나요? 물건을 실제로 보지 못하고 구매하기 때문에 자칫 상품을 잘못 골라서 성능이나 디자인이 떨어지거나, 자신의 상황에 맞지 않는 엉뚱한 물건을 구매하게 될까봐 늘 경계하는 심리를 가지고 있다는 것이지요. 이런 구매자들은 현명한 소비를 위해서 판매자의 추천에 민감하게 반응합니다.

그런데 성의 있고 자세하게 설명해놓은 상품과 그렇지 못한 상품이 있을 때, 과연 구매자는 둘 중 어떤 상품을 판매자가 추천한다고 생각할까요? 당연히 성의 있게 설명해놓은 상품을 추천한다고 느끼게 됩니다. 설명 자체가 별로 없고 사진도 대충 찍어서 올려놓은 상품 상세 페이지를 보고 판매자가 이 상품을 추천한다고 생각하기는 쉽지 않겠지요. 따라서 여러분이 어떤 상품을 적극 추천해서 많은 구매를 일으키고 싶다면 상품설명에 여러분의 의도가 충분히 반영되도록 친절하고 자세한 설명을 제공해야 합니다. 그래야 비로소 여러분의 마음이 구매자에게 전달될 수 있기 때문이지요.

(3) 구매자가 질문하기 전에 미리 알려주어야 한다

소규모 사업자들을 접하다 보면, 상품 상세 페이지에 상품설명을 하기가 귀찮아서 그냥 대충 만들어놓고 '궁금한 사항이 있으면 질문하겠지' 하고 생각하는 경우가 의외로 많아 놀랄 때가 있습니다. 하지만 이것은 엄청난 착각입니다. 온라인에서 상품을 구매하는 구매자들은 대부분 궁금한 사항이 있으면 질문을 하는 것이 아니라 거기서 상품을 '안 사기' 때문이지요. 질문을 하느니 클릭 몇 번으로 다른 쇼핑몰로 가는 것이 훨씬 더 빠르고 편하기 때문입니다. 이와 관련해 구매자의 입장을 좀 더 자세히 살펴보면 다음과 같습니다.

① 구매자 입장 1 : 회원가입, 로그인은 세상에서 가장 귀찮은 일

구매자가 쇼핑몰에서 질문을 하려면 대부분 회원가입을 하고 로그인을 해야 합니다. 그런데 구매자 입장에서는 질문에 대한 답변에 따라 상품을 구매할지 안 할지도 모르는 상황에서 사소한 질문 하나 때문에 쇼핑몰에 회원가입을 하고 로그인을 한다는 것이 어찌 보면 세상에서 가장 귀찮고 쓸데없는 일로 느껴질 수 있습니다. 게다가 회원가입을 하려면 필수적으로 개인정보를 입력해야 하는데, 개인정보 유출사건이 기승을 부리고 있는 상황에서 질문 하나 때문에 자신의 소중한 개인정보를 처음 보는 쇼핑몰에 입력하기가 꺼림칙하게 느껴질 수도 있습니다.

회원가입 없이 비회원 질문이 가능하다 해도 마찬가지입니다. 비회원 질문을 하려면 글을 작성할 때 비밀번호를 입력해야 하는데, 이 비밀번호가 공교롭게도 가장 민감한 개인정보에 해당하기 때문이지요. 게다가 언제 답변이 등록될지도 모르는 온라인 게시판에 질문을 쓰느라 열심히 키보드를 두드리는 것 자체가 귀찮은 일이기도 합니다. 그래서 대부분의 구매자들은 이처럼 설명이 불친절한 쇼핑몰에서 빠져 나와 다시 클릭 몇 번으로 다른 친절한 쇼핑몰을 찾아가게 됩니다. 이것이 귀찮게 질문을 작성하고 답변을 기다리는 것보다 훨씬 더 편하고 빠르고 쾌적한 쇼핑을 즐길 수 있는 방법이라는 사실을 알기 때문이지요.

② 구매자 입장 2 : 전화로 질문하라고?

그럼 제품에 대한 상담이나 질문을 전화로 받는 경우는 어떨까요? 물론 사람에 따라서는 전화상담을 편하게 생각하기도 합니다. 하지만 내성적인 사람들에게는 전화통화가 대단히 부담스러운 일일 수 있습니다. 또 괜히 전화를 걸었다가 판매자의 불친절한 상담태도 때문에 마음의 상처를 받을까봐 걱정하는 사람들도 있습니다. 실제로 판매자들은 대부분 바쁘고 피곤한 상황이라 본의 아니게 전화상담 고객들에게 좀 퉁명스럽게 대하는 경우가 종종 있습니다.

또한 구매자가 직장 등에서 잠시 짬을 내 온라인 쇼핑을 하는 경우처럼 주위에 눈치가 보여 대놓고 전화상담을 하기가 힘든 상황일 수도 있습니다. 그렇다고 점심시간을 이용해 전화하자니 쇼핑몰 고객센터도 똑같이 점심시간이고, 설사 상담이 가능하더라도 그 시간대는 전화상담이 몰려서 통화연결이 매우 어렵습니다. 또한 출근 전이나 퇴근 후에는 고객센터 역시 상담시간이 아니다 보니, 결국 이런 상황에 있는 고객 입장에서는 전화로 질문하기 만만한 때라는 것이 없습니다.

결국 쇼핑몰에 상품설명이 충분하지 않아 이런 상황에 처한 고객 입장에서 가장 손쉬운 대처방법은 그냥 다른 쇼핑몰을 찾아가는 것입니다.

③ 구매자 입장 3 : 아는 게 있어야 질문도 하지

아는 만큼 보이는 법이라고, 사실 질문 또한 상품과 상품군에 대해 어느 정도 알고 있어야 나올 수 있습니다. 따라서 만일 어떤 고객이 자신이 찾는 상품에 대해 아예 모르고 있는 경우라면, 판매자가 상품 상세 페이지에 소극적으로 설명한 최소한의 정보가 전부인 줄 알 수밖에 없습니다. 이렇게 한정된 정보가 전부라고 생각되면 그 고객은 제품에 대한 궁금함이나 구매 필요성을 별로 느끼지 않습니다. 그리고 머릿속에 이런 생각을 떠올리게 됩니다. '다른 쇼핑몰에 좀 더 좋은 거 없나?'

이제 위의 설명들이 무엇을 의미하는지 감이 잡히나요? 온라인 거래에서는 '궁금한 사항이 있으면 질문하겠지'는 통하지 않습니다. 고객은 궁금한 사항이 있으면 거기서 안 사고 딴 데로 가버립니다. 결국 구매자들이 궁금해할 만한 정보들을 미리 상품 상세 페이지에 친절하게 설명해주는 것이 상품을 하나라도 더 사게 만드는 방법입니다.

(4) 구매자가 원하는 것은 상품이 아니다

오프라인과 마찬가지로 온라인에서도 판매자와 구매자는 기본적으로 상품을 주고받는 거래를 합니다. 그리고 구매자는 상품을 얻기 위해 판매자에게 돈을 지불하지요. 그래서 온라인 거래를 단순히 판매자는 상품을 판매하기 위해 온라인상으로 상품을 보여주면 되고, 구매자는 그 상품을 보고 살지 말지를 결정하면 된다고 생각하기 쉽습니다. 하지만 이렇게 단순하게 생각해서는 효과적으로 구매를 일으킬 수 없습니다. 자, 여기서 한 단계 더 들어가 보겠습니다. 구매자가 원하는 것이 진짜로 그 상품일까요? 즉, 구매자가 얻고자 하는 본질이 과연 그 상품 자체이겠느냐는 말이지요. 다음과 같은 예를 생각해보겠습니다.

여러분은 온라인상으로 캠핑용품을 판매하려고 합니다.
캠핑용품 중에서 빼놓을 수 없는 아이템인 화로대.
그런데 일반적인 화로대 제품은 무거워서 오토캠핑, 즉 캠핑용품을 차에 실을 수 있을 때만 가져갈 수 있습니다. 차 없이 오로지 배낭만을 메고 가는 백패킹인 경우 부피가 크고 무거운 화로대를 가져가기 쉽지 않습니다.
그런데 화로대 중에서 수납부피가 작고 가벼워서 배낭 한쪽에 꽂아서 휴대할 수 있는 경량 화로대 제품이 있습니다.
여러분은 지금 이 경량화로대 상품 상세 페이지를 만들기 위해 사진을 촬영하는 중입니다. 먼저 상품이 들어있는 박스를 찍었습니다. 처음에는 그렇게 박스만 찍어서 올리려다가, 큰맘 먹고 상품 하나 내가 쓰는 셈 친다는 생각으로 과감하게 박스를 뜯어서 상품을 꺼내 실물사진도 찍습니다.

수납 시에 부피가 얼마나 작은지를 찍고, 다음과 같이 화로대를 펼쳐서 설치한 모습도 찍습니다.

그리고 여기서 좀 더 욕심을 내서 다음과 같이 참나무 장작을 가져다가 화로대 위에 장작을 얼마나 올릴 수 있는지 보여주는 사진까지 찍었습니다.

이제 여러분은 이렇게 촬영한 사진들을 이용해 멋진 상품 상세 페이지를 만들려고 합니다.

이렇게 만든 상품 상세 페이지는 고객들에게서 얼마나 구매를 끌어낼 수 있을까요? 일단 상품박스 사진만 찍어 올리는 다른 판매자들보다 좀 더 노력을 기울여 상품 실물사진까지 찍고, 수납부피가 작고 가볍다는 것과 장작이 많이 올라가도 잘 버티는 튼튼한 내구성을 가지고 있다는 사실을 사진으로 표현하는 데까지는 성공했습니다. 이것만 해도 나름 야외촬영까지 필요한 난이도 높은 작업입니다. 가격 등 다른 조건이 동일하다면 당연히 박스사진만 찍어서 올린 다른 판매자들보다 구매율이 높을 것입니다.

그런데 여기서 구매율을 더 높일 수 있는 방법은 없을까요? 잠깐 시선을 제품이 아닌 구매자에게로 돌려보겠습니다. 구매자, 즉 백패킹을 하는 캠퍼들이 진짜로 원하는 것은 무엇일까요? 경량화로대 제품 자체일까요? 그렇지 않습니다. 캠퍼들이 원하는 것은 제품 자체가 아니라 바로 '불을 피워놓고 즐기는 즐거운 시간'입니다. 쏟아질 것만 같은 밤하늘의 별빛 아래에서 화로대에 불을 피워놓고 바비큐를 즐기며 소주도 한잔하면서 도란도란 대화를 나누는 행복한 시간. 바로 이것이 구매자가 원하는 '본질'입니다. 화로대는 그저 이 본질을 얻기 위한 수단일 뿐이지요.

이제 위의 사례에서 부족한 점이 보이나요? 바로 경량화로대라는 상품과 성능을 설명하는 데는 성공했지만, '불을 피워놓고 보내는 즐거운 시간'까지는 묘사하지 못했다는 점입니다. 물론 이미 백패킹에 화로대를 가지고 가면 캠핑이 더 즐거워진다는 사실을 알고 있는 사람에게는 상품 자체를 설명하는 것만으로도 크게 부족하지 않을 수 있습니다. 하지만 그러한 즐거움을 미처 알지 못하는 사람들에게는 단순한 상품설명만으로 구매욕구를 크게 자극할 수 없습니다. 제품만 보여줬을 뿐, 그런 사람들의 마음을 움직이지는 못했기 때문이지요. 어떤 사람이 무언가를 구매하도록 만들기 위해서는 그 사람의 마음을 움직여야 합니다.

그럼 다시 화로대 촬영작업으로 돌아가 보겠습니다. 고객들의 마음을 좀 더 효과적으로 움직이려면 어떻게 하면 좋을까요? 물론 가장 좋은 방법은 별이 쏟아질 것 같은 밤하늘을 배경으로 두세 사람이 화로대 주위에 둘러앉아 즐겁게 대화를 나누며 바비큐를 즐기는 낭만적인 컷을 멋지게 잡아내는 것입니다. 실제로 대기업 제품광고를 보면 이렇게 제품 자체보다 그 제품으로 누릴 수 있는 즐거운 경험을 묘사하는 경우가 많습니다. 대표적으로 다양한 부류의 사람들이 갖가지 방식으로 게임을 즐기는 모습을 묘사한, 닌텐도의 위(wii) 게임기 광고를 들 수 있습니다.

하지만 소규모 사업자인 여러분이 이런 전문적인 사진촬영을 하기에는 현실적으로 어려움이 많습니다. 기껏 화로대 하나 촬영하자고 별빛이 쏟아지는 기가 막힌 장소를 찾아 떠나기도 힘들 뿐 아니라, 사진에 등장하는 멋진 모델을 구하기는 더욱 힘들지요. 그렇다면 여러분이 할 수 있는 범위 내에서 적절한 방법을 찾아야 합니다.

사실 경량화로대 제품은 위에 그릴을 얹는 구조가 아니라서 바비큐를 하기는 불편합니다. 하지만 캠핑용 꼬치를 함께 가져간다면 어떨까요? 다음 그림과 같이 꼬치에다가 금방 익혀 먹을 수 있는 소고기를 꿰어 소고기꼬치를 만들어서 손에 들고 화로대 위에서 구워 먹는 사진을 찍는 것입니다.

또 320쪽 사례에 나온 사진처럼 실제 백패킹을 가면서 무거운 장작을 짊어지고 가는 사람은 없으므로 좀 더 자연스러운 상황을 묘사하는 방법도 있습니다. 즉, 다음 그림과 같이 자연 속 캠핑장소 여기저기에서 주워 모은 나뭇가지와 솔방울을 화로대 위에 얹어놓고 불을 붙여놓은 사진을 찍는 것이지요. 이때 카메라 앵글은 제3자가 멀리서 캠퍼들을 바라보는 식으로 잡아도 좋지만, 이것이 힘들다면 캠퍼 자신의 시선으로 화로대를 바라보는 앵글을 잡아도 좋습니다.

이럴 경우 모델을 쓸 필요도 없을뿐더러, 촬영하기도 훨씬 쉬워집니다. 이렇게 하면 다음 그림과 같이 자연의 냄새가 물씬 풍기는 나뭇가지와 솔방울 연기 속에서 소고기 꼬치구이가 직화불꽃에 향기롭게 지글지글 익어가는 모습이 사진에 담기겠지요. 이때 물론 화로대 옆에 놓인, 소주가 가득 담긴 소주잔도 사진 속에 포함되어야 합니다.

이런 사진은 모든 캠퍼들이 그토록 원하는, 생각만 해도 너무나 즐거운 상황을 묘사해줍니다. 장비가 열악한 백패킹이지만 소소하게나마 불을 피워놓고 바비큐를 즐길 수 있다는 낭만적인 스토리를 사진 한 장으로 보여줄 수 있는 것이지요. 단순히 화로대 사진만으로는 이러한 즐거움이나 낭만을 전달하기 힘듭니다. 그저 아무런 느낌이 없는 상품사진일 뿐이지요. 하지만 화로대 옆에 놓인 금방이라도 들이켜고 싶은 소주 한 잔과 화로대 위에서 타고 있는 나뭇가지와 솔방울, 그리고 그 불꽃에 맛있게 지글지글 익어가는 꼬치구이가 등장하는 순간, 그 사진을 보는 고객들은 상품이 아니라 '상품을 가짐으로써 누릴 수 있는 즐거움'을 보게 됩니다.

'아, 이렇게 경량화로대랑 꼬치가 있으면 백패킹을 가서도 불놀이를 하면서 바비큐를 즐길 수 있겠구나! 나도 한번 해보고 싶은데!'

이런 생각을 한 고객들은 그 즐거운 상상을 실제로 체험하기 위해서 행동을 취하려고 합니다. 그 행동이 무엇일까요? 바로 여러분이 판매하는 경량화로대와 함께 캠핑용 꼬치세트까지 장바구니에 넣고 결제하면서 배송이 빨리 오기만을 기다리는 것입니다.

다시 한 번 강조하지만 고객이 진정으로 원하는 본질은 상품 자체가 아니라, 바로 그 상품을 가짐으로써 누리게 되는 효과와 즐거움, 만족감입니다. 여러분이 고객들에게서 구매를 일으키고 싶다면 바로 이 부분을 집중공략해야 합니다.

(5) 하나 사는 김에 여러 개를 같이 사게 만들어라

여러분이 좀 더 많은 구매를 일으키기 위해 또 하나 신경 써야 할 것은 바로 상품 상세 페이지를 통해 '추가상품을 등장시켜서 묶음구매를 유도해야 한다'는 것입니다. 어떻게든 고객이 상품 하나를 사는 김에 다른 상품들도 함께 사도록 만드는 것이 좋다는 뜻이지요.

예를 들어 위에서 설명한 캠핑용품 사례를 보면, 화로대를 소개하기 위한 상품 상세 페이지 사진 속에 화로대와 함께 사용할 수 있는 캠핑용 꼬치가 등장하고 있습니다. 물론 이외에도 화로대에 불을 붙이는 착화제와 미니토치, 가스연료 등도 함께 등장시킬 수 있겠지요. 이런 식으로 이 상품들을 모두 함께 구매하도록 유도한다면 단순히 화로대 하나만 판매할 때보다 훨씬 많은 매출을 올릴 수 있습니다.

특히 이를 위해서는 본 상품과 함께 사용할 수 있는 상품들을 묶어서 세트상품으로 구성해주거나, 최소한 구매자들이 추가상품을 선택해 묶음구매를 할 수 있도록 해주어야 합니다. 또한 추가상품을 단순히 소극적으로 옵션 리스트에만 넣는 것보다는, 상품 상세 페이지 디자인 내에 적극적으로 노출시킴으로써 최대한 함께 사도록 유도해야 합니다. 추가상품이나 세트상품 구매 시 바비큐에 필요한 목장갑이나 숯집게, 캠핑용 소주잔 등을 사은품으로 제공하거나 무료배송 혜택을 준다면 더욱 좋겠지요.

3/ 방문자에게 메인 페이지를 절대로 보여주지 마라

쇼핑몰에 방문자가 유입되는 경로를 다시 한 번 상기해보겠습니다. 이 책의 내용대로라면 방문자들은 대부분 블로그를 통해서 쇼핑몰로 유입되는 경로를 거치게 됩니다. 즉, 방문자들이 블로그 포스팅 중간에 삽입된 링크를 클릭해서 쇼핑몰로 유입되는 것이지요. 또한 '포스팅에는 어떤 내용을 써야 하나' 편(79쪽)에서 이러한 고객유입에는 상품을 바로 보여주는 '직접 유입'과 잠재고객들을 일단 회원으로 확보한 뒤 차후 이들에게 구매를 일으키는 '간접 유입' 2가지 방식이 있다고 설명했습니다. 그렇다면 각각의 방식에 따라 블로그에서 링크를 타고 넘어온 방문자들에게는 쇼핑몰의 어떤 페이지를 보여주는 것이 가장 좋을까요?

먼저 간접 유입방식은 정보성 콘텐츠를 미끼로 방문자를 유입시키는 것이므로 당연히 해당 콘텐츠가 나와 있는 페이지를 바로 보여줘야 합니다. 다만 콘텐츠를 보여주기 전에 회원가입을 요구할 것인지, 그냥 보여줄 것인지의 차이가 있을 뿐입니다.

그럼 상품을 바로 보여주는 직접 유입방식의 경우에는 어떨까요? 이 경우 방문자가 블로그에서 링크를 타고 들어오기 전에 그 상품이 어떻게 소개되었는지에 따라 달라지기는 하지만, 일반적으로 해당 상품이 속한 카테고리의 메인 페이지를 보여주는 방식이 가장 좋습니다. 다만 이때 포스팅에서 예시로 보여준 상품이 눈에 잘 띄는 가장 윗줄에 위치하고 있어야 합니다. 그래야 그 상품을 기대하고 링크를 클릭했던 고객들이 헤매지 않고 그 상품을 곧바로 찾아갈 수 있을 뿐 아니라, 같은 카테고리에 있는 다른 제품들을 둘러보고 함께 구매할 가능성도 높아지기 때문입니다. 만일 고객들 눈에 그 상품이 바로 보이지 않으면 고객들 입장에서는 자칫 엉뚱한 페이지로 납치되었다거나 낚였다는 생각이 들 수도 있으므로 주의해야 합니다. 다만 때로는 카테고리 메인 페이지가 아닌, 해당 상품 상세 페이지를 바로 보여주는 방식이 좋은 경우도 있습니다. 고객들을 어떤 페이지로 유입할 것인가는 포스팅을 작성하고 링크를 제공한 여러분이 직접 판단해야 할 문제입니다.

이때 어떤 경우든 고객들을 쇼핑몰 메인 페이지로 유입시키는 방식은 좋지 않습니다. 이럴 경우 고객이 상품을 찾기도 어려울 뿐 아니라, 상품을 찾는 도중에 구매의사가 약해지거나 마음이 바뀌어서 구매를 포기하고 쇼핑몰을 빠져나갈 가능성이 커지기 때문이지요. 이처럼 상품의 구매 여부는 아주 미묘한 차이에 의해 달라질 수 있습니다. 따라서 직접 유입방식을 사용할 때는 고객들에게 상품 카테고리 메인 페이지 혹은 상품 상세 페이지 자체를 곧바로 보여주는 방식이 구매율을 높이는 데 좋습니다.

4 / 방문자들은 '이곳'을 유심히 살펴본다

온라인 거래는 판매자와 구매자가 서로 얼굴을 마주보고 상품을 주고받는 것이 아니므로 구매자 입장에서는 '정말 이 쇼핑몰에서 상품을 사도 괜찮을까'라는 불안감과 함께, 이것을 종식시킬 수 있는 '확신'을 얻고 싶어 하는 2가지 심리가 동시에 작용합니다. 즉, 이 쇼핑몰이 정말 신뢰할 만한지, 고객서비스는 어떤지, 구매 피해사례는 없는지, 배송은 빠른지 등 많은 부분에서 불안감을 느끼고 이것을 검증하고 싶어 하는 것입니다.

이럴 때 고객들이 주로 찾는 곳이 바로 해당 쇼핑몰의 질문게시판과 후기게시판 등입니다. 그곳에 올라온 질문과 답변, 구매후기 등을 보고 쇼핑몰의 신뢰도와 실제 구매 여부를 판단하려는 것이지요. 이처럼 이런 게시판들은 구매자가 판매자를 판단하는 근거가 된다는 점에서, 온라인상에서 고객을 대하는 판매자의 얼굴이라고 할 수 있습니다. 그런데 막상 쇼핑몰을 운영하다 보면 시간적인 여유가 그리 많지 않기 때문에 이런 게시판들에 미처 신경 쓰지 못하는 판매자들이 많습니다. 이런 경우 게시판 답변이 바람직하지 못한 방식으로 이루어지곤 하는데, 그 유형은 주로 다음과 같습니다.

① 질문이 등록된 지 한참 되었는데 답변을 하지 않은 채 방치
② 불친절하거나 퉁명스러운 짧은 답변
③ 모른다, 다른 곳(해당 제품 제조사 등)에 알아보라는 등의 책임감 없는 답변
④ 판매자의 책임을 구매자에게 떠넘기는 답변
⑤ 충분치 못한 성의 없는 답변. 예를 들어 질문은 총 3가지인데 그중 편하게 대답할 수 있는 것 하나만 답변하고 나머지는 묵살하는 경우
⑥ 복사 + 붙여넣기를 이용한 일괄적인 답변

이래서는 결코 고객들에게 신뢰를 줄 수 없습니다. 고객의 질문 글에 답변할 때 역시 '답변태도가 곧 쇼핑몰의 얼굴'이라는 생각으로 친절하고 성의 있게 작성하는 노력이 필요합니다. 꼭 정해진 것은 아니지만, 모범적인 답변 글은 대략 다음과 같은 구조를 가지고 있습니다.

① 인사말
② 질문에 대한 감사인사
③ 질문내용에 대한 확인과 그런 궁금증이 생긴 경위에 대한 따뜻한 공감
④ 질문내용에 대한 답변

⑤ 맺음말 및 인사말

이러한 구조에 따라 실제 답변 글을 작성해보면 다음과 같습니다.

네, 안녕하세요. ㅇㅇㅇ 고객님!
바쁘실 텐데 이렇게 문의 주셔서 감사합니다.
경량화로대가 65L 용량의 배낭에 수납이 가능한 크기인지 궁금하셨군요!
저희가 테스트해본 바로는 65L급 배낭의 옆쪽에 마련된 스트랩을 이용해서 단단하게 고정시키면 전혀 문제없이 수납이 가능합니다.
실제로 대부분 이런 식으로 휴대하시는 분이 많답니다.
궁금한 점이 해결되셨는지요.
항상 즐거운 캠핑되시기 바랍니다.
감사합니다.

이처럼 친절한 답변 글을 작성할 경우 질문 글을 올린 고객이나 그 내용을 열람하는 다른 고객들에게 '이 쇼핑몰은 내가 믿어도 좋은 곳이구나', '고객을 성의 있게 대하는구나' 하는 느낌을 주기 때문에 신뢰 형성에 결정적인 도움을 주게 됩니다. 이렇게 신뢰가 형성되면 비로소 구매자 마음속에 있던 '구매해도 괜찮을까' 하는 불안감이 '괜찮겠구나' 하는 확신으로 바뀌는 것이지요.

구매자들은 이왕이면 판매자가 고객 한 명 한 명을 성의 있게 대하는 쇼핑몰, 즉 '고객대우'를 제대로 받을 수 있는 쇼핑몰에서 구매하려고 합니다. 여러분이 고객 입장이 되었을 때도 너무나 당연한 얘기겠지요. 그럼에도 불구하고 신기하게도 이런 기본을 지키지 않는 판매자들이 너무나 많습니다.

5 / 망설이는 구매자를 결제하게 만드는 방법

상품을 구매하려는 사람의 심리와 상황은 매우 복잡합니다. 이런 복잡한 심리는 구매에 대한 망설임을 유발하고, 이것은 결제 직전까지 이어집니다. 특히 구매할 상품이 있어도 장바구니에 담아놓기만 하고 결제는 차일피일 미루는 경우도 많습니다. 이렇게 결제 직전단계까지 와 있으면서도 막상 결제는 안 하고 시간만 질질 끄는 고객들에게는 이벤트나 사은품 제공이 결제단계로 이끄는 좋은 유인책이 될 수 있습니다. 특히 일반적인 할인혜택이나 1+1 행사보다는 기간이 한정된 '타임세일'이 효과적입니다. 즉, '바로 지금'이 아니면 혜택을 누릴 수 없다는 심리적인 압박을 가하는 것이지요.

이런 고객들이 자꾸 시간을 끄는 데는 '어차피 시간이 좀 지나도 이 상품을 구매하는 데는 차이가 없기 때문에 좀 더 고민해보겠다'라는 의도가 숨겨져 있습니다. 이런 사람들에게 '더 이상 시간을 끌면 손해'라는 메시지를 던져주면 바로 결제로 이어질 가능성이 높습니다. 만일 여러분의 쇼핑몰에 장바구니에 상품만 담아놓고 결제를 미루는 고객들이 많다면 적극적으로 타임세일을 기획해보기를 바랍니다.

6 / 무료배송의 위력은 생각보다 강력하다

인터넷에서 쇼핑을 하다 보면 상품 값 외에 배송료를 추가로 결제해야 하는 경우도 있고, 무료배송인 경우도 있습니다. 이때 판매자 입장에서는 무료배송의 의미를 단순히 배송료 약 2,500원을 할인해주는 정도로 생각하기 쉽습니다. 물론 금액적인 측면만 놓고 보면 맞는 말이기는 합니다. 하지만 여기에는 단순히 2,500원의 차이를 넘어서는 무언가가 있습니다.

앞에서 몇 차례 강조했듯이 구매율을 끌어올리기 위해서는 구매자의 심리적인 부분까지 고려해야 합니다. 따라서 무료배송 혜택 역시 당연히 구매자의 심리와 연관 지어 생각해봐야 합니다. 구매자 입장에서 과연 무료배송이란 무엇일까요?

여러분이 구매자 입장이 되어 쇼핑몰에서 상품을 구매할 때를 떠올려보십시오. 먼저 상품을 고르고 장바구니에 담습니다. 장바구니 화면 아래에는 최종 결제금액이 계산되어 나타나는데, 그곳에 물건 값 외에 추가되는 배송료가 나와 있습니다. 혹시 그 배송료가 아깝다고 생각해본 적이 없습니까? 혹은 왠지 배송료를 더하고 보니 생각보다 합계금액이 커졌다고 생각해본 적이 없는지요?

온라인 구매자는 상품 자체 가격 외에 배송료라는 추가금액을 지불하는 것에 익숙해져 있는 듯하지만, 여전히 무의식적으로는 불편한 감정을 가지고 있습니다. 그런데 무료배송 혜택을 볼 수 있다면 추가비용 없이 딱 그 상품 값만 지불하면 되므로 이러한 불편한 감정에서 해방될 수 있습니다.

이처럼 온라인상에서 한 푼이라도 저렴한 상품을 찾아 헤매는 구매자들 입장에서는 무료배송 혜택이 단순히 2,500원을 절약하는 것 이상의 만족감을 선사해줍니다. 특히 가격에 민감한 소비자일수록, 상품 값이 저렴할수록 더욱 큰 만족감을 느낄 수 있습니다. 무료배송 혜택을 제공할 때는 당연히 상품 상세 페이지에 무료배송이라는 점을 눈에 띄게 어필해야 합니다.

7/ 그 외 소소한 팁

지금까지 쇼핑몰이나 카페 방문자들을 효과적으로 구매로 이끄는 여러 가지 방법들을 알아봤습니다. 아직 적극적으로 상품을 구매할 생각이 없는 방문자들을 무언가 구매하도록 설득하려면 구매자의 심리를 파악하고 그러한 심리를 이용해야 하는 경우가 많기 때문에 다소 어렵게 느껴지기도 했을 것입니다. 그러나 하수(下手)가 아닌 상수(上手)의 단계로 가기 위해서는 이렇게 상대방의 심리를 파악하고 그것을 이용할 수 있어야 합니다.

여기에서는 지금까지 설명한 내용 이외에 여러분들이 당연히 알고 있겠지만 쇼핑몰을 바쁘게 꾸려나가다 보면 자칫 그냥 넘어가기 쉬운 여러 가지 소소한 사항들을 간단히 짚어보겠습니다.

(1) 고객들은 구매후기가 많은 곳에서 구매한다

어떻게든 쇼핑몰의 신뢰 등을 검증하고 싶어 하는 방문자들이 그것을 해소하기 위해 찾는 가장 손쉽고 확실한 방법이 바로 실제 구매한 고객들의 '구매후기'를 보는 것입니다. 이러한 구매후기는 악평으로 가득 차 있지 않는 한, 많이 쌓여있는 것만으로도 구매를 촉진시킬 수 있습니다. 그런데 구매후기는 구매자들에게 적극적으로 쓰도록 유도했을 때와 그냥 손 놓고 있을 때에 등록되는 개수의 차이가 큽니다. 따라서 판매자 입장에서 구매후기를 많이 확보하기 위해서는 어떻게든 고객들에게 적극적으로 고객후기를 쓰도록 유도해야겠지요.

이와 관련해 구매후기를 쓰는 고객들에게 쇼핑몰 포인트나 쿠폰을 발급하는 방식은 이제 너무나 흔하고 식상해서 효과가 미미합니다. 판매자 입장에서는 포인트나 쿠폰이 나중에 자신의 쇼핑몰에서 다시 구매할 때만 쓸 수 있으므로 달콤하게 생각되겠지만, 구매자 입장에서 느끼는 가치는 너무나 떨어집니다.

이보다는 주력상품 몇 개만이라도 좀 더 과감한 정책을 도입하는 것이 좋습니다. 예를 들면 구매후기를 작성한 고객에게 작지만 쓸 만한 사은품이나 스마트폰을 통해 음료 기프티콘을 발송해준다든지, 고객의 계좌에 일정액의 현금을 캐쉬백해준다든지 하는 귀가 솔깃해질 만한 혜택을 주는 것이 좋습니다. 물론 이러한 혜택을 주려면 사은품 사입비용과 배송료 등이 들어가므로, 여러분의 상품판매 마진과 구매후기의 효과를 감안해서 적절하게 판단할 필요가 있습니다. 비용이 부담된다면 기간을 정해서 한시적으로 시행하는 방법도 나쁘지 않습니다. 그 기간 동안만이라도 후기가 꽤 쌓일 테니까요.

(2) 고객들에게 팝업창은 날파리와 같다

여러분은 어떤 쇼핑몰에 접속했을 때 팝업창이 마구 뜨면 무슨 생각이 드나요? 혹시 팝업창이 마치 날파리 같은 존재라고 생각해본 적이 없는지요. 팝업창과 날파리 모두 보자마자 얼른 쫓아버리고 싶고, 너무 많으면 아예 그곳을 떠나고 싶다는 등의 공통점이 있기 때문이지요.

이처럼 고객들의 입장을 고려했을 때 여러분이 운영하는 쇼핑몰에서는 고객들에게 정말 필수적으로 알려야 할 사항이 있지 않고서는 웬만하면 팝업창은 자제하는 것이 좋습니다. 이벤트소식은 팝업창보다는 메인 페이지 상단 중앙에 나타내면 되고, 정체불명의 입금자를 찾는 내용은 메인 페이지 한쪽 귀퉁이에 표시해도 충분할 것입니다.

(3) 고객들은 상품사진이 뛰어난 쇼핑몰에서 구매한다

매우 당연한 얘기지만 고객들은 사진 퀄리티가 높은 쇼핑몰을 더 신뢰합니다. 실제로 누구에게든 사진 퀄리티가 뛰어날수록 그 상품이 더 예쁘고 품질이 좋아 보이게 마련이지요. 뿐만 아니라 온라인 쇼핑몰 메인 페이지나 상품 상세 페이지에 있는 멋진 사진은 고객들에게 즐거운 쇼핑경험을 제공하기 위한 필수요소이기도 합니다. 오프라인에서 상품을 구매하는 고객들은 똑같은 조건이라면 인테리어가 잘 되어 있는 예쁜 장소에서 쇼핑을 즐기고 싶은 당연한 욕구를 가지고 있습니다. 온라인에서는 쇼핑몰의 디자인과 사진의 퀄리티가 바로 이러한 인테리어의 역할을 하는 것이지요.

특히 여성들에게서 이러한 특성이 두드러집니다. 여성들에게는 쇼핑이 단순히 새로운 상품을 구입한다는 의미를 넘어, 쇼핑 자체가 하나의 '즐거운 놀이'이기 때문입니다. 따라서 여성 고객들에게 온라인 쇼핑몰을 하나의 즐거운 놀이공간으로 느껴지게 하려면 퀄리티 높은 멋진 사진은 필수일 수밖에 없겠지요.

그런데도 쇼핑몰을 시작하는 소규모 사업자들을 접하다 보면 사진에 대한 투자를 너무 아끼려는 경향이 있습니다. 물론 자본이 부족한 소규모 사업자의 입장에서는 현실적인 한계가 있을 수도 있습니다. 하지만 온라인 쇼핑몰 경쟁에서는 사진 퀄리티가 떨어지면 그만큼 손해라는 사실을 반드시 감안해야 합니다.

(4) 고객들은 번거로운 결제방식을 싫어한다

쇼핑몰을 운영하다 보면 종종 고객이 결제를 진행하는 과정에서 혹은 결제 직전단계까지 갔다가 무슨 일인지 결제를 중단하고 구매를 포기하는 경우가 생깁니다. 이런 경우 대부분 번거로운 결제방식이 원인이 되곤 합니다. 따라서 구매율을 조금이라도 높이기 위해서는 기본적으로 고객들에게 편리한 결제 시스템을 제공해야 합니다.

결제 시스템과 관련된 문제는 쇼핑몰보다는 카페에서 발생하는 경우가 많습니다. 쇼핑몰은 원래 쇼핑을 위해 만들어진 공간이므로 고객들이 여러 가지 결제수단으로 편리하게 결제할 수 있는 시스템이 잘 마련되어 있습니다. 반면에 카페는 상품을 판매하기 위해서 만들어진 공간이 아니다 보니 상대적으로 결제 시스템이 열악할 수밖에 없습니다.

이처럼 열악한 상황을 극복하기 위해서는 네이버 스마트스토어(구 스토어팜)와 같은 무료 쇼핑몰을 따로 개설해 이것과 연동시키는 방법을 써볼 만합니다. 이런 경우 카페 상품 페이지에서 '구매하기' 버튼을 누르면 따로 개설된 스마트스토어의 해당 상품 상세 페이지로 이동하도록 링크를 걸어주면 됩니다. 특히 스마트스토어도 카페, 블로그와 마찬가지로 네이버 자체적으로 제공하는 서비스이기 때문에 지속적으로 링크를 걸어놓더라도 외부사이트의 URL로 연결시키는 것보다는 저품질위험이 덜합니다. 또한 결제를 진행하기 위해 별도로 회원가입이나 로그인을 해야 하는 등의 귀찮은 절차를 거치지 않아도 되므로 구매자들이 편리하게 결제를 진행할 수 있습니다.

특히 스마트스토어는 간단히 개설만 하면 별도의 복잡한 PG(전자지급결제대행)사 계약이나 이에 동반되는 보증보험 가입 등 푼 돈 들어가고 귀찮은 절차 없이 바로 모든 결제수단으로 결제를 받을 수 있다는 장점이 있습니다. 또한 요즘 쇼핑몰에 필수적으로 도입해야 하는 구매안전시스템(에스크로)도 훌륭하게 갖춰져 있을 뿐만 아니라 네이버 카페에는 없는 주문관리와 상품관리 서비스도 제공하고 있기 때문에 카페와 연동해 활용할 수 있는 최적의 결제 시스템이라고 할 수 있습니다.

다만 스마트스토어의 경우 전문적인 쇼핑몰 솔루션으로 구축된 쇼핑몰보다는 기능의 다양성과 편의성이 다소 떨어진다는 단점이 있기는 합니다. 또한 스마트스토어에서 발생한 매출은 세금신고를 투명하게 해야 하므로, 매입자료 확보가 어려운 사업자의 경우 세금에 대한 부담을 감수해야 합니다.